广西审判实务与探索

2024年 第3辑 总第33辑

梁炳扬／主编

GUANGXI JUDICIARY
PRACTICE AND STUDIES

法律出版社
LAW PRESS·CHINA
北京

图书在版编目（CIP）数据

广西审判实务与探索. 2024 年. 第 3 辑：总第 33 辑 / 梁炳扬主编. -- 北京：法律出版社，2025. -- ISBN 978 - 7 - 5197 - 9896 - 3

Ⅰ. D926.22

中国国家版本馆 CIP 数据核字第 2025SV3085 号

广西审判实务与探索（2024 年第 3 辑）（总第 33 辑）
GUANGXI SHENPAN SHIWU YU TANSUO
（2024 NIAN DI - 3 JI）（ZONG DI - 33 JI）

梁炳扬 主编

责任编辑 章 雯 慕雪丹
装帧设计 汪奇峰

出版发行 法律出版社
编辑统筹 法商出版分社
责任校对 赵明霞
责任印制 胡晓雅
经　　销 新华书店

开本 710 毫米 × 1000 毫米 1/16
印张 14.75　**字数** 260 千
版本 2025 年 6 月第 1 版
印次 2025 年 6 月第 1 次印刷
印刷 固安华明印业有限公司

地址：北京市丰台区莲花池西里 7 号（100073）
网址：www.lawpress.com.cn
投稿邮箱：info@lawpress.com.cn
举报盗版邮箱：jbwq@lawpress.com.cn

销售电话：010 - 83938349
客服电话：010 - 83938350
咨询电话：010 - 63939796

书号：ISBN 978 - 7 - 5197 - 9896 - 3
定价：48.00 元

凡购买本社图书，如有印装错误，我社负责退换。电话：010 - 83938349

《广西审判实务与探索》
编辑委员会

（2024年第3辑　涉外专辑）

卷首语

党的十八大以来，以习近平同志为核心的党中央高度重视涉外法治工作，作出一系列重大决策部署。习近平总书记指出，涉外法治作为中国特色社会主义法治体系的重要组成部分，事关全面依法治国，事关我国对外开放和外交工作大局。要深入学习贯彻习近平法治思想和习近平总书记关于加强涉外法治工作的重要论述，深刻领悟"两个确立"的决定性意义，增强"四个意识"、坚定"四个自信"、做到"两个维护"，在建设同高质量发展、高水平开放要求相适应的涉外法治体系和能力上持续发力，努力为中国式现代化行稳致远营造有利的法治条件和外部环境。

近年来，广西作为中国面向东盟开放合作的前沿阵地，在涉外法治建设方面取得了显著成就。广西各级法院坚决贯彻落实党中央关于法治建设的决策部署，紧紧围绕服务国家对外开放战略和区域发展需求，主动对接 RCEP 框架下的法律保障需求，积极探索涉外审判新模式、新路径，不断完善涉外审判规则，深入研究涉外法律适用和国际法惯例，强化涉外法律适用，致力于构建具有广西特色的涉外法治体系。在具体实践中，广西各级法院坚持问题导向，强化涉外案件审理的规范化、透明化和专业化，注重与国际法律规则接轨，强化国际法律合作，积极参与国际司法交流，努力提升涉外司法审判的国际影响力和公信力，推动司法公平正义在涉外领域的全面实现。

本辑精心选编了 23 篇理论文章、案例分析和调研报告，涵盖了制度规范与管理机制、专项问题规则探讨等多个方面，充分展示了广西法院在涉外审判实践中的实践成果与理论探索。希望通过这些成果的交流与分享，能够为全体干警提供有益的参考和启示，进一步营造良好的成果共享、激励共进、寻求共识的实践研究氛围，推动广西法院审判工作向更高水平迈进。

目　录

Contents

理论探讨

案例分析

调研报告

理论探讨

【制度规范与管理机制】

从对话合作到命运共同体
——RCEP语境下中国—东盟民商事司法协助之进路探索

傅晓明　朱　颜*

摘要:近年来,《区域全面经济伙伴关系协定》(RCEP)落地实施以及中国—东盟自贸区3.0版启动建设的双重红利,为中国和东盟的全方位合作注入了新生动力。在区域经济一体化的时代背景下,促使中国与东盟各国从双边对话合作构建成为更为紧密的命运共同体是时代的应有之义。本文通过探索中国—东盟民事司法协助的历史发展进程、评析现有双边条约的基础上东盟各国开展司法协助的掣肘,并借鉴欧盟共同体、海牙民事司法协助制度设计,在RCEP区域合作框架下厘清中国—东盟自由贸易试验区深化民商事领域司法合作的前景走向,提出由点及面、循序推进中国—东盟民商事司法协助一体化进程的路径选择与具体方案,以期形成一个多层次、全方位的区域司法协助大格局。

* 傅晓明,中国—东盟自由贸易区南宁国际商事法庭常务副庭长、三级高级法官。朱颜,南宁市邕宁区人民法院民事审判庭副庭长、三级法官。

一、寻迹溯源：中国—东盟国际司法协助的沿与革

司法协助（Judicial Assistance）是指在另一国法院、其他主管机关或有关当事人的请求下，依据共同签署或参与的国际条约或两国间的互惠实践，一国法院或其他主管机关与之进行合作协助的行为，包括代为执行或协助执行某些司法行为。[1] 中国与东盟国家自 1991 年正式对话以来，从友好对话合作伙伴关系到发展成为进一步构建更为紧密的命运共同体历经了三十多年。中国与东盟各国开展司法协助工作也经历了数个历程。

（一）雏形初现（1991 年至 1996 年）

自 1991 年起，中国与东盟关系趋向良性发展态势，双方政治互信加强、经贸往来增多，于 1996 年正式成为对话伙伴关系。随着民商事纠纷数量的上升，中国与东南亚国家之间的司法协助开始萌芽。其中，泰国成为首个与中国签订专门的民商事司法协助双边条约的东盟国家，为东盟区域间司法协助拉开了序幕。

国际方面，虽然我国与东盟各国均为《纽约公约》缔约国或加入国，在国际仲裁裁决的认定和执行方面具有共同的法律基础。但是，我国加入的《海牙送达公约》和《海牙取证公约》同时期并没有东南亚国家批准加入，至今只有新加坡一国加入，中国和东盟各国都不能按照海牙公约进行各国之间有效的司法文书转递、民商证据调取等协助，只能在互惠原则的基础上开展有限的司法合作。

国内方面，1991 年起施行的《民事诉讼法》以法律条款的形式对民事司法协助的内容进行正式的比较原则的规定。1994 年召开的最高人民法院第一次全国法院外事工作会议，开始对于国际司法协助和国际司法交流有所涉及。但此时在司法实践方面，中国与东盟国家却鲜有案例。

（二）稳步成长（1997 年至 2002 年）

这一阶段中国加入了世界贸易组织（WTO），这不仅给我国经济贸易的繁荣提供了新机遇，也同时给涉外审判事业带来了新挑战。越来越多新型复杂的涉外民商事案件涌现，法院受理的涉外民商事领域的案件数量相比萌芽阶段有很大幅度的上升。1998 年至 2004 年，广西各级法院共受理涉外（含我国港澳台地区）一审民事案件 1226 件。随着涉外民事案件数量的增多，案件类型也逐渐趋于多样化，中国与东盟各国间在司法协助领域也展开合作，签署了一些双边协议，分别与新加坡、越南、老挝

---

[1] 参见刘晓巧：《中国与东盟国家的民商事司法协助》，载《桂海论丛》2005 年第 4 期。

签署了民商法领域的司法协助条约。

2002 年 11 月,中国与东盟国家签署了《中国—东盟全面经济合作框架协议》,该协议是中国与东盟经济贸易领域进入了新的历史阶段里程碑性的事件,协议内容成为中国—东盟自贸区的法律基础,为后来的自贸区设立提供了基本的架构。

(三)提升阶段(2003 年至 2013 年)

2003 年,中国与东盟通过《中国—东盟面向东盟、和平与繁荣的战略伙伴关系联合宣言》,正式建立战略伙伴关系,政治互信得到一定程度的加强。在刑事领域,中国与东盟国家 2004 年签署通过了《刑事司法协助协定》,刑事司法协助取得了突破性进展,而相比之下同时段民商事领域司法协助却举步维艰,此间未有新的双边或多边司法协助协议签署。仅在《中国—东盟全面经济合作框架协议争端解决机制协议》(2015 年 1 月 1 日起生效)中涉及有关争议范围的相关规定、协商程序、调解、仲裁的执行等贸易纠纷解决的手段。[1]。

2010 年,中国—东盟自贸区全面启动,“零关税”促使区域间的经济贸易往来迈上新台阶,并一跃成为仅次于欧盟和北美、发展中国家中规模最大的自贸区。并在次年的统计数据中双边贸易达到三千多亿美元,使东盟首次成为中国第三大贸易伙伴,中国则继续保持东盟第一大贸易伙伴地位。[2]

司法实践层面,根据资料显示,2004 年至 2018 年,中国审理涉东盟十国的民商事案件共计 695 件,其中涉新加坡和泰国的案件数量较多,占总数的 59.42%,涉缅甸和老挝的案件数量较少,仅占总数的 2.01%。[3] 中国与东盟国家的司法协助现实基础在实践中不断地充实。

(四)进阶阶段(2013 年至今)

习近平总书记在 2013 年 10 月印度尼西亚国会上发表演讲,第一次提出要建设“中国—东盟命运共同体”的概念,中国与东盟国家从对话伙伴关系向共建命运共同体迈出了坚实的步伐。2015 年,中国和东盟自由贸易区双方推动自贸区 2.0 版正式建立。2017 年在南宁召开的第二届中国—东盟大法官论坛,中国与东盟各国大法官共同讨论并通过了《南宁声明》,该声明就积极推动相互认可并执行他国的民商事判

---

〔1〕 参见《解读中国—东盟自贸区〈争端解决机制协议〉》,载中华人民共和国商务部网,http://www.mofcom.gov.cn/aarticle/Nocategory/200507/20050700180197.html,2024 年 5 月 3 日访问。

〔2〕 参见赵珊:《中国—东盟去年双边贸易总值增长 23.9% 2012:实施行业对接为当务之急》,载《人民日报(海外版)》2012 年 1 月 16 日。

〔3〕 参见杨美娜:《中国—东盟民事司法协助制度研究》,广西民族大学 2019 年硕士学位论文。

决、推定各国间存在互惠等方面内容达成了共识。[1] 论坛期间揭牌成立的中国—东盟国家法官交流培训基地、中国—东盟国家法律与司法信息中心，推动东盟自由贸易区内国家的法官业务研修和专题交流，为整合各国司法工作领域合作成果提供了实现的可能。

司法实践方面，中国与新加坡之间尽管没有关于判决的承认与执行规则的双边条约，但新加坡最高法院在 2014 年对苏州市中级人民法院的商事判决予以认可、南京市中级人民法院则在 2016 年 12 月认定中新双方存在互惠关系，[2] 成为中新双方存在"事实互惠"的实践基础。同时，2018 年与 2021 年中新两国就承认和执行商事判决、法律查明问题的司法协助签署了两份合作谅解备忘录，[3] 标志着中国和新加坡在民事司法领域的合作进入了务实阶段。另外，2017 年越南河内高级人民法院在一起海事商事纠纷中以中国法院违反了正当程序且判决内容违反公共政策为理由，拒绝承认中国北海海事法院的判决，这是目前第一起越南法院拒绝承认与执行中国法院判决案件。值得注意的是，除了程序正当及公共政策理由之外，越南法院还对该案件进行了实体审查，认为申请人与被申请人不存在民事关系，提起民事诉讼是不当的，[4] 由此可见，中越之间虽然存在双边司法协定，但如果诉讼程序出现瑕疵，在判决、仲裁裁决方面仍存在被拒绝承认与执行等风险。

国内法治进程方面，相关资料显示，2018 年至 2020 年，广西法院受理案件类型呈现多元、创新、疑难的特点，涉及的地域包括港澳台地区和东盟十国之外的国家地区有数十个，如美国、加拿大、法国等。[5] 关于外国法院裁决范围、审查程序规则、互惠关系认定标准、不予承认和执行事由等问题，在 2022 年的全国法院涉外商事海事审判工作会议上进行了全面规范。[6] 2024 年 1 月 1 日生效的新修订《民事诉讼法》系 1991 年出台以来首次针对涉外篇的实质性修改，扩大了我国对涉外民事案件的管辖

[1] 参见《第二届中国—东盟大法官论坛南宁声明》，载《人民法院报》2017 年 6 月 9 日，第 2 版。

[2] 新加坡高等法院作出的[2014]SGHC16 号判决。

[3] 2018 年 8 月 31 日，中国最高人民法院与新加坡最高法院签署了《关于承认与执行商事案件金钱判决的指导备忘录》，2021 年 12 月 3 日双方又签署了《关于法律查明问题的合作谅解备忘录》。

[4] 参见彭先伟、黄卓行：《越南第一起拒绝承认中国法院判决案简析》，载个人图书馆网，http://www.360doc.com/content/23/0414/14/63379034_1076485132.shtml，2024 年 5 月 3 日访问。

[5] 参见《广西法院（2018—2020）涉外商事海事审判工作白皮书》。

[6] 参见《最高法相关部门负责人就涉外商事海事审判服务高水平对外开放工作情况答记者问》，载中华人民共和国最高人民法院网，https://www.court.gov.cn，2024 年 5 月 3 日访问。

权、增加平行诉讼和不方便管辖原则，细化涉外案件送达问题。由此可见，未来将会有大量的涉外民商事案件得以归属中国法院管辖，换言之，与各国间司法协助的需求也将大幅度增长。

2021年，恰逢中国与东盟国家建立对话伙伴关系三十周年，习近平总书记在参加第十七届中国—东盟博览会和中国—东盟商务与投资峰会开幕式时，提出“建设更为紧密的中国—东盟命运共同体”，中国和东盟经历了从对话伙伴关系到命运共同体再到更为紧密的命运共同体，公正高效的司法协助在现阶段应当成为命运共同体的有效黏合剂。另外，《区域全面经济伙伴关系协定》(Regional Comprehsive Economil Partnership，RCEP)自2022年1月1日起生效实施，标志着包括中国与东盟各国在内的、全球最大的自由贸易区扬帆启航，在RCEP框架下推动中国与东盟各国在战略互信、经贸合作、科技创新等领域的合作，亟待中国与东盟各国间构建更为密切的民商事司法协助共同体，为“更为密切的命运共同体”保驾护航，也为构建区域司法协助一体化进程按下了加速键。

二、析微思辨：中国与东盟各国间司法协助的现状剖析

(一)现有中国—东盟司法协助模式评析

目前，我国与东盟各国司法协助的渊源主要有多种形式的国内立法和国际条约，包括双边协定、区域性国际条约、全球性国际公约等。

1. 双边条约

截至2023年11月23日，中国与86个国家签署了双边司法协助条约，其中与17个国家签署移管被判刑人条约，平均每年办理刑事领域司法协助请求300多件，而民商事请求却高达3000多件，[1]比例惊人失衡。笔者在外交部官方网站的子栏目“条约数据库”中以“双边”“司法协助”为限定条件，检索得出中国与各国签署的双边司法协助条约或协定共有143份，但其中涉及民商事领域的仅有37份，而与东盟国家签订的含有民商事司法协助内容的条约具体情况如表1所示。

---

[1] 参见《司法部部长：中国已与86个国家签署双边司法协助条约》，载中华人民共和国国务院新闻办公室网，http://www.scio.gov.cn/live/2023/33019/fbyd/202311/t20231124_819425.html。

表 1 中国与东盟国家签订双边司法协助条约比对[1]

国家	条约名称	司法协助的内容			
		送达文书	调查取证	法院裁决或仲裁裁决的承认与执行	其他
泰国	《关于民商事司法协助和仲裁合作的协定》	√	√	根据《纽约公约》承认和执行仲裁裁决	
新加坡	《关于民事和商事司法协助的条约》	√	√	根据《纽约公约》承认和执行仲裁裁决	相互提供司法实践资料
越南	《关于民事和刑事司法协助的条约》	√	√	法院对民事及刑事有关民事损害赔偿的裁决、仲裁裁决	互相交换法律情报、免除认证
老挝	《关于民事和刑事司法协助的条约》	√	√	法院对民事及刑事有关民事损害赔偿或诉讼费的裁决、仲裁裁决	互相提供法律及司法实践资料、免除认证

由此可见,我国与东盟国家签订的双边民商事司法协助条约主要包括司法协助的范围、送达司法文书、调查取证、仲裁合作等,但中国与泰国、新加坡的双边条约中并未对法院作出的承认与执行判决作出具体的约定。除此之外,条约中涉及各国负责提供司法协助的主管机关也存在不少差异。从条约签订的时间线和内容规定上看,每一次签订的双边条约均以上一次签订的双边条约为蓝本,司法协助的内涵和外延均比上一次签订的双边条约更进一步,更加趋于完整。然而,由于签订时间均在 20 世纪 90 年代,这四个双边条约仍然存在明显缺陷,并不能满足现代化民事司法协助的需求。

2. 多边条约或者公约

中国与东盟十国加入的民商事司法协助相关多边条约或国际公约为数不多,如图 1 所示。

---

[1] 参见外交部官网——条约数据库,http://treaty. mfa. gov. cn/web/index. jsp,2024 年 5 月 4 日访问。

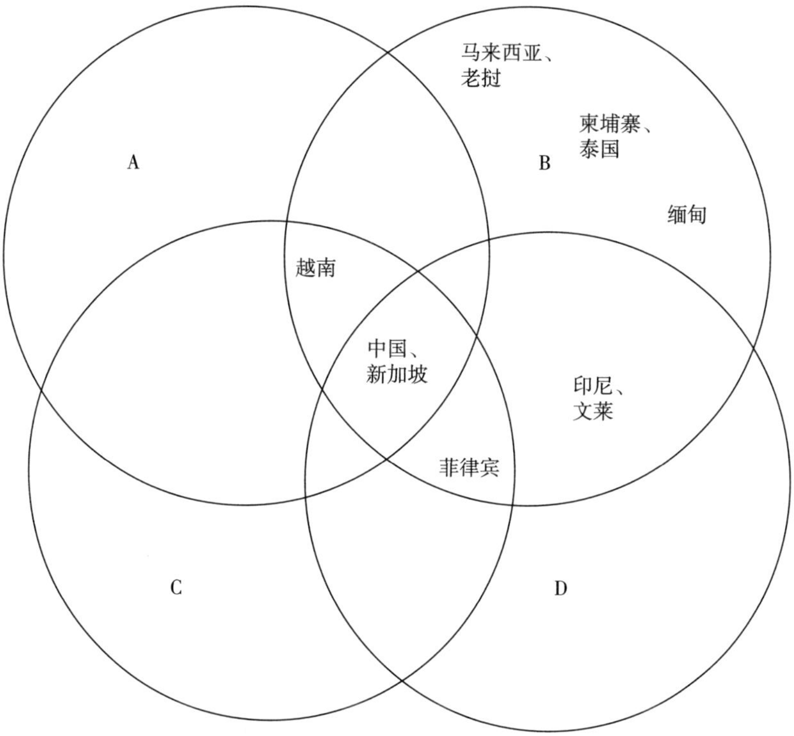

图1　中国与东盟十国缔结或加入的国际公约 Venn〔1〕

(截至 2023 年 10 月 23 日)

注:A 圈代表《海牙取证公约》;

B 圈代表《纽约公约》;

C 圈代表《海牙送达公约》;

D 圈代表《海牙取消公文认证公约》。

中国与东盟十国中仅有中国和新加坡加入了以上全部国际公约,另有越南加入了《海牙取证公约》、菲律宾加入了《海牙送达公约》,我国与越南、泰国、老挝签订的双边民商事司法协助条约的适用范围和《海牙取证公约》《海牙送达公约》的总体差异不大。可以认为,中国与这五个东盟国家之间能够进行涉外民商事案件的法律文书送达或域外取证、相互承认和执行仲裁裁决的司法协助,但这个数字却仅占东盟十国的一半。而对于法院作出的民商事判决,目前我国与东盟国家均未加入《承认与执

〔1〕　数据来源于海牙国际私法会议(HCCH)网,https://www.hcch.net/,2024 年 5 月 4 日访问。

行外国民商事判决公约》，故中国仅与东盟十国中两个国家（越南、老挝）能够依照双边条约缔结承认和执行有关民商事判决，其他国家均依据互惠原则处理。

（二）基于 RCEP 语境下现有中国—东盟司法协助模式局限性及现实阻碍

RCEP 生效以后所带来的机遇与挑战并存，带来各方对法治交流、法治互信等"软联通"的极大需求。中国也始终秉持开放包容的姿态与各国开展广泛而务实的国际司法以及执法的合作，截至 2022 年 12 月底，我国司法部共计接收国外司法协助请求送达文书请求 1571 件，调查取证及判决承认与执行请求 121 件，合计 1692 件，办结各类司法协助请求 827 件。[1] 但综观中国—东盟国家 30 多年来司法协助理论和实践发展历程，民商事领域司法协助仍旧没有取得突破性的进展，主要原因体现在以下几个方面。

1. 中国与东盟各国国家法律体系的冲突

中国与东盟十国尽管在经济合作上取得了显著成就，但基于各自的法律体系却呈现出显著的差异性（见表 2）。

表 2 中国与部分东盟国家法律体系比较

国家	法律体系	主要特点
中国	大陆法系	成文法为主，强调立法权威
新加坡	普通法系	判例法与成文法并重，重视衡平法
印度尼西亚	混合法系	结合荷兰殖民影响与本地习惯法
马来西亚	普通法系	英国法律传统，地方特色显著
泰国	大陆法系	以成文法为主，但受英国普通法影响

中国强调成文法的权威，而多数东盟国家则深受英美法系影响，倾向于判例法和衡平法的运用。法律体系的差异性不仅体现在实体法的多样性，还体现在程序法的不兼容性。这种法律体系的差异，无疑为中国与东盟国家之间开展民商事领域的司法协助带来了挑战，但也孕育了创新合作模式的可能性。一方面，中国的法制建设快速演进，逐步完善了民商事法律框架，颁布了民法典成文法，内容涵盖合同、物权、侵权、婚姻家事等领域，为跨境交易提供了坚实的法律保障。另一方面，东盟国家的法律体系融合了本地传统与外来影响，如新加坡和马来西亚的普通法系统，以及印度尼

〔1〕 数据来源于司法部官网，https://www.moj.gov.cn/pub/sfbgw/jgsz/jgszzsdw/zsdwsfxzjlzx/sfxzjlzxxwdt/202301/t20230109_470450.html。

西亚和泰国的受两种法系混合影响，显示出对多样性的包容。这种多样性既是障碍，也是机遇，因为它能够促使各方寻找共同点，构建适应多元文化的司法协助机制。

2. 区域经济发展与民商事司法协助制度发展不均衡

由于中国—东盟自贸区的民事司法协助制度发展与经济发展严重失衡，导致诸多经贸纠纷不能通过诉讼方式予以解决，实际中贸易争议纠纷与诉诸法院的涉外民商事案件出现成反比的吊诡现象。虽然大多数边境贸易纠纷中当事人可以自由选择诉讼外的私力救济方式，如民间组织调处、仲裁等，但是这些私力救济的方式并不能妥善解决所有的纠纷。总体上看，中国与东盟各国间缺乏统一的区域化多边条约，大部分争议只能依据《中国—东盟全面经济合作框架协议争端解决机制协议》解决，适用范围也仅能限定在《中国—东盟全面经济合作框架协议》下，这些法律文件并没有很强的约束力，而且更深层次上各国政治立场、利益不同，在保障机制的构建上存在分歧无法指导解决贸易争端等，这些都是阻碍中国—东盟自贸区深入发展与推进命运共同体进程的绊脚石。

3. 现有的民商事司法协助机制自身掣肘

公正高效的司法协助依赖于及时、准确的信息传递，尽管中国与部分东盟国家签订了双边司法协助条约，但这些条约往往侧重于一般性的原则规定，缺乏具体的操作细则，导致在实际执行中遇到困难。此外，现有的国际公约如《海牙送达公约》和《海牙取证公约》在覆盖范围和执行力度上仍有局限，加之东盟十国加入海牙公约的屈指可数，在客观上无法充分满足区域内快速发展的经济需求。而即便存在双边条约，具体的司法协助在司法实践中存在现实障碍，从越南法院拒绝承认我国判决的案例中可以窥见，外国法院的判决和仲裁裁决在越南存在较高的拒绝承认执行的风险。法律文书送达效率低下，也是涉外民商事案件审判实务界、理论界诟病已久的弊端。尤其在广西、云南等地的一些边境地市，明明与越南、老挝等东盟国家山水相连，却因为复杂的司法协助流程极大地阻碍了法律文书的送达效率，拖延了纠纷处理的时效，也增加了诉讼成本。目前的跨境信息交换系统并不健全，可能导致案件处理延误。例如，送达文书的过程可能因语言障碍和流程烦琐的限制，无法高效便捷地使用现有的跨境网络通信工具，而变得冗长和低效。

三、路径探析：RCEP 语境下中国—东盟司法协助“点—线—面”路径设计

尽管 RCEP 带来了贸易创造效应，中国和东盟国家在享受贸易量增长带来的福利时，同时面临边贸纠纷多样化、法律关系复杂化的挑战。因此，在 RCEP 的背景下

未来的中国—东盟区域司法协助的制度设计应充分结合中国—东盟自贸区的特色与定位,需要更精细地平衡这些因素,确保经济增长的同时避免负面效应。

(一)奠基:理论探源及设计思路分析

1. 国际视角下司法协助先进模式探究

国际视角下司法协助的先进模式不仅体现了国际合作的深度与广度,还为解决跨国民商事纠纷提供了有效的框架。

以欧盟为例,其民商事司法协助机制堪称典范,通过《关于民商事裁判管辖权及判决执行的公约》(以下简称《布鲁塞尔公约》)、《罗马公约》等司法协助公约,实现成员国之间判决的相互承认与执行,极大地促进了区域内经济活动的顺畅进行。欧盟模式的核心在于其深度整合的法律体系,允许法院判决在所有成员国中具有同等效力,消除了跨境司法障碍。此外,欧盟还建立了中央联络点网络,确保信息传递的高效与透明,降低了诉讼成本。这种模式的成功在于它不仅强化了司法合作,还通过统一的法律规则减少了不确定性,增强了投资者的信心。

美国作为联邦制国家,为避免各州在大部分私法领域享有各自立法权导致的立法不一致现象,而采取对于一些民商事法律问题,以一些不具有法律效力的统一规则,由各州在立法时参照、借鉴的示范法统一立法模式。在不同法域之间协调或统一法律的好处是,可以根据各自的需要,对相同的法律文本进行整合、修改或采纳,使法律的统一逐步得到推进。它的显著特点是针对性强,在特定情况下能够灵活调整。

海牙国际私法会议(Hague Conference on Private International Law,HCCH)在国际私法领域影响巨大,成员国遍及世界各地,先后通过了39项公约,涵盖国际私法合作、司法文书送达、承认和执行外国判决等。其中《海牙送达公约》也是世界上域外送达方面影响最为深远的国际条约。中国与东盟之间组织形式相对松散,如欲直接达成类似海牙国际私法会议这样的多边公约,还需要一个过渡时期使之趋于完善,但仍可参照海牙国际私法会议公约中有关条款,以设定统一的多边公约为目标。[1]

2. 对中国—东盟模式的启示与借鉴

海牙国际私法会议已发展成为包括欧盟成员国和部分美洲国家在内的协调各大法系国际私法规则的国际组织。但是,欧盟和美洲国家组织在其组织内部仍以各自的方式对国际私法进行统一,这显示出多元化的国际司法交流与合作特征。国际私法的统一化正逐步由区域性向全局性发展,与此类似,民事司法协助体系的统一化也

[1] 参见周国萍:《中国—东盟民事司法协助制度统一化问题研究》,广西师范大学2015年硕士学位论文。

有望从区域性向全局性扩展。综合以上分析,构建公正高效的民商事司法协助模式,不仅需要创新性的制度设计,还需要对各自法律体系的深入理解,以弥合差异。中国与东盟国家在传统社会文化、经济发展水平和法制建设程度上存在显著差异,这决定了司法协助框架设计必须体现包容性和灵活性。

(二)具体路径设计:由点及面

如前文所述,国际关系、经济关系、法律制度、政治制度等因素都左右着中国和东盟国家司法合作的进程。因此,无论是直接形成多边公约,还是采取统一的立法模式、示范法模式,目前尚不具备实际操作的条件,但对于这些模式中的一些要点和精髓可以参考,以此作为长远目标建立起司法救助的统一框架。中国与东盟国家间要形成比较完善和趋于统一的民事司法协助制度还需要一个较长的过渡期,较为理想的设想是以签订部分合作谅解备忘录作为切入点、以促进双边条约的签订和完善为发展线条,然后逐步过渡到具有广泛覆盖面的多边统一的区域性民事司法协助公约。

1. 点:以备忘录模式补充和完善中国—东盟国家法院间民商事司法协助机制

合作谅解备忘录(Memorandum of Understanding, MOU),相对于程序复杂、形式严密的条约而言,在国际社会日益受到各方青睐,其隐秘性、形式自由性更强,易于修改,也不需要经过一国立法机构的批准。[1] 备忘录的签订能够为民事诉讼当事人提供更加清晰的指引,有助于司法协助方面常态化和制度化。中国与其他国家的合作备忘录也有一定的实践探索,除了中新最高法院签订的民商事司法协助方面备忘录之外,广西壮族自治区高级人民法院与越南谅山省人民法院、广宁省人民法院进行过合作备忘录的谈话与签署。在当前签订双边协议或构建一体化区域司法协助机制条件尚不成熟的情况下,可以考虑适当采取合作备忘录的模式,对双边协议进行补充,或者授权部分法院、国际商事法庭作为主体,与东盟各国相应级别的地方法院形成某一方面司法协助的合作谅解备忘录,同时借助中国与东盟国家各界的交流合作,依托民间组织和商会开展多种形式跨国司法对话,以增进相互间开展司法协助的便利性。

2. 线:对现有双边协议进行完善,或就某一领域的司法协助需求形成专门性多边公约

双边协定有其特有的灵活性,能够根据不同国家的立法特点,以较小的代价实现

---

〔1〕 参见李程呈:《论谅解备忘录的法律性质和法律效力》,载《红河学院学报》2020年第4期。

求同存异维护双方的最大利益，且更易于解释，为执行协定提供诸多辅助性措施。[1] 鉴于中国与东盟其他六国未形成民商事司法协助双边协议，东盟各国间就民商事司法协助也均未签订多边协议，可以由完善和增加双边协议逐渐过渡到多边专门性协议的签订，作为构建统一的民商事司法协助制度的过渡机制。

其一，对于已经与中国签订有司法协助条约的东盟国家，加快在司法协助条约范本的内容方面对相关内容予以完善，如采取积极磋商，在中国与新加坡、泰国的双边协议中将民商事判决的域外承认与执行明确下来，拓宽司法协助范围，简化相关程序。同时，应该加快与未签订民商事司法协助条约其他六个东盟国家的谈判，求同存异积极促成签订民商事司法协助双边协议。

其二，在权衡中国—东盟国家利益的基础上，参照海牙国际私法会议达成的已相对成熟《海牙送达公约》《海牙取证公约》等系列条约，进一步形成针对案件送达、调查取证、证据保全等机制的区域性专门司法协助多边公约，并且以缔结以上这些司法协助子机制专门性公约为契机，促进民商事判决相互承认与执行的多边公约谈判和磋商，由浅及深，从易到难，为最后实现民商事司法协助一体化公约提供制度经验。

3. 面：最终实现统一的中国—东盟民商事司法协助多边公约

系紧中国—东盟的联结纽带，不仅需要在密切交往中增强中国—东盟区域合作的互联互信，更需要在深层次上为区域共识的达成作出努力。[2] 从长远目标来看，在平衡好各方利益之后求同存异，在中国—东盟自贸区成员国间建立一个专门的民商事司法协助多边协议是必然的发展趋势。中国和东盟各国可以采用已经缔结的双边条约为蓝本，结合中国—东盟自贸区实际情况，充分尊重国家主权以及各国的意见及建议，在求同存异的基础上将开展司法协助的原则、目标、范围、手段等以统一的多边司法协助公约条款的形式加以固定，并且细化各国在司法实践中具体的运行模式。

第一，在域外送达方面，对于简单的民商事案件，不涉及国家利益公共秩序保留的应当简化送达的程序，各国间政治互信和司法互信的基础上减少审核审查的程序，并灵活采取送达方式，如有必要可设立专门处理接受和传送机构，视情况区分处理司法协助中送达不能的情况。比如仅对请求书格式内容或格式不符合要求、送达地址不明确的案件，可以经过释明后选择退回处理，而对于可能损害被请求国利益的情况

---

〔1〕 参见濮云涛：《中外双边司法协助协定中承认与执行外国判决条件研究》，武汉大学 2020 年博士学位论文。

〔2〕 参见蒋慧：《RCEP 背景下中国—东盟商事仲裁承认与执行机制省察与调适革新》，载《政法论丛》2022 年第 6 期。

可以选择拒绝协助等。

第二，在调查取证方面，明确允许调查取证的范围、方式，采取以外交或领事取证、特派员取证、当事人或代理人自行取证等多种方式并存的取证方式，并允许在缔约国法律不反对的前提下允许适度的通过视频等新兴科技方式进行域外调查取证。

第三，在法院裁决的承认和执行方面，可以参考中国与越南、老挝之间的司法协助协议条约，以法院对民事及刑事有关民事损害赔偿或诉讼费的裁决为承认和执行的内容，包括法院判决、裁定、决定以及调解书，认可中国—东盟自贸区各国间存在互惠关系并以条款形式确定下来，并进一步规定承认和执行的条件、程序和效力等；在司法实践中，中国与东盟国家也应审慎把握承认和执行他国判决的尺度，避免因程序不当造成的拒绝承认与执行。

第四，在仲裁裁决的承认和执行方面，由于中国—东盟自贸区各成员国都已加入《纽约公约》，在完善协议的同时，可以直接约定各缔约国根据《纽约公约》的规定相互承认并执行仲裁裁决，但由于受到时代的限制，公约中个别的表述方面应当结合各国实际需求而进行适度的调整完善。

以上的设想仍需要各国协调司法主权观念、调整和完善国内法，尽可能跨越意识形态和政治制度差异性的障碍，充分回应自贸区区域民商事交往和私人权益保护的需要，最终形成一个以统一的司法协助公约为主、双边司法协助协议为辅、部分合作谅解备忘录为补充的综合性的民商事司法协助框架体系。

（三）技术保障：以信息化建设提升司法协助水平

诚然，在经济全球化和互联网＋信息化时代的大趋势下，原有传统的迟缓且效能低下的司法协助途径已经无法满足各国高效、便捷、公正地处理好跨国诉讼的需求。中国法院系统于2016年开通使用“全国四级法院联网的国际司法协助信息化管理平台”，将实现民事司法协助请求在全国各级法院全流程管理和实时跟踪；司法部也于2019年建成民商事司法协助线上系统（www.ilcc.online），系统采用英文版面以方便各国在线提交请求材料，通过系统接收端对材料初审并在线反馈办理结果，实现在线接收、审核及反馈结果的功能。[1] 中国与东盟各国在进一步完善双边、多边协议时，可以考虑明确承认利用信息技术进行域外送达、域外取证等的合法性，同时积极探索与有关沿线国在保证通信安全的前提下，有条件地允许在自贸区内利用各种途径诸

〔1〕 参见司法部司法协助交流中心课题组：《习近平法治思想与民商事司法协助：理论与实践》，载《中国司法》2022年第3期。

如微信、电子邮箱、传真等进行法律文书的电子送达，利用腾讯会议等软件进行视频认证、取证，改善司法文书的送达和证据交换过程，减少时间和成本。同时，将中国—东盟大法官论坛作为加强中国与东盟各国间的司法合作和交流联结高地，以中国—东盟国家法律和司法信息中心为基础，搭建一个安全统一的民商事司法协助信息共享平台，通过该平台迅捷处理法律文书的送达、调查取证、外国商事仲裁及民商事判决的承认与执行，实现与东盟国家之间司法协助信息互利共享，以促进跨境诉讼程序的无缝对接以提高民商事司法协助的效率。

四、结语

中国与东盟国家的法律传统和法律体系各有特色，如何在尊重各国差异的同时找到司法协助新路径，公正、高效地处理涉外民商事纠纷，是横亘在中国与东盟各国面前的一项任重道远的任务。然而，创新之路并非坦途，潜在的挑战同样不容忽视。世界正处在百年未有之大变局，在与东盟国家的司法协助实践中，中国不断调整和完善国内相关法律法规，以适应国际规则，如扩大专属管辖权的界定，优化司法文书送达和调查取证程序。这种动态的法制建设过程，体现了中国作为一个负责任大国在推动区域一体化进程中的积极作用。中国—东盟民商事司法协助机制的创新与完善，是一项系统工程，需要政策、法律、人才等多维度的协同推进。只有这样，中国与东盟合作共赢、互惠互利的友好巨轮才能够行稳致远。

我国外国法查明制度适用的司法困境和完善路径研究

——基于对55份涉外民商事裁判文书的实证考察

卢玉梅　马洪泽*

摘要:随着共建"一带一路"蓬勃发展,我国涉外民商事案件逐年增长。笔者通过对2018年以来涉及外国法查明的55份判决进行全面分析,并与已有的研究成果纵向比较,发现司法实践中外国法查明的有效途径极其有限,审查"外国法查明内容"的标准模糊,滥用"外国法查明不能",致使我国的涉外民商事案件鲜少适用外国法进行判决,在一定程度上影响了我国涉外民商事判决的公信力。本文对我国外国法查明的立法演变和实践案例进行剖析,深入分析我国外国法查明制度适用的司法困境,提出完善建议,以期为司法实践中审查外国法内容、形式、效力提供裁判指引,提高外国法查明成功率,服务高水平对外开放。

引　言

习近平总书记在党的二十大报告中强调,"中国坚持对外开放的基本国策","推进高水平对外开放"。为服务对外开放基本国策,提高涉外司法质量,准确查明并适用外国法尤为重要。外国法查明,又称外国法的证明(Proof of Foreign Law),是指一国法院根据本国冲突规则指引

---

* 卢玉梅,南宁市中级人民法院立案庭庭长。马洪泽,南宁市中级人民法院立案庭法官助理。

应适用外国法时，如何查明该外国法的存在和内容。[1] 外国法的成功查明不但能确保涉外民商事案件的法律适用准确性，维护当事人的合法权益和国际交易的公平正义，而且有助于提升我国涉外司法公信力，有助于优化涉外营商环境，有助于构建人类命运共同体。当前我国正处于世界百年未有之大变局中，机遇与挑战并存，着力提高外国法查明成功率，完善我国外国法查明制度具有紧迫性和必要性。

一、中国法关于“外国法查明”制度的立法演变

我国关于外国法查明现行有效的法律规定主要体现在一部法律和四部司法解释中，规范指引着我国涉外司法实践。从这些法律规定来看，我国外国法查明模式并不是单一制，而是法院依职权查明为主和特定情形下当事人自主查明的混合查明模式，并呈现以下四点立法演变态势。

（一）外国法查明模式由当事人主导转为法院依职权

2007 年，《最高人民法院关于审理涉外民事或商事合同纠纷案件法律适用若干问题的规定》第 9 条[2]（现已失效）对外国法查明的责任主体进行规定。若当事人合意选择外国法时，由当事人负责提供或证明；若法院根据最密切联系原则确定适用外国法时，也可以要求当事人提供或证明。

2011 年，《中华人民共和国涉外民事关系法律适用法》（以下简称《法律适用法》）施行后，改变了由当事人作为外国法查明首要主体的规定，首次确立我国外国法查明主体二分法，即区分法院查明和当事人查明两种情形。在立法上从以当事人查明为主导的模式转变为法院依职权查明，当事人特殊情形下负查明义务的模式，[3] 一直沿用至今。

（二）外国法查明途径由五种增加至七种

关于外国法查明途径的规定，最早可追溯至 1988 年的《最高人民法院关于贯彻

---

[1] 参见赵相林主编：《国际私法》，中国政法大学出版社 2014 年版，第 112 页。

[2] 《最高人民法院关于审理涉外民事或商事合同纠纷案件法律适用若干问题的规定》第 9 条（现已失效）规定：“当事人选择或者变更选择合同争议应适用的法律为外国法律时，由当事人提供或者证明该外国法律的相关内容。人民法院根据最密切联系原则确定合同争议应适用的法律为外国法律时，可以依职权查明该外国法律，亦可以要求当事人提供或者证明该外国法律的内容。当事人和人民法院通过适当的途径均不能查明外国法律的内容，人民法院可以适用中华人民共和国法律。”

[3] 《法律适用法》第 10 条规定：“涉外民事关系适用的外国法律，由人民法院、仲裁机构或者行政机关查明。当事人选择适用外国法律的，应当提供该国法律。不能查明外国法律或者该国法律没有规定的，适用中华人民共和国法律。”

执行〈中华人民共和国民法通则〉若干问题的意见(试行)》(以下简称《民通意见》),其中第193条对外国法查明途径进行了规定,包括当事人提供、由与我国订立司法协助协定的缔约对方的中央机关提供、由我国驻该国使领馆提供、由该国驻我国使馆提供和由中外法律专家提供等五种途径,[1]但随着《民法典》的实施,该意见被废止。

2018年,最高人民法院出台《关于设立国际商事法庭若干问题的规定》(以下简称《国商庭规定》),该规定第8条把外国法查明途径由《民通意见》五种进行扩展,增加了由法律查明服务机构提供、由国际商事专家委员提供和其他合理途径。2023年对该规定进行修订时,作出更细致的规定。[2] 虽然《国商庭规定》只适用于最高人民法院国际商事法庭审理的案件,但对查明途径的拓展是一种明显进步。

2024年,《最高人民法院关于适用〈中华人民共和国涉外民事关系法律适用法〉若干问题的解释(二)》(以下简称2024年《法律适用解释二》)出台后,沿用了《国商庭规定》中关于外国法查明途径的框架,正式以司法解释的形式确定了外国法查明的七种途径[3]。

(三)"外国法审查内容"的标准和流程趋于细化

关于外国法律能否确认、如何理解的问题。2011年前未有法律作出规定,2013年实施的《最高人民法院关于适用〈中华人民共和国涉外民事关系法律适用法〉若干

---

[1] 《民通意见》第193条规定:"对于应当适用的外国法律,可通过下列途径查明:①由当事人提供;②由与我国订立司法协助协定的缔约对方的中央机关提供;③由我国驻该国使领馆提供;④由该国驻我国使馆提供;⑤由中外法律专家提供。通过以上途径仍不能查明的,适用中华人民共和国法律。"

[2] 《国商庭规定》(2023年修正版)第8条第1款规定:"国际商事法庭审理案件应当适用域外法律时,可以通过下列途径查明:(一)由当事人提供;(二)通过司法协助渠道由对方的中央机关或者主管机关提供;(三)通过最高人民法院请求我国驻该国使领馆或者该国驻我国使领馆提供;(四)由最高人民法院建立或者参与的法律查明合作机制参与方提供;(五)由最高人民法院国际商事专家委员会专家提供;(六)由法律查明服务机构或者中外法律专家提供;(七)其他适当途径。"

[3] 2024年《法律适用解释二》第2条规定:"人民法院可以通过下列途径查明外国法律:(一)由当事人提供;(二)通过司法协助渠道由对方的中央机关或者主管机关提供;(三)通过最高人民法院请求我国驻该国使领馆或者该国驻我国使领馆提供;(四)由最高人民法院建立或者参与的法律查明合作机制参与方提供;(五)由最高人民法院国际商事专家委员会专家提供;(六)由法律查明服务机构或者中外法律专家提供;(七)其他适当途径。人民法院通过前款规定的其中一项途径无法获得外国法律或者获得的外国法律内容不明确、不充分的,应当通过该款规定的不同途径补充查明。人民法院依据本条第一款第一项的规定要求当事人协助提供外国法律的,不得仅以当事人未予协助提供为由认定外国法律不能查明。"

问题的解释(一)》(以下简称 2013 年《法律适用解释一》)第 18 条对此作出原则性规定,[1]即根据当事人对外国法内容是否存在异议作出区分认定,奠定了如何审查外国法内容的基础,但对当事人有异议时未作出细致指引。2024 年《法律适用解释二》实施后,在第 8 条对该问题予以细化规定,[2]根据当事人是否存在异议,大致分三个层次进行递进审查。此外,还对当事人查明外国法的内容进行了适当指引,[3]为法官如何审查外国法提供了形式和内容上的必要参考。

(四)适用“外国法查明不能”的条件从无到有且逐步趋严

《民通意见》和《法律适用法》都规定了不能查明外国法的,适用中国法,但何谓不能查明外国法,一直未有规定。直至 2013 年《法律适用解释一》实施,首次明确了“外国法查明不能”的认定标准。[4] 随着涉外案件数量和复杂程度极大增长,2024 年《法律适用解释二》对“外国法查明不能”作出更细致的规定(见表 1)。

表 1　关于“外国法查明不能”的认定标准

具体情形	2013 年《法律适用解释一》规定	2024 年《法律适用解释二》规定
当事人选择适用外国法时	当事人在法院指定的合理期限内无正当理由未提供该国法律的	当事人在法院确定的期限内无正当理由未提供该外国法律的

---

〔1〕 2013 年《法律适用解释一》第 18 条规定:“人民法院应当听取各方当事人对应当适用的外国法律的内容及其理解与适用的意见,当事人对该外国法律的内容及其理解与适用均无异议的,人民法院可以予以确认;当事人有异议的,由人民法院审查认定。”

〔2〕 2024 年《法律适用解释二》第 8 条规定:“人民法院对外国法律的内容及其理解与适用,根据以下情形分别作出处理:(一)当事人对外国法律的内容及其理解与适用均无异议的,人民法院可以予以确认;(二)当事人对外国法律的内容及其理解与适用有异议的,应当说明理由。人民法院认为有必要的,可以补充查明或者要求当事人补充提供材料。经过补充查明或者补充提供材料,当事人仍有异议的,由人民法院审查认定;(三)外国法律的内容已为人民法院生效裁判所认定的,人民法院应当予以确认,但有相反证据足以推翻的除外。”

〔3〕 2024 年《法律适用解释二》第 3 条规定:“当事人提供外国法律的,应当提交该国法律的具体规定并说明获得途径、效力情况、与案件争议的关联性等。外国法律为判例法的,还应当提交判例全文。”

〔4〕 2013 年《法律适用解释一》第 17 条规定:“人民法院通过由当事人提供、已对中华人民共和国生效的国际条约规定的途径、中外法律专家提供等合理途径仍不能获得外国法律的,可以认定为不能查明外国法律。根据涉外民事关系法律适用法第十条第一款的规定,当事人应当提供外国法律,其在人民法院指定的合理期限内无正当理由未提供该外国法律的,可以认定为不能查明外国法律。”

续表

具体情形	2013 年《法律适用解释一》规定	2024 年《法律适用解释二》规定
外国法由法院查明时	通过由当事人提供、已对中华人民共和国生效的国际条约规定的途径、中外法律专家提供等合理途径仍不能获得外国法律的	通过其中一项途径无法获得外国法律或者获得的外国法律内容不明确、不充分的,应当通过不同途径补充查明。 不得仅以当事人未予协助提供为由认定外国法律不能查明

二、我国外国法查明制度的司法实践困境

学术界现有研究基本围绕司法案例进行,在本文之前已有诸多文献检索先例,有的以 2013 年《法律适用解释一》颁布为案例检索时间起点,有的以专业领域分类检索,得出数据样本存在差异,分析的结论亦不完全相同。2018 年 6 月,最高人民法院出台《国商庭规定》并配套成立国际商事法庭,涉外民商事审判进入新的阶段。本文以此为时间起点,结合"适用《法律适用法》第 10 条"为条件,检索了中国裁判文书网 2018 年至 2023 年的裁判文书,符合条件的有 65 个案例,剔除虽然适用《法律适用法》第 10 条但实际不涉及外国法查明的 4 件案[1]和系列案中重复的 6 件案,本文以余下的 55 件案为样本分析,发现我国外国法查明制度的司法实践存在以下四个突出问题。

(一)外国法查明成功率不高

在 55 个案例样本中,仅有 21 件案成功查明并适用外国法,查明成功率为 38%(见图 1)。根据其他学者的研究成果,1988 年至 2018 年我国"外国法查明"的成功率为 34.67%。[2] 可见,三十多年来,虽然我国社会经济已经取得突飞猛进,但是我国"外国法查明"还在原地踏步,成功率较低。

[1] 不涉及外国法查明案件为:(2018)粤 2071 民初 19555 号、(2020)沪 74 民初 1754 号、(2019)鄂 01 民初 8098 号、(2018)粤 0303 民初 10674 号。

[2] 参见王晟迪:《论"外国法查明不能"的认定》,载《河北科技大学学报(社会科学版)》2020 年第 4 期。

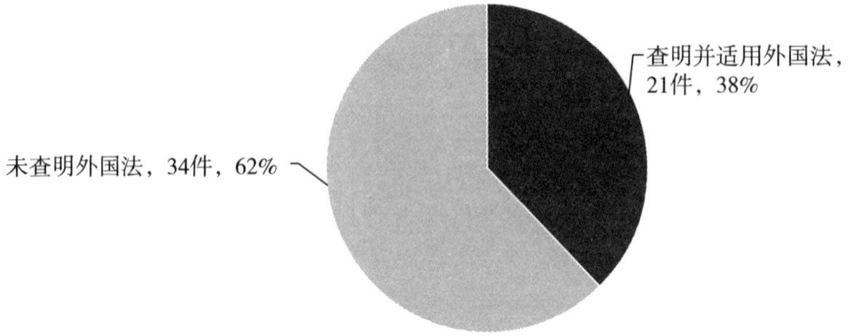

图1 外国法查明成功率

（二）法律规定的外国法查明途径运用不充分

虽然法律规定诸多外国法查明途径，但真正有效运用的基本只有当事人提供、专业机构或法律专家提供两种，其他查明途径无法有效发挥作用，造成外国法查明困难。

以前述55个案例样本为例，除7件未列明查明途径和1件发回重审的案件外，余下47件案的裁判文书均载明了外国法查明途径。其中，由当事人提供（不含当事人委托专业机构或法律专家提供）的有27件，占全部查明途径的57%；由专业机构或者法律专家查明的有19件，占比40%；由国际商事专家委员会专家提供的仅1件；其他途径的为0件。由当事人自主查明和法律查明服务机构或者中外法律专家查明占到外国法查明途径的97%，其他途径合计不足3%，至于通过外交途径的司法协助、使领馆等途径的为0件。在由当事人提供和专业机构或法律专家提供两种主要的查明途径中，当事人自主查明并成功适用的仅有1件[1]，成功率仅为3.7%；专业机构或法律专家提供的成功率高达94.7%（见图2）。

究其原因，当事人自主查明的外国法因缺乏完整准确性，难以被法院采纳；使领馆非专门的法律部门，内部缺乏具有法律知识的专业人才，通过使领馆途径查询难度很大，操作性不强；司法途径首先需签署条约，再加上层层转递，耗时很长。[2] 有学者指出，我国与其他国家签署生效的41项民商（刑事）司法协助条约约定了“中央机

〔1〕（2019）沪72民初2560号案［原告胜船海事公司（Winship Maritime Inc.）与被告中海工业有限公司、被告扬州中远海运重工有限公司其他海事海商纠纷］。

〔2〕参见王婷：《〈涉外民事关系法律适用法〉外国法查明条款适用的司法实证研究》，重庆大学2021年硕士学位论文。

关"途径,但至今未有利用这一途径的先例。[1] 虽然2024年《法律适用解释二》规定了通过外交途径或中央机关进行外国法查明的途径,但目前尚未畅通此类途径查明的程序机制,相关配套措施不足。即便是最高人民法院国际商事法庭(CICC)在其官网列明的5所外国法查明机构,[2] 亦因查明费用高、时限长等问题未发挥出明显优势。因此,实践中能够得到有效运用的查明途径非常单一,查明途径运用不足,直接影响法院或当事人查明外国法的积极性。

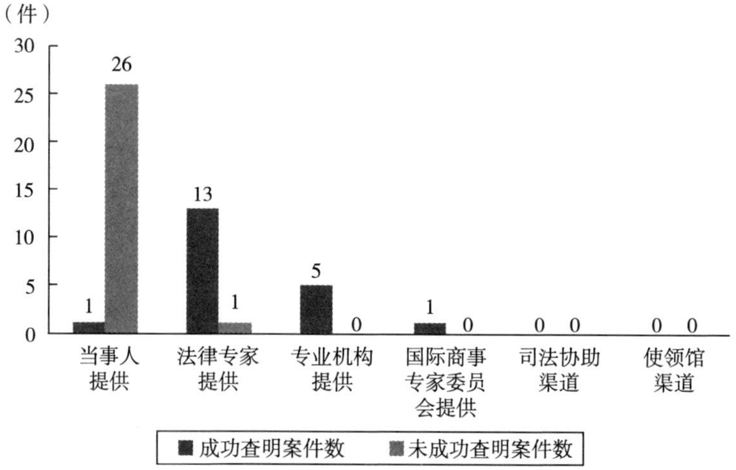

图2 外国法查明途径情况

(三)审查"外国法查明内容"标准模糊

我国现行法对外国法内容的审查认定缺乏明确细致的标准。即便2024年《法律适用解释二》第8条就法院如何理解和适用外国法进行了规定,但在当事人对查明外国法提出异议时,现行规定的审查标准还有待进一步明确。

人民法院应以何种标准审查外国法内容的准确性、当事人提交的外国法内容需要达到何种标准、各方查明的外国法内容存在冲突时以什么流程进行审查、应否设定不同查明途径的高低效力等问题未能有效解决。以(2022)沪72民初686号案为例,法院以被告提供的印度法律未经公证认证为由认定"外国法查明不能",进而适用中

〔1〕 参见李建忠:《论我国外国法查明方法规定的重构》,载《法律科学(西北政法大学学报)》2019年第1期。

〔2〕 分别是武汉大学外国法查明研究中心、华东政法大学外国法查明研究中心、中国政法大学外国法查明研究中心、西南政法大学中国—东盟法律研究中心、蓝海法律查明和商事调解中心。

国法。可见,法院采取严格或宽松的审查标准,是否必须经过公证程序直接决定外国法能否成功查明。再以专业机构查询外国法为例,不同专业机构亦可能对所查明的外国法内容产生争议。肖永平教授指出,[1]我国法院在实践中对专业机构可采性的认定标准认识不一,不同专业机构出具的法律查明报告在可采性上是否相同,法院在实践中的认识和做法差别较大。经官方认定的机构具有先天优势,但从查明机构的实践角度来看,专业机构的查明与其委托进行法律查明的专家具有高度关联性,同其他查明途径相比是否必然具有优先性值得商榷。同时,由于不同途径的操作难易程度不同,实践中也存在一方选择由查明机构提供,另一方选择当事人提供的途径。不同查明机构、不同查明途径所取得的外国法意见的效力如何认定,关系到外国法能否成功查明。

(四)"外国法查明不能"认定标准不规范

根据 34 件案的裁判文书分析(具体理由如表 2 所示),仅有 3 件案系当事人未提供且法院无法查明,即在当事人无法查明外国法的前提下,法院也通过其他合理途径补充查明,但最终还是无法查明;9 件案当事人选择适用外国法但未提供。仅此 12 件案认定"外国法查明不能"符合现行法律规定,其余 22 件案均存在"外国法查明不能"滥用之嫌,比例高达 65%。

表 2 "外国法查明不能"的情况

外国法查明不能的理由	案件数量(件)
当事人未提供	9
当事人未提供,经释明同意适用中国法	10
当事人提供,法院未采纳	3
当事人未提供且法院无法查明	3
当事人选择适用外国法但未提供	9

关于外国法是否查明的认定,司法实践中较为普遍的现象是混淆查明途径和查明责任。然即便我国法律明确规定外国法查明责任主体为法院,仍存在混淆当事人提供外国法责任与当事人提供外国法途径两者的区别,加重当事人提供外国法的义务。在当事人未合意选择外国法时,法官为规避自身的查明责任直接将外国法查明

---

〔1〕 参见肖永平、仇念轩:《完善我国法院运用专业机构查明外国法的建议》,载《国际法学刊》2022 年第 4 期。

责任分配给当事人,并以当事人未提供外国法为由认定"外国法查明不能"。

根据2024年《法律适用解释二》的规定,认定"外国法查明不能"应区分该外国法是否为当事人合意选择适用。若当事人合意选择适用,则需考量当事人提供外国法的期限如何认定、正当理由和延期提供情形如何考量;对法院依职权查明的外国法,通过其中一项途径无法查明时,如何判断法院是否尽到合理努力。这些问题不能明确,都客观加剧了外国法查明适用难度。

三、完善我国外国法查明制度的路径

尽管我国外国法查明制度不断更新完善,但从上文的分析可知,司法实践仍面临适用困难。要从健全外国法查明制度体系入手,进一步完善外国法查明途径制度,规范"外国法查明不能"的适用,确立外国法查明内容的审查制度。

(一)增强外国法查明途径的运行实效

1. 推广专业机构查明优势

外国法查明需要极强的专业性和查明技术,仅靠当事人和法官自主查明较为困难,委托专业性外国法查明机构可以起到很好的查明作用,司法实践中专业机构或法律专家查明的成功率高达94.7%足以证明。虽然实践中通过专业机构查明已经占到较大比例,但受当事人对外国法查明机构缺乏了解、查明机构影响范围有限、费用过高等因素影响,专业查明机构的优势还可进一步释放。

现最高人民法院国际商事法庭(CICC)列明了5所外国法查明机构,[1]加之其他查明机构[2]。我国现有的外国法专业查明机构数量已具有一定规模。应从中选取优秀专业机构进行宣传推广,有针对性地培育,进一步扩大专业查明机构体量,持续发挥行业积累的人才及资金优势,以点带面增强外国法查明实效。同时,对实践诟病较多的查明期限长和费用高问题,通过完善域外法查明统一平台、扩大同政法类高校合作机制、建立常用国家法律法规数据库、引进信息技术进行数据分析等措施,推出优质高效的检索功能,逐步缩短查明时间,降低查明费用,发挥专业机构查明优势。

---

〔1〕 参见肖永平、仇念轩:《完善我国法院运用专业机构查明外国法的建议》,载《国际法学刊》2022年第4期。

〔2〕 如"一带一路"外国法查明(西南)中心、上海海事大学外国法查明研究中心、厦大台湾研究院"台湾地区法律查明研究中心""丝绸之路经济带"沿线国家法律查明研究中心、上海东方域外外国法律查明服务中心等。

2. 完善外国法专家查明机制

绝大多数当事人缺乏法律专业性，苛求法官通晓全世界法律亦是理想状态。查明外国法离不开外国法专家参与，完善外国法专家查明途径是解决实际问题的又一途径。

其一，明确外国法查明专家资格。2024 年《法律适用解释二》赋予了法律专家提供外国法查明的权利，但未对外国法查明专家资格进行规定。外国法专家的专业能力关系其所查明的法律意见书是否可靠。对于外国法查明专家资格，应从职称等级、教育背景、域外职业资格和学术成果等因素综合考量，必须具备相应的外国法和比较法知识背景，必须通晓汉语和外国法资料来源国的语言等条件。其二，加快整合外国法专家资源。完善专家聘用机制，将外国法查明专家纳入专家库规范管理，动态调整专家库准入准出条件，不断充实各国家、法域的外国法专家。明晰外国法专家权利义务，细化专家查明外国法细则。其三，推动外国法查明专家出庭接受询问制度。法律专家出庭有助于法官准确适用外国法，在 2024 年《法律适用解释二》出台前，法律专家以何种身份介入诉讼在实践中较为混乱。2024 年《法律适用解释二》明确规定，依当事人申请或人民法院认为有必要，可以通知法律专家就其提供的法律意见发表意见，赋予专家辅助人地位，可在司法实践中充分运用。

3. 加强国际合作配套机制建设

根据前述的样本分析，通过司法协助途径与使领馆途径进行外国法查明的案例为零，究其原因，一是合作交流不足，二是程序烦琐。因此，应尽量简化外国法传递路径，深化国际合作。现阶段我国同他国签订的双边司法协助协定中，并未对外国法的查明作具体规定，仅是缔约双方应交换法律情报，缺乏配套程序规定。有学者提出应在双边司法互助中提高对外国法查明问题的重视程度，[1] 在签订双边司法互助协议时，增加双方协助法律查明的内容，简化司法协助途径程序。此外，还应尽可能同“一带一路”沿线国家签署多边的外国法信息交换条约，加深司法交流和合作，有条件的情况下协助薄弱国家完善法律信息系统，为司法协助查明外国法提供保障。

关于我国驻外国使领馆、外国驻我国使馆难以有效提供外国法的情况，受限于外交机构未配备专门的法律人员，查明效果和效率不理想。2024 年《法律适用解释二》已明确通过最高人民法院请求使领馆提供的查明途径，故人民法院通过使领馆提出申请时，应尽量明确提供外国法的具体程序、外国法的范围、所查明资料的形式及期

〔1〕 参见马明飞、蔡斯扬：《“一带一路”倡议下外国法查明制度的完善》，载《法学》2018 年第 3 期。

限等内容，必要时同使领馆做好专业业务联系，提高使领馆外国法查明的成功率和效率。

4. 发挥“其他查明途径”的便捷特性

外国法查明的主要目的是准确获取外国法内容，查明途径仅是一种获取手段。除2024年《法律适用解释二》明确的六种查明途径外，“其他途径”包括通过行业自律性组织、国际组织、学术机构、法律资料库、互联网等途径获取外国法律。法官和当事人可在各国官方平台、学术资源网站、法律数据库、专业机构线上查明渠道检索外国法，相关查明意见同样可以进入质证审查环节，审查是否具有可采性。通过利用互联网便捷搜索功能，充分发挥“其他查明途径”的作用，为审理涉外民商事案件提供更多便利。

（二）明晰外国法查明内容的审查

1. 设定外国法形式和内容审查标准

外国法查明问题涉及“查”和“明”两个层面，“查”的重点在证明外国法的存在，“明”的重点在正确适用外国法。关于人民法院如何审查外国法的问题，对应的是“明”。有观点认为只需要查明到外国法的条文规定，即可认定为外国法已经查明，人民法院可直接适用；还有观点认为，仅有条文不够，还应包括所属国法院对该条文的具体解释和适用方式。[1] 然而，外国法查明主要是为了获取外国法信息，供法官审理和裁判案件使用，过高的查明标准可能导致查明时间过长和费用过高，设定查明标准应从查明方法的可靠性、司法效率、时间成本以及重要性程度等综合因素确定，不宜设定过高的查明标准。

本文认为，通过不同途径查明到的外国法表现形式虽有差别，除当事人自主查明或通过互联网等其他途径查明的外国法外，其他途径查明的外国法可在审查时明确一般性的形式和内容标准。比如，在形式上，应当具备查明机构或专家的资质文件、与案件无利害关系的书面声明、证明查明报告公信力的相关材料、并由有资质的翻译机构进行翻译；在内容上，应当说明获取外国法律的途径或方法、提交所查外国法完整全面，现行有效的说明材料、成文法或判例的适用情况、是否符合本案适用情形的结论分析以及学术著作、学理阐述等参考资料，由法官对所查明的外国法进行综合审查，对于形式或内容明显不符合标准的，人民法院尽合理努力通过补充途径再查明，并在裁判文书中载明查明过程、审查流程。

〔1〕 参见李凤琴、张涛：《涉外商事审判中的外国法查明》，载《人民司法》2021年第16期。

2. 确定外国法查明内容的审查流程

区分当事人提供外国法和法院查明外国法的审查流程。对当事人提供的外国法，通过质证听取双方当事人的意见。若双方当事人对外国法内容均无争议，可将该外国法作为审理依据，难点在于对当事人存在异议的外国法如何审查，不同当事人会从自身利益出发对外国法律条文作出不同解释，在翻译过程中还有可能产生一文多译的情况。对此，法官根据当事人提供的依据和具体理由作出初步判断，必要时可通知法律专家出庭，通过质证程序让当事人对外国法查明内容再次发表意见；在充分辩论的基础上仍不能作出决断的，应强化人民法院查明外国法律的合理努力原则，要求法官通过合理途径补充查明后根据个案情况作出裁判。

司法实践中，当事人自主查明并提供的外国法，绝大多数不被采纳，主要原因系当事人提供的外国法不全面、缺乏公信力。最高人民法院早期有判例〔1〕认为当事人提供的外国法未经公证、认证手续而不予采纳。对此，我国法律并未明确规定当事人自主提供的外国法必须经过公证、认证程序，《民事诉讼法》第 275 条规定的公证、认证程序仅限于身份或委托关系，外国法查明不属于此类。倘若当事人自主查明的外国法能经所在国公证机关证明和中华人民共和国驻该国使领馆认证，固然会极大提高当事人自主查明外国法的可采性，但同时也加大了当事人的时间和经济成本。因此，本文认为，从提高当事人自主查询外国法可采性的角度来看，可以鼓励当事人在时间和经济条件允许的情况下进行公证、认证手续或者提供其他能够补强所查外国法公信力的证明材料，但不应将是否经过公证、认证作为人民法院采纳外国法意见的必要条件，对未经公证、认证的外国法内容不宜一概否决，由法官结合个案情况参考形式和内容的审查标准作出判断。

对法院依职权查明的外国法，亦应听取当事人意见。因各国法律制度千差万别，法官获取外国法后同样面临如何理解和适用的问题，认识难免具有局限性。故即便是法院依职权查明的外国法，亦应听取当事人意见，由当事人说明异议理由并提供相反证据证明。此处将举证责任分配给当事人，系因法院作为中立的国家司法机关，通过权威途径查明到的外国法，由当事人承担对该外国法异议内容的举证责任，具有合理性。

3. 明确不同查明途径的相对优先效力

关于不同或相同途径查明的外国法是否具有效力同等性的问题，本质上还是外

〔1〕 参见最高人民法院民事判决书，(2018)最高法民再 196 号。

国法内容认定标准的问题。实践中,查明途径确实可以作为认定外国法内容的一个重要参考因素。通常来说,从权威中立途径获取的外国法比非官方当事人提供的外国法准确性更高,但不同途径查明的外国法内容可采性高低,不单取决于查明途径。比如,通过司法协助获得的外国法系由缔约国司法机关提供,通常意义上准确性会高于其他查明途径获得的外国法,在无相反证据予以推翻的情况下可以确定其优先性;但通过使领馆查明的外国法和法律专家或法律查明机构提供的外国法,受使领馆工作人员和查明外国法专家的专业水平则不宜从途径上直接判断优先位阶;当事人自主查明提交的外国法相比其他途径虽较难做到中立性但不代表其效力最低,如果当事人能提供详尽外国法信息,论证严谨说理清晰,甚至佐以专家证人提供书面意见报告或者经过使领馆公证等,其提供的外国法可采性并不必然劣于其他。从同一途径查询的外国法内容亦是如此,以法律查明机构途径为例,专业机构专业程度、负责查询外国法专家的专业能力等均是决定外国法内容是否准确的关键因素。

因此,不同查明途径的外国法原则上没有绝对位阶,不宜仅以查明途径认定外国法是否可采,我们探讨相对位阶的前提是查明途径系判断外国法查明内容是否准确的一项重要参考因素。从司法实践指引上,可以确定不同查明途径间的相对位阶供法官作裁判参考。具体而言,通过司法协助渠道的中央机关提供的外国法一般来源于域外的司法机关,权威性最强,效力最高;通过最高人民法院请求使领馆提供或最高人民法院法律查明合作机制参与方提供或最高人民法院国际商事专家委员会均有最高人民法院的参与和管理,效力次之;审理法院或当事人委托法律机构或者法律专家提供的,基本是由专业机构委托法律专家查明,受专家资质能力的影响较大,机构内部之间不区分效力,综合效力排在前述之后;当事人提供的外国法缺少中立性,从形式和内容上缺乏完整性,需补充提供相应材料证明,效力最劣(司法协助渠道的中央机关提供>最高院请求使领馆提供=最高院法律查明合作机制参与方提供=最高院国际商事专家委员会专家>法律机构或者法律专家提供>当事人提供)。

(三)规范“外国法查明不能”的适用

从理论上说,如果不限制查明期限和途径,则不会有“外国法查明不能”的问题。“外国法查明不能”是法官结合具体案件情况,在评价、比较外国法最终得到查明所要付出的时间和金钱成本与法院在外国法的适用上所具有的利益大小后,所作出的主观判断。[1] 然而,“公正与效率”是司法审判工作的永恒主题,这决定了个案审理

〔1〕 参见肖芳:《论外国法的查明——中国法视角下的比较法研究》,北京大学出版社2010年版。

时对外国法的查明不可能无限制地拖延，设定“外国法查明不能”的立法初衷是平衡涉外案件审判的公正与效率。

1. 贯彻人民法院外国法查明主体责任

2024年《法律适用解释二》已明确规定法院的查明主体责任，但仍应厘清当事人提供外国法的责任与当事人提供外国法的查明途径之区别。不同情形下，当事人提供外国法时所处的法律地位及所承担的责任不同。比如，在当事人合意选法时，当事人对其选择的外国法具有心理预期，理应负有向法院提供外国法的责任，若无正当理由拒绝提供或未在法院指定的期限内提供，由其承担查明不能的责任符合权利处分原则。然而，在当事人未合意选择外国法时，法院则为外国法查明主体，须依职权自行查明或通过相关途径查明，当事人不负有提供责任。由当事人提供外国法，仅作为一种外国法查明途径，而非当事人责任；当事人未提供的，法院亦不能直接认定外国法无法查明，须继续通过其他途径补充查明。

2. 坚持“通过不同途径补充查明”

人民法院通过一项途径无法查明又通过其他合理途径（至少再选择一项）补充查明后，方可作出是否查明的结论。关于认定“外国法无法查明”是否需要穷尽查明途径存在较大争议。2024年《法律适用解释二》第2条规定，法院通过一项途径无法查明的，应当通过不同途径补充查明，未要求穷尽所有查明途径。对此，外国法本身具有复杂性，如果要求穷尽所有途径查明存在司法效率低下和资源浪费的问题。因此，强化人民法院通过不同途径补充查明到什么程度需要明确，本文认为至少再选择一种途径补充查明。比如，在法院依职权查明的情况下，当事人未能提供外国法，法官至少还应从条约途径、专家途径或者专业机构途径中择一予以查明，若还不能获取外国法相关资料，方可认定无法查明。针对涉外案件增长速度快、类型复杂等情况，2024年《法律适用解释二》第2条第7款采取了兜底式的规定，亦可在实践中充分发挥作用，鼓励法院和当事人通过多种途径进行补充查明，前文已述，此处不再重复。

3. 合理确定当事人提供外国法的期限

将查明期限的相对判断权交给裁判法官更有利于平衡个案的“公正和效率”。当事人提供外国法时，应受合理期限的约束，否则案件可能会无期限拖延。2013年《法律适用解释一》规定为合理期限，但未明确该合理期限究竟是多长。2024年《法律适用解释二》以外国法律查明办理相关手续等所需时间确定期限，本文认为，此种设定符合现行司法实践，设定一个相对指标，由法官根据个案情况参照涉案法律关系的复杂程度、成文法与判例法的区别、不同语种所需翻译时间等因素综合确定期限更利于查明外国法。有学者提出应设置最低期限以作量化标准，如当事人应在接到法院书面通知起30日之内提供外国法，确有困难的可向法院申请延期，法院补充查明时限也是30日。[1] 然而，无论30日或60日都很难适应司法实践中的个案情况，司法解释规定明确的查明期限不利于法官根据个案情形确定期限，易导致当事人未在期限内提交而被认定为外国法查明不能。同时，在需要法院补充查明的情况下，若指定以某日为期限，易诱发法官怠于履行查明义务，不能达到理想的查明效果。此外，关于延期申请系对部分案情复杂、外国法查明难度大的案件，人民法院确定了期限，当事人可具体说明理由向法院申请延长期限，法院视情形作出是否准许决定。

四、结语

广西作为面向东盟开放合作的前沿和窗口，正深度融入"一带一路"建设，外国法的准确查明和适用至关重要。本文通过分析发现，外国法查明的司法实践产生的困境，主要原因是适用"外国法查明不能"的条件宽松，审查外国法内容的标准和流程模糊，查明途径不能充分运用，缺乏效力位阶等。据此，本文针对性提出要设定普遍性的外国法形式及内容审查标准，区分法院依职权查明和当事人提供的外国法查明内容审查流程，明确不同查明途径的相对优先效力，为涉外司法审判准确查明并适用外国法提供裁判思路，具有很强的现实意义。鉴于2024年《法律适用解释二》刚刚实施，本文检索的案例有限，还有待结合最新的司法实践深入研究，进一步提升我国涉外司法公信力，服务高水平对外开放。

---

〔1〕 参见董琦：《论我国外国法查明制度的完善》，载《东南学术》2017年第4期。

广西涉外商事纠纷调解机制市场化运行的路径完善与探索

黄彩云　洪肇健*

摘要:近年来,广西充分利用区位优势,全面深化与东盟开放合作,积极开展涉东盟国家经贸往来、沟通交流等工作,广西开放合作的平台和机制不断完善、开放的步伐明显加快、开放的深度不断深化。随之而来,区内受理涉外民商事案件数量处于上升趋势,对法院涉外案件承载能力提出更高挑战。诉讼、仲裁及调解作为涉外民商事纠纷解决的“三驾马车”,是推动当前涉外商事争端纳入法治化轨道解决的重要途径。随着中国—东盟交流日益频繁、经济合作投资越发扩大,广西当前涉外企业合作、经贸往来、边境贸易等多领域的商事贸易纠纷以及冲突数量也不断增加。深入探究当前商事调解市场化运行的现状以及背景,探索广西涉外商事纠纷调解机制市场化运行的路径,进一步深化发展涉外民商事纠纷联动解决机制改革,推动非诉解决机制市场化运行健康发展,提升涉外民商事纠纷解决质效,是人民法院贯彻中央重要部署精神,提升涉外法治建设水平,破解当前“案多人少”难题,充分发挥司法资源最大效能的有效途径。

习近平总书记在2019年中央政法工作会议上提出:“坚持把非诉讼纠纷解决机制挺在前面。”十八届四中全会通过的《中共中央关于全面

* 黄彩云,南宁市邕宁区人民法院党组成员、副院长,四级高级法官。洪肇健,南宁市邕宁区人民法院民事审判庭法官助理。

推进依法治国若干重大问题的决定》将多元化纠纷解决机制建设列为国家的发展目标。涉外商事调解以其经济、便捷、保密、高效、共赢等独特优势,在化解涉外商事纠纷方面发挥着重要作用。伴随着"一带一路"建设的全面推进,我国的涉外商事纠纷将会越来越多,这为涉外商事调解的发展提供了广阔的舞台。2019 年 8 月 7 日,《联合国关于调解所产生的国际和解协议公约》在新加坡开放签署,包括我国在内的 46 个国家参加了签署,体现了国际社会对于涉外商事调解达成的普遍共识,将进一步推动调解在涉外商事领域的推广和应用。随着对外开放的深入,涉外商事纠纷呈现复杂化和多样化的特点,当前调解组织能力不足、涉外人才储备不够的问题限制着涉外商事纠纷调解的发展。在这种背景下,如何在涉外商事调解领域中引入市场化运作,促进各种不同类型的调解机制相互补充,共同发展,理应成为新时期多元化纠纷解决机制改革关注的重点。

一、涉外商事纠纷调解机制市场化运行的必要性及可行性

市场化是指在开放的市场中,以需求为导向,竞争的优胜劣汰为手段,实现资源的充分合理配置,效率最大化目标的机制。[1] 涉外商事纠纷调解机制的市场化运行就是指市场化调解机构在受理涉外商事纠纷时可以通过自定收费标准、调解行为收费等形式进行营收,以自负盈亏的方式促进涉外商事调解机构健康有序发展。当前涉外民商事纠纷解决以基本形成造调解、仲裁、诉讼"三位一体"的涉外民商事纠纷解决联动机制,但商事调解的市场化运行仍处于初级阶段,存在认可度不高、程序衔接不当等问题,进一步推动涉外商事纠纷调解机制市场化运行尤其现实必要性及可行性。

(一)必要性

1. 人民法院涉外审判现代化改革的现实需求。党的十八大以来,以习近平同志为核心的党中央高度重视涉外法治工作。习近平总书记明确提出统筹推进国内法治和涉外法治。习近平总书记深刻指出,"我国国情决定了我们不能成为'诉讼大国'。我国有 14 亿人口,大大小小的事都要打官司,那必然不堪重负!"2001 年至 2018 年,广西区内法院共受理涉外案件近 851 件,而 2018 年至今涉外案件已达 7334 件,涉外案件的激增对人民法院涉外审判带来极大压力。2022 年,《最高人民法院关于人民

---

〔1〕 参见宣一洲、郁玥:《法经济学视域下非诉讼纠纷解决机制市场化运行的现状检视与优化路径——以 S 市经贸商事调解中心为样本》,载《上海法学研究》集刊 2021 年第 15 卷。

法院涉外审判工作情况的报告》中指出，要创新"一站式"国际商事纠纷多元化解决机制，建立诉讼与仲裁、调解有机衔接的"一站式"国际商事纠纷多元化解决机制，为中外当事人提供便捷、高效、低成本的法律服务。2023年12月，习近平总书记考察广西并发表重要讲话，要求我们"持续扩大对内对外开放""打造国内国际双循环市场经营便利地"。探索涉外商事调解市场化运行，对于促进广西涉外商事调解高质量发展，提升涉外民商事纠纷解决质效，推动广西涉外民商事纠纷联动解决机制实际运行，以高质量司法服务保障广西加快打造国内国际双循环市场经营便利地有着重大意义。

2. 深化多元化纠纷解决机制改革的应有之义。习近平总书记在2019年中央政法工作会议上提出："坚持把非诉讼纠纷解决机制挺在前面。"为此，最高人民法院出台了《关于建立健全诉与非诉讼相衔接的矛盾纠纷解决机制的若干意见》，立足司法调解，着重提出了加强司法调解、人民调解、行政调解、商事调解、行业调解有机结合具体意见。最高人民法院院长张军要求："要坚持抓前端、治未病理念，把诉调对接的调向前延伸。"涉外商事调解作为能够有效满足涉外商事主体低成本高效率解纷需求的重要措施，充分尊重当事人的意思自治，当事人可以根据自己的意愿决定程序的启动、进行以及结果的达成。但公益调解组织存在的内生动力不足、保障机制不完善的问题无法满足涉外商事主体对丰富的解纷渠道和更高效便捷的解纷服务的需求。探索创新当前涉外民商事纠纷的工作机制，满足市场主体对更加多元、高效、专业的涉外商事纠纷解决机制的需求，是广西深化多元纠纷解决机制改革的重要举措。

3. 促进涉外调解力量健康发展的强大助力。从广西涉外民商事纠纷联动解决机制运行情况来看，区别于商事仲裁的市场化和国际化发展，涉外商事调解因与民事调解混同，更多地彰显争议解决的社会属性，侧重于国家权力干预以及公共资源投入。根本上导致当前商事调解机制面临公益化调解、财政补贴单一激励等困境，区内鲜有依靠市场化运行来推动调解组织达到收支平衡的健康发展状态。因此，目前广西能够妥善解决涉外纠纷的调解组织规模、能力、人才储备难以匹配当前涉外民商事纠纷越发复杂化、多样化的特点。为进一步推动广西涉外商事调解高质量发展，提升涉外民商事纠纷解决质效，推动广西涉东盟商事争端"一站式"解决机制的构建，探索涉外商事纠纷调解走向市场化与增强其开放性有着其紧迫性及必要性。

4. 推进《新加坡调解公约》落地的重要举措。2020年9月12日，《联合国关于调解所产生的国际和解协议公约》（又称《新加坡调解公约》）正式生效，截至目前已有

55 个签约方和 10 个缔约方，其中中国作为首批签约方之一。《新加坡调解公约》目的在于促进国际商事调解，并建立一套直接执行经调解产生的国际商事和解协议，为国际商事纠纷的解决提供了新的路径。探索涉外商事调解市场化运行，提升涉外商事调解解决纠纷服务水平，以衔接《新加坡调解公约》落地实施，推动广西涉外法治及国际商事纠纷“一站式”解决机制建设，对于广西深度融入共建“一带一路”发展，强化涉外审判工作服务建设中国—东盟命运共同体有着深远意义。

（二）可行性

1. 涉外商事调解市场化运行的市场资源配置合理性。从涉外商事调解制度的特点可以看出，涉外商事调解的定位区别于以公益性为主要目的的人民调解等传统调解，涉外商事调解的独特性要求它只有走市场化发展方向，才能提供高质量的专门服务。为保障行政机关、法院以及人民调解委员会的调解效能，政府会给予相应的财政支持。当涉外商事调解组织逐步转向市场化运营，为提升收入，会主动提升其涉外纠纷解决能力。但从本质上来看，涉外商事调解的市场化发展无法过多地偏离调解服务的公益本质，涉外商事调解的市场化运行既满足了涉外商事调解组织作为自负盈亏的市场主体的发展需求，同时也不会必然地将其推向以纯营利为目的的私人企业的另一极端。事实上，相较于公益性极强的人民调解、行政调解等传统调解，涉外商事调解的市场化发展只不过是在调解组织营利性与调解服务社会性之间的衡平中更加偏向调解组织营利性的一极，但其并未放弃调解服务社会性的自身属性。总之，涉外商事调解实行收费制度既是对调解员的尊重，也是对调解质量的保障，符合涉外商事调解专业化和职业化发展趋势。

2. 涉外商事纠纷调解市场化运行的政策制度保障。近年来，中国在政策层面对调解市场化给予支持和鼓励。2015 年，中共中央办公厅、国务院办公厅出台的《关于完善矛盾纠纷多元化解机制的意见》中明确提出支持商事调解组织、律师事务所按照市场化方式运作。“市场化方式”运作的概念早已以文件的形式确认，而商事调解则为重点推进的一环（见表 1）。

表 1　商事调解的相关规定

年份	出台单位	文件名称	主要内容
2015 年	中共中央办公厅、国务院办公厅	《关于完善矛盾纠纷多元化解机制的意见》	明确提出支持商事调解组织、律师事务所等按照市场化方式运作，根据当事人的需求提供矛盾纠纷多元化解服务并适当收取费用

续表

年份	出台单位	文件名称	主要内容
2016年	最高人民法院	《关于人民法院进一步深化多元化纠纷解决机制改革的意见》	明确提出支持商事调解组织、律师事务所等按照市场化方式运作，根据当事人的需求提供矛盾纠纷多元化解服务并适当收取费用
2018年	最高人民法院	《最高人民法院国际商事法庭程序规则（试行）》	由国际商事调解机构调解的案件，调解费用适用该调解机构的收费办法
2019年	中共中央办公厅	《关于政法领域全面深化改革的实施意见》	明确提出探索建立商事调解组织、律师事务所、公证处等按照市场化方式提供矛盾纠纷多元化解服务体系
2023年	最高人民法院	《"一站式"国际商事纠纷多元化解决平台工作指引（试行）》	当事人自愿选择国际商事调解机构调解的，适用该机构的收费办法和收费标准；当事人自愿选择由专家委员调解的，可以参照适用"一站式"平台中的国际商事机构的收费办法和收费标准

二、涉外商事纠纷调解市场化存在的问题

1. 体制机制不健全。当前涉外商事调解仅处于起步阶段，法律、政策层面尚未对涉外商事调解市场化作出系统性和整体性的顶层设计，对于商事调解的市场化的规定，仅散见于政策和司法解释中，对于市场化调解组织的准入、主管部门单位、调解员考核、管理和培训等需要机制加以明确的内容仍然缺位。另外，各商事调解组织之间存在差异，缺乏统一的认证标准和监管体系，导致商事调解服务的质量和效率参差不齐。

2. 商事调解对比诉中调解优势不明显。一方面，由于我国对于诉讼案件审理基本使用调审合一模式，即法官在审理过程中根据案件实际情况以及当事人基本诉争具体情况会选择先调后审或是先审后调。在审理过程中当事人就已经处于可能调解的情况当中，导致当事人对于另行委托第三方调解的意愿强烈。另一方面，由于涉外调解存在收费不明、司法确认衔接不畅的问题，导致涉外案件进入诉讼过程中经法院委派独立专业化的涉外商事调解组织开展调解所产生的费用以及时间成本要远高于诉中调解。因此，无论从当事人的经济支出还是精力投入来看，商事调解对比诉讼调

解优势仍不明显。

3. 司法确认程序难以衔接涉外商事调解。司法确认程序通常指的是在特定类型的争议解决(如调解、和解等)后,通过司法途径确认其法律效力的一种程序,由于其涉及司法资源的分配和司法权力的行使,司法确认程序往往具有较为严格的条件和程序要求。但当前根据民事诉讼法相关规定,调解组织所在地人民法院可就调解案件进行司法确认,但目前法院仅同意就本法院有实体管辖权的调解案件进行司法确认,大大限制了涉外商事调解中心受案的范围。

4. 商事调解尚无统一的收费标准。当前涉外商事调解的收费标准尚未有统一的法律、政策对其进行规范,收费标准的制定仍依托于机构自身,不同的调解机构可能采取不同的收费标准,导致调解费用的不确定性和不可预见性,给当事人带来困扰。此外,缺乏统一的收费标准也可能引发市场混乱和不公平竞争的问题,一定程度上影响当事人选择市场化调解的意愿和调解成效,影响调解市场的健康发展。

5. 涉外商事调解尚未形成聚合力。当前广西具有涉外商事调解专业能力的机构仅有广西国际民商事调解中心、广西商事调解协会两家,两个调解组织的调解员总数仅为 177 名。现有广西涉外商事调解员人数以及专业程度对我区国际商事纠纷调解工作日益增长的调解力量需求来说略显不足。涉外商事调解组织在广西尚未形成规模化市场,市场化运行的基础不足。

三、涉外商事纠纷调解市场化运行的探索经验

(一)域外经验

商事调解组织在起步初期,政府政策保障与财政的支持往往是基石。调解这一非诉讼纠纷解决机制随着社会的发展,为解决纠纷主体的多元化、复杂化需求逐渐走向市场化。美国、德国等西方国家在面对商事调解市场化时作出许多有益探索(见表 2)。从各国的实践经验不难看出,不同的社会经济发展水平以及人文土壤造就了不同的商事调解市场化形式,其动力主要包括法院内部的推动或适应市场整体的需求,法院的推动主要是为了解决“案多人少”的矛盾现状,而市场整体更注重对调解员的能力和专业考察。

表2 域外国家商事调解市场化的管理主体及主要形式

国家	管理主体	主要形式
美国	公司协会	以美国仲裁协会、美国律师协会小额纠纷解决专门委员会、美国司法仲裁调解服务公司等独立运营的公司为主体,以协会形式统一规范调解市场化
波兰、意大利、希腊	司法部	以国家为主、社会支持的ADR经费保障制度。调解员的费率由司法部确定,如捷克的当事人所进行的前三小时的调解程序的费率由法律规定,之后费率由调解员和当事人协商
法国、葡萄牙	法院	法院通过费用减免等形式对院内调解给予支持。民商事案件的调解收费仅发生在调成之时,以退回75%调解费用的方式鼓励当事人选择调解形式

（二）国内探索

随着社会经济发展以及相关政策的出台指定,涉外商事调解在我国发展迅速,促进了我国调解多元体系的建立。我国的涉外商事调解组织主要分为两类:一类是独立的调解机构,比如上海经贸涉外商事调解中心、北京“一带一路”国际涉外商事调解中心、深圳蓝海法律查明和涉外商事调解中心;另一类是商会、仲裁委员会、协会下设或内设的调解机构,比如中国国际贸易促进委员会/中国国际商会下设的涉外商事调解中心,北京仲裁委员会、深圳国际仲裁委员会内设的调解中心。

1. 多元联动的市场化调解机制。上海市通过成立全国第一家专门从事商事争议调解的社会组织上海经贸商事调解中心,以专业化的商事调解中心带动整体商事调解市场的规范化、市场化,并探索与多部门之间的联动机制,解决市场化过程中的案源以及市场化定价问题。如与自基层法院至最高人民法院的四级法院建立诉调对接关系,联合法院多部门共同探讨制定经贸商事调解中心收费规范(见表3)。

表 3　上海市经贸商事调解中心收费标准

<table>
<tr><td rowspan="2">诉讼标的金额</td><td colspan="2">上海市经贸商事调解中心</td><td rowspan="2">法院</td></tr>
<tr><td>社会案件</td><td>法院委派</td></tr>
<tr><td>≤1 万元</td><td rowspan="4">按照标的额的 1.5% 交纳，最低不少于 4500 元</td><td rowspan="11">按法院诉讼费的 20% 收取，不低于 1000 元</td><td>50 元</td></tr>
<tr><td>1 万～10 万元</td><td>超过 1 万元至 10 万元的部分，按照 2.5% 交纳</td></tr>
<tr><td>10 万～20 万元</td><td>超过 10 万元至 20 万元的部分，按照 2% 交纳</td></tr>
<tr><td>20 万～50 万元</td><td>超过 20 万元至 50 万元的部分，按照 1.5% 交纳</td></tr>
<tr><td>50 万～100 万元</td><td>超过 50 万元至 100 万元部分，按照标的额的 1.2% 交纳</td><td>超过 50 万元至 100 万元的部分，按照 1% 交纳</td></tr>
<tr><td>100 万～200 万元</td><td>超过 100 万元至 200 万元部分，按照标的额的 1% 交纳</td><td>超过 100 万元至 200 万元的部分，按照 0.9% 交纳</td></tr>
<tr><td>200 万～500 万元</td><td>超过 200 万元至 500 万元部分，按照标的额的 0.9% 交纳</td><td>超过 200 万元至 500 万元的部分，按照 0.8% 交纳</td></tr>
<tr><td>500 万～1000 万元</td><td>超过 500 万元至 1000 万元部分，按照标的额的 0.8% 交纳</td><td>超过 500 万元至 1000 万元的部分，按照 0.7% 交纳</td></tr>
<tr><td>1000 万～2000 万元</td><td>超过 1000 万元至 2000 万元部分，按照标的额的 0.7% 交纳</td><td>超过 1000 万元至 2000 万元的部分，按照 0.6% 交纳</td></tr>
<tr><td>2000 万～5000 万元</td><td>超过 2000 万元至 5000 万元部分，按照标的额的 0.6% 交纳</td><td rowspan="2">超过 2000 万元的部分，按照 0.5% 交纳</td></tr>
<tr><td>大于 5000 万元</td><td>超过 5000 万元部分，按照标的额的 0.5% 交纳</td></tr>
</table>

2. 规范化的市场定价指导。北京为提升商事（涉外）调解市场化规模，通过市委政法委、市高级法院联合指导成立北京多元调解发展促进会。通过组成商事调解组织行业协会，以统筹制定收费指导管理规范的形式，推动商事调解组织市场化运行；并联合多部门积极探索建立调解组织工作规范、程序规则及绩效考核标准，以加强商事调解市场中组织行为的自律性，以提升调解组织的整体素质和工作效率，促进商事调解市场的健康发展。

四、涉外商事纠纷调解市场化运行的建议

（一）涉外商事纠纷调解市场化运行处理的基本原则

1. 坚持需求导向。涉外商事调解市场化应充分结合纠纷当事人的实际需求以及解纷期待，最大化平衡纠纷双方当事人的利益，涉外商事调解服务应针对不同涉外市场主体的需求进行有针对性的提供，如针对不同国籍的当事人提供当地调解员服务、针对各类市场领域培育专业调解员。

2. 尊重当事人意思自治。调解是建立在充分尊重当事人意思自治的基础上，以协商的方式来解决当事人之间的纠纷，尽力寻求各方都能接受的解决方式。涉外商事调解市场化应引导涉外市场主体自愿选择购买市场化的涉外商事调解服务，以高效、低成本化解涉外商事矛盾纠纷。一方面，加强立案引导及典型案例示范工作，将涉外商事纠纷引流至前端市场化调解。在纠纷立案阶段通过加强涉外商事调解优势以及法院对涉外调解司法确认执行保障措施的宣传工作，以提升纠纷当事人对调解组织的认可度，让更多人接受“调解在前，诉讼断后”的理念，让“遇事先调解”替代“遇事找法院”。

充分发挥是示范性诉讼对市场化调解的指导作用，对于不同类型的涉外商事纠纷集中力量做好“第一案”，通过高质量的“第一案”示范性裁判为涉外商事调解组织的类案调解提供统一法律标尺，以判促进调，提升当事人对市场化商事调解组织公信力的认可。另外，畅通调诉对接机制，解决当事人后顾之忧。法院与涉外商事调解组织建立完善调解与诉讼工作对接机制，加强调解失败案件的立案保障工作，对于符合立案条件的涉外纠纷案件快捷、便利办理登记立案，以消除当事人对反复立案的顾虑，为选择涉外调解案件的当事人提供便利，营造当事人接受调解、信任调解的良好社会氛围。

（二）涉外商事纠纷调解市场化运行处理的具体设计

随着中国经济进入高质量发展阶段，进一步推进涉外民商事纠纷解决机制的建

设，都有赖于涉外商事调解机制的进一步市场化发展。商事调解组织在预防和化解矛盾纠纷方面具有独特的专业优势、职业优势和实践优势，这源于它更强调纠纷解决的可交易性和双赢的可能，更加关注效益、利益最大化与纠纷程序、成本的考量。因此，当前法院应做好“指挥官”角色，引导、规范涉外商事调解机制的市场化运行，才能有效提升当前涉外商事纠纷解决质量。鉴于此，现对当前广西涉外商事纠纷调解市场化提出以下建议供参考。

1. 规范化涉外商事调解市场化运行机制。以规范化制度保障涉外商事市场化调解的有序发展是其初步发展阶段的保障以及基石，要进一步加强涉外商事调解市场化的适用范围、基本原则乃至规范其运作的基础等制度设计。自治区高级人民法院、自治区人民检察院、自治区司法厅、广西贸促会联合签署《关于构建广西涉外民商事纠纷联动解决机制的意见》，建立健全涉外商事调解市场化运行管理机制，准确定位调解组织的准入方式，加强涉外调解员的选任和管理，完善监督考评和保障机制，确保市场化调解工作规范有序运行。

2. 建立合理化的市场化定价机制。合理化的价格机制是市场化运行的重要保障，以价格反映市场的运行态势，不合理的定价机制严重影响其市场化运行的发展、壮大。当前自治区高级人民法院、司法厅、发改委等多部门可联合探讨、制定一套合理公道的涉外商事调解收费标准。一方面，在调解收费标准制定过程中要结合涉外商事纠纷复杂性、多样化等特点，综合考量涉外案件当事人实际情况，以当前法院诉讼收费标准为参考进行确定收费。要避免严格按照标的额收费的惯性思维，对于案情简单、当事人调解意愿大的涉外商事纠纷案件，可采取以“件次”为标准进行收费，以提高当事人选择调解方式的积极性。另一方面，要支持区内涉外商事调解组织打造特色化、专业化、行业化的品牌标识，通过高质量、高效率的涉外调解以提升市场定价的话语权，这种反向激励机制促使非诉纠纷解决机制逐渐摆脱政府购买的路径依赖，具备更加长远发展的竞争力。

3. 加大对商事调解市场化运行的扶持力度。对法院而言，司法审判是维护社会公平正义的最后一道防线，但作为解决社会矛盾的资源是有限的，如果让所有的社会矛盾都进入司法渠道，有限的司法资源将难以完全满足不断增长、多元化的纠纷解决需求，极有可能影响社会公平正义的实现。法院通过加大对涉外商事调解市场化运行的扶持力度，以引导涉外市场主体选择商事调解解决纠纷，如在试行阶段，针对法院委派涉外商事调解组织调解的案件予以减免案件受理费的措施，以提升商事调解对涉外商事案件当事人的吸引力，促进更多案源进入调解组织，推动市场化发展。

4. 完善涉外商事调解员职业化发展模式。涉外商事调解市场化运行机制存在的核心是高素质的涉外商事调解队伍的建设。当专业优质的调解服务往往是纠纷当事人选择调解的首要考虑条件,只有纠纷当事人认为调解员提供的调解服务足够专业优质,他们才愿意选择调解,才会觉得他们为此支付的调解费用“物有所值”。但目前广西涉外商事调解员专业素质难以满足,必须先从源头上培养一批高素质人才,提高纠纷解决能力以满足当事人需求。如以《关于构建广西涉外民商事纠纷联动解决机制的意见》为依托,编制涉外特邀调解组织名册,建立涉外商事纠纷调解员的准入、培训、退出、考核、监督机制,参照世界通行标准对招聘的专职调解员进行调解理论、调解心理和调解技能等多元化、全方位的系统培训,为市场化发展奠定坚实的人才基础。

5. 深化诉调联动衔接机制推行。由于涉外商事调解方式存在非终局性、非权威性等特点,鼓励和引导当事人优先选择更低成本、更少对抗、更利修复相互关系的途径化解纠纷。进一步落实《关于构建广西涉外民商事纠纷联动解决机制的意见》,建立完善规范的诉仲调衔接机制,提升司法确认制度运行效率等,可以为当事人选择涉外商事调解提供司法保障。要推动建立司法确认对接线上平台,实现司法确认协议在线快立快办,充分发挥法院专业、权威、可强制执行等优势,形成覆盖全面、衔接紧密、运转顺畅的保障机制。对于反悔、不自觉履行调解协议的一方当事人,加强执行保障,对当事人提交的司法确认要及时立案受理,通过具有强制执行力的司法确认程序和执行措施保障选择市场化调解的当事人的合法权益得到最终实现。

广西涉外法治人才队伍建设现状分析及完善路径研究

杨　钉　洪肇健*

摘要："法者，治之端也。"法治是国家核心竞争力的重要内容，也是未来国际秩序的努力方向。随着对外开放不断深化、国际政治经济形势日益复杂，涉外法治正是国内法治与全球治理之间的重要桥梁和纽带，与中国国家主权、国家安全和发展利益密切相关，是推进国家治理体系和治理能力现代化战略的重要支点。涉外法治人才既是涉外法治建设的基础和重要保障，也是法治建设的重要力量。本文以中国—东盟涉外民商事纠纷背景下的涉外法治人才培养为视角，紧贴广西当前各地区经济社会以及涉外民商事纠纷化解的实际情况、法官队伍及社会各解决纠纷主体队伍建设的实际情况等多方面现状，解决实际具体问题为导向，立足于法院自身、法院与仲裁调解机构等涉外纠纷化解主体之间、政府与司法机关联合社会面协作推进涉外法治人才培养等现状展开研究，试图为广西涉外法治建设培育一批高素质、有能力的涉外法治人才提出建设方向以及实现路径。

一、涉外法治人才队伍建设的重要意义

（一）加强涉外法治建设的核心需求

自党的十八大以来，以习近平同志为核心的党中央高度重视涉外法

* 杨钉，南宁铁路运输中级法院中国—东盟自由贸易区南宁国际商事法庭副庭长，三级高级法官，法学硕士。洪肇健，南宁市邕宁区人民法院民事审判庭法官助理。

治建设。党的十八届四中全会首次以党的文件形式对涉外法治工作作出重大战略部署,明确提出“加强涉外法律工作”。党的十九届四中全会明确提出“加强涉外法治工作,建立涉外工作法务制度,加强国际法研究和运用,提高涉外工作法治化水平”。2020 年 11 月 16 日,习近平总书记在中央全面依法治国工作会议上发表重要讲话时强调,要坚持统筹推进国内法治和涉外法治。人才培养,是加强涉外法治的基础性工作。2014 年,《中共中央关于全面推进依法治国若干重大问题的决定》对涉外法治人才提出了要求,该决定指出“建设通晓国际法律规则、善于处理涉外法律事务的涉外法治人才队伍”。习近平总书记关于涉外法治工作的一系列重要讲话和中央有关会议精神,为培养什么样的涉外法治人才提出了具体要求,对培养涉外法治专业人才的目标定位指明了相应方向。涉外法治人才作为涉外法治人才的重要部分,可以助力妥善化解涉外纠纷,营造和谐安稳的市场环境,对于当前涉外法治建设有着重要的推动作用。

(二)服务“一带一路”建设的重大需要

随着共建“一带一路”倡议的深入推进,法律服务的重要作用越加凸显。“一带一路”沿线国家有着不同的政治传统和政治制度,法律制度和法治发展水平有所区别。在推进各国基础设施“硬联通”的同时,应加强相互间政策、规则、标准和机制的“软联通”。中国企业已遍布世界各地,但我国当前对东南亚地区国别法的研究、涉外法治人才法律服务与现阶段企业走出去的法律服务需求存在差异,同时针对“一带一路”国家法律制度的研究成果也还有待提升。因此,尤其需要培养具备全球视野、通晓国际规则、精通涉外法律的涉外法治人才,为推进“一带一路”建设提供高质量法律服务,为有效推动构建人类命运共同体提供强有力智力支持和人才保障。

(三)推动中国—东盟发展新格局的强大动力

近年来,广西充分利用区位优势,全面深化与东盟开放合作,积极开展涉东盟国家经贸往来、沟通交流等工作,推动形成了中国—东盟博览会和中国—东盟商务与投资峰会、西部陆海新通道、面向东盟的金融开放门户、中国—东盟信息港、中国(广西)自由贸易试验区等一批国家级开放合作平台,广西开放合作的平台和机制不断完善、开放的步伐明显加快、开放的深度不断深化。随之而来,在日益复杂的国际政治、经济背景下,广西涉外民商事纠纷的大量增长以及呈现专业化、复杂化等特点,在广西当前涉外法治人才的基础上,亟须培养一批善于维护国家利益、分布在涉外司法、执法、法律服务各环节的高层次涉外法治人才,服务“一带一路”建设、熟悉沿线国家法制的高素质涉外法治人才，能够参与国际法律事务、勇于推动全球治理体系变革的涉外法治人才，从而推动广西涉外法治建设进一步发展，以适应更高水平对外开放格局和涉外法治体系和能力建设需求。

二、涉外法治人才培养的政策及现实背景

自党的十八大以来，我国对外开放程度持续加深，企业“引进来，走出去”的时代步伐稳步加快。在我国对外开放的深入推进下，涉外纠纷案件数量与日俱增，案件的大幅攀升对人民法院涉外审判工作、仲裁机构、调解组织的“化纷”工作提出了严峻挑战。涉外法治人才作为服务高水平开放的重要力量主体，对我国企业“走出去”维护其合法利益起着关键作用。

（一）政策背景

自进入新时代以来，党中央高度重视涉外法治人才培养战略工作，始终将涉外法治人才培养置于重要战略地位。[1] 2018 年 9 月，教育部和中央政法委在《关于坚持德法兼修实施卓越法治人才教育培养计划 2.0 的意见》中进一步明确了我国涉外法治人才培养工作的战略导向，要求有关部门和高校在涉外法治人才培养的工作中，着眼于“一带一路”沿线国家的现实需求，通过加深拓宽与国际一流大学和国际组织的交流合作，采用学分互认、教师和学生交换、课程共享等实质性合作，着力培养出熟悉“一带一路”沿线国家法律制度的高素质涉外法治人才。为深化创新涉外法治人才培养机制，大力培养高素质涉外法治人才，最高人民法院出台了一系列指导意见，如《关于人民法院服务保障进一步扩大对外开放的指导意见》中指出，各级人民法院要加强与高校开展涉外法律人才互聘交流和共同培养工作，不断建立健全法律研修者和法律实习生培养制度。结合有关涉外法治人才培养政策的出台意旨，可见政策为深化创新涉外法治人才培养机制，提出了一系列可行的培养措施和工作目标。政策要求，各部门、机构、高校以及社会组织应紧紧围绕多主体共建、多形式共培这一基本培养模式，着眼于“一带一路”沿线国家服务的现实需求，落脚于培养出既精通国际法律规则、又擅长处理涉外法律事务的涉外法治人才。

---

〔1〕 2014 年 10 月，中共中央在《关于推进全面推进依法治国若干重大问题的决定》中提出全面推进依法治国，加强法治工作队伍建设，创新法治人才培养机制，建设通晓国际法律规则、善于处理涉外法律事务涉外法治的人才队伍。

（二）现实背景

1. 破解涉外审判案多人少的固有难题。随着中国—东盟贸易自由区的持续发展，中国与东盟各国贸易往来日益频繁，广西作为与东盟合作交流的前沿阵地。在对外开放程度不断深入的背景下，涉外民商事纠纷案件数量急剧攀升，案多人少的矛盾日渐突出[1]（见图1）。中国—东盟自由贸易区南宁国际商事法庭自2022年9月成立以来，管辖区内应由中级法院管辖的第一审涉外民商事案件和一审涉外民商事案件上诉案件等。2023年国际商事法庭收案467件，但实际审理涉外案件法官仅有6名，人均办理涉外案件77.8件；另外，以集中管辖南宁一审涉外民商事纠纷案件的基层法院邕宁法院、江南法院为例，两院中员额法官数量为56名，其中有能力或正在审理涉外民商事纠纷案件的法官仅有4名，占比仅为7%（见图2）。涉外案件数量的激增与涉外审判人才培养的滞后性，使案多人少的矛盾已然成为各级人民法院顺利开展涉外审判工作的主要难题。该难题对持续加强审判质效工作提出了严峻挑战，法官处理涉外案件的工作任务也变得艰巨繁重。如何解决案多人少这一固有难题，将涉外案件办理法官从超负荷工作压力中释放出来，保证涉外审判工作高质高效，是人民法院当今推进涉外审判工作面临的主要难题，也是涉外法治人才培养工作开展的迫切动因。

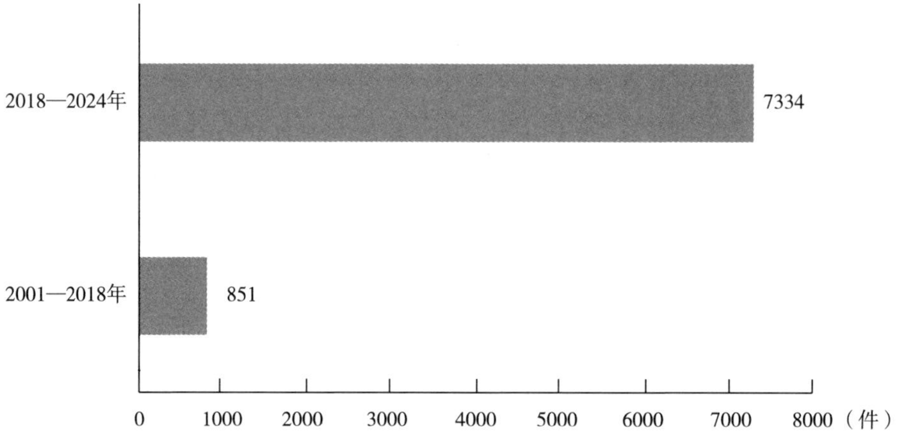

图1　全区涉外案件受理数量对比

[1] 2001年至2018年，广西区内法院共受理涉外案件近851件，而2018年至今涉外案件已达7334件。

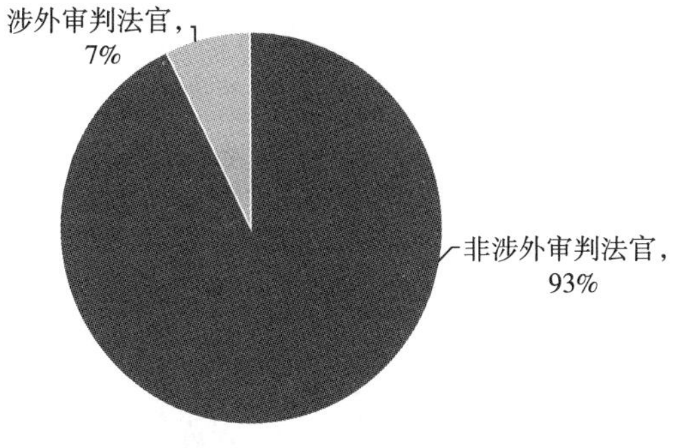

图 2　南宁市集中管辖涉外民商事纠纷案件法官占比

2. 打造高素质专业化涉外审判队伍的必经之路

深入实施人才强国战略，统筹推进国内法治和涉外法治建设，不断提升涉外司法审判水平，关键在于打造一批高素质专业化的涉外审判队伍。随着数字经济和人工智能发展的不断演进，金融、税务、海洋、知识产权等跨领域涉外民商事案件频发，专业化复杂程度持续升高。复合型专业化涉外审判人才数量急剧缺乏，涉外审判工作经验欠缺尤为严重，拥有良好外语能力的涉外审判法官人数更是寥寥无几。当前全区共有涉外审判骨干人才 131 人，而具备 3 年以上涉外审判工作的人数仅为 86 人，其余 45 名涉外审判骨干人才从事涉外工作尚不满 3 年(见图 3)。可见，广西全区涉外骨干人才缺乏涉外审判经验的特点较为明显。此外，涉外审判骨干人才外语能力薄弱特点也极为突出。在这 131 名涉外审判骨干人才中，具备英语四级水平的为 26 人，英语六级水平 24 人，专业八级 2 人，BEC 中级 1 人，中级法语 1 人(见图 4)。由此可见，目前广西全区在高素质专业化涉外审判人才团队的储备中存在严重不足，具备良好外语能力的涉外法治人才缺口更是尤为显著。

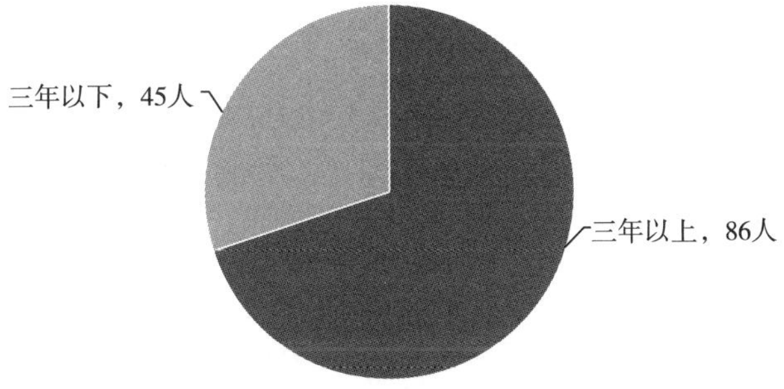

图 3　涉外骨干人才审判工作经验年限统计

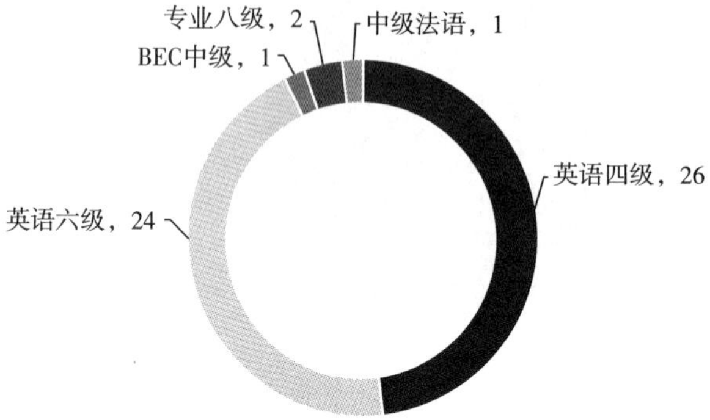

图 4　外语能力掌握情况统计

3. 推动与“一带一路”沿线国家交流与合作需要涉外法治人才

深化法律领域对外交流合作，涉外法治人才是首要资源，人才互通是重要途径。近年来，广西深度依托紧靠东盟这一区位优势，通过在拓宽与东盟国家和地区在法律领域的国际司法交流渠道和深入推动与国外学者和法律从业者的沟通交流过程中，吸引了不少“一带一路”沿线国家的法治人才。以南宁国际仲裁委员会（南宁国际仲裁院）为例，现南宁国际仲裁委员会共有外籍仲裁员 17 名，其中 15 人来自“一带一路”沿线国家，占总外籍仲裁员总人数 88%。崇左现有涉外民间纠纷调解员共 512 人，外籍调解员 36 名，占涉外调解员总人数 7%（见图 5）。涉外法治人才互通作为当今广西与东盟开展东盟商事法律论坛，深化东盟国家法律制度研究、推动涉外司法区域协作的主要途径，在广西与东盟构建良好的合作关系、建设广西本土多元化纠纷解决机制中都具有不可或缺的重要作用。鉴于涉外法治人才是广西在法律领域推动东盟交流合作的主要“线人”，对巩固拓展法律界联系起着至关重要的作用。广西应持续加强涉外法治人才培养工作，充分借助涉外法治人才在对外交流合作的传播力和影响力，为广西涉外法治建设和推动与“一带一路”沿线国家交流合作做出有力贡献。

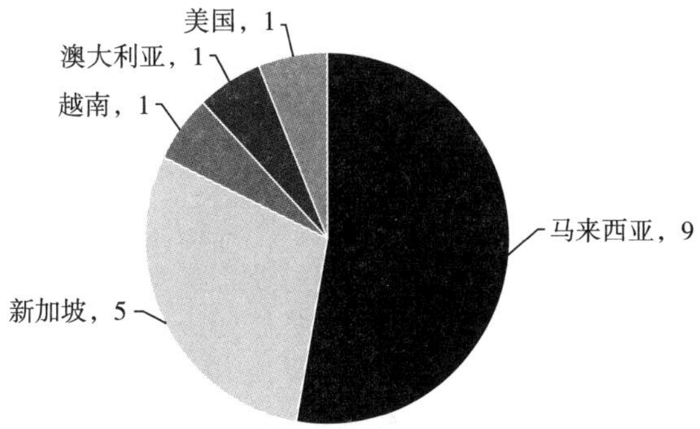

图 5　南宁国际仲裁院（外籍仲裁员国籍分布）

三、广西当前涉外法治人才培养机制存在问题

1. 未建立起统一的集约协调主体。涉外法治人才的培养涉及多个领域、部门机构，包括法院、司法行政部门等司法实务部门、仲裁调解组织机构等第三方机构以及高等院校等，而当前未能建立起一个协调的主体，导致涉外法治人才培养过程中各主体缺乏统一规划，使涉外法治人才培养过程中资源分配不均、培养质量参差不齐，整体效果不佳。目前涉外法治人才培养的主阵地主要集中在高校，且一般为“高校 + 法院”“高校 + 仲裁委”“高校 + 司法局”等双边合作模式，而法院、仲裁委、司法行政部门等官方单位间无互通，没有形成资源流动和互帮互助，难以达成一加一大于二的效果。同时，能够与各类实务部门合作的机会十分有限，在广西仅广西大学和广西民族大学能够通过建立实训基地为学生提供接触涉外法律实务的机会，而其他高校难以获得同等的资源。广西之外其他地区的高校也没有渠道与机会能够与广西的实务部门达成合作，这既不利于培养面向东盟的广西本土的涉外法治人才，也不利于为东盟和广西其他地区的涉外法治人才。

2. 各培养主体联动性不强。当前广西涉外法治人才的培养形成仍处于“各扫门前雪”的状态，如法院系统内部涉外审判技能培训、高校自身的涉外专业教育以及仲裁调解组织的内部人员培训。各主体之间的交流、资源整合不足，进一步扩大了单一主体培养的局限性，如高校理论与实践的脱节、法院系统对涉外多元解纷技能培训不足等问题，整体涉外法治人才培养主体难以形成一张网，有效合力推动涉外法治人才培养质量。高校诸如广西大学，聘请法律实务部门专家为兼职教授，加强涉外法律教学团队建设，开展与东盟国家高校学术交流，进行“法学 + 涉东盟科学研究”，但仍局限于学术研究，重心在发表学术论文和著作。仲裁调解组织主要以定期开展涉外课程培训的形式展开，没有详细的培养计划，政策措施和保障机制均较为匮乏，也未明确涉外法治人才的培养目标，并没有充分利用其处在涉外法律实务前沿的环境进行法律人才培养。

3. 培养内容方向与广西现实需求不相契合。随着中国—东盟发展逐渐深化，涉外司法服务需求以及政策机制建设为适应新发展需求亦日新月异，涉外法治人才的培养未能因地制宜，极易造成现有的涉外法治人才培养的过程中出现理论与实践“两张皮”，人才的涉外事务处理以及机制适应能力较弱。法院层面，对涉外法治人才培养的实践探索还是作为法院审判业务工作培训的分支内容开展，主要采取与高校合作组建培训班或共同培养的形式。其中，培训班存在培训时间较短、深度不足、与实践结合不够、培训班与能力提升结合不够紧密，对新形势下涉外审判工作的新特点把握不足，难以提升运用国内国际法律办理涉外法律案件的水平、培训成果难以转化等问题。高校层面，高校的课程设计难以满足涉外法治人才知识结构的要求，被列为涉外法治人才培养基地的部分高校的法学院，根据培养目标在课程体系的涉外性方面大多集中在国际法、国际私法和国际经济法以及与国际法相关的如国际贸易法、国际投资法等选修课程，而对于国内法中的涉外法律课程设置较少。外语课程的设置比较单一，大多数法科学生的外语课程仍然以英语为主，缺少对其他语种课程的安排，尤其对东盟国家和地区的语言关注较少，造成语言的弱势，这也降低了法律人才提供优质法律服务的效率。

4. 培养机制建设的自驱力不足。“十年树木，百年树人”，涉外法治人才培养是一个长线工程，短期内难以见到相应成效。当前涉外法治人才培养机制中，监督评估机制以及激励机制的缺位，难以保障涉外法治人才培养主体的积极性以及参与度，进而无法使该机制长效运行。目前高校虽有相应的培养计划，但其对培养学生后续的流向却缺乏相应的追踪，难以明确培养的学生是否投入涉外法律实务中。由于培养机制缺乏相应的成果展现，其投入资金、资源的驱动力就有所不足。而法院与高校共建培训基地合作培养学生的模式，直接针对学生进行培养，目的在于为法治建设培养更多既具有理论基础、又具有实务能力的新时代高素质法治人才，其效果暂且不论，但因法院系统的录取采取公务员考试的方式，可能后续并不能保证培养的学生能够真正投身于涉外法治建设实务之中。因此，缺乏监督评估机制以及激励机制，难以保障培养的涉外法治人才真正投入涉外法律实务中，难以评估培养模式产生的成效，使培养主体的积极性以及参与度较低，进而无法使该机制长效运行。

5.智能化、平台化应用水平较低。当前广西尚未就涉外法治人才培养搭建一个统一智能化的平台,各培养主体的资源、信息和培养内容未能以智能化线上平台的形式进行整合,不同培养各主体之间的信息共享和沟通受阻,影响整体涉外法治人才培养资源的共享和优化利用。涉外法治人才培养是一项复杂的工程,需要法院、高校、仲裁机构等社会组织齐头并进、多措并举。目前高校学者已经进行了大量的研究,在涉外法治人才培养方面取得了较为丰硕的研究成果。法院、仲裁机构等各主体也在稳步统筹推进涉外法治人才培养的实践工作取得了一系列的成果,创新法院与高校共同培育的法治人才模式,共同举办涉外审判人才培训班、共建涉外法治人才实训基地、推进法院与高校在涉外法治人才互聘交流的培养工作等,为法学理论与司法实务的贯通迈出了坚实的步伐,有效提高了涉外审判人才的审判水平,使高校学生能将法学理论运用到社会实践中提供了条件保障,拓宽了涉外人才就业的多渠道保障,为助推壮大涉外法治人才队伍规模提供了制度保障。但目前各培养主体之间的信息交流与资源流动仍存在严重不足,导致难以作出新的突破。目前我国已经进入信息时代,这就可以借助线上智能平台,使不同培养主体之间能够进行信息共享和更加深入地沟通交流,从而推动整体涉外法治人才培养资源的共享和优化利用。

四、探索多主体共建的涉纠纷解决人才培育体系

当前,传统的“单一式”“课堂式”的培养模式法治人才培养机制已无法满足全球治理变革的现实需求。涉外法治人才培养的场域急需从课堂走向社会,人才培养的主体应从单一走向多元,人才培养的机制需要从零散走向系统。为推动涉外审判特色人才高地建设,从总体思路上:我们应坚持以习近平法治思想为指导,深入贯彻落实习近平总书记关于坚持统筹推进国内法治和涉外法治的重要论述要求,充分发挥“法院+”“高校+”、仲调组织机构“第三方组织+”对于涉外法治人才培养的协同整合作用,着力构建一套体系化、规范化的中国—东盟涉外法治人才培养机制,进而培养一批具有国际视野、通晓国际法律规则、熟悉外国法律的涉外法治专业人才。

(一)发挥“法院+”自身的司法实践优势,打造涉外法治人才培养制度设计和实务应用的“前沿地”

法院作为司法实务部门作为涉外纠纷解决的第一线,是司法审判的主阵地。如何培养起高质量的涉外纠纷一站式解决队伍和人才,首先应从司法实务部门自身工作职能出发。从内部涉外审判人才需求而言,针对队伍自身进行的培养提升应作为工作重点,不断探索学习交流人才培养模式,实现涉外纠纷解决纠纷人才的专业素养

等综合能力提升。应当立足国家战略,把握新形势下涉外纠纷解决工作的新特点,提升运用国内国际法律办理涉外案件的能力水平。不应局限于自身眼界,应围绕一体化元素做文章,为高校提供“学习基地”,实现院与外合作、审学研用共进共建的“朋友圈”。通过“请进来”和“走出去”,打造自身特色品牌,汇聚各方智慧和力量,在人才培养、资源共享等方面深入探索。在合作内容上,可针对主体优势,比如可打造院内讲师团、实训实习基地、院外专家评价机制等面向涉外纠纷解决联合培养主体“朋友圈”体系。通过“多向奔赴”的涉外交流分享机制,既能够有效发挥司法实务部门的阵地优势,也能够有效提升涉外法治人才的专业技能。

（二）发挥“高校+”的理论教育优势,打造涉外法治人才培养和理论研究的“新高地”

高等院校以及法学研究会等是涉外法治人才培养的专门机构,也是理论研究的前沿阵地。从司法实务部门涉外人才培养的角度来看,高校这一主体不可或缺。当前,高校已逐渐从专业设置、课程体系、教学内容以及教材等方面重视涉外人才的培养。在“四维一体”的人才培养体系下,应着力构建与完善“高校+”即司法实务部门以及社会第三方组织机构与高校的研究合作机制,系统培养复合型涉外法治人才,既包括对在校学生的目标培养,也包括对法官、律师、仲裁员、调解员等人才的能力提升培养。从内部人才培养机制来看,高校与各培养主体之间的共建合作,能够促进高校有意识地注重法学与外语的跨专业横向联合培养,加快“法学+外语”专业设置,系统培养复合型涉外法治人才。“法学+外语”是一门外国语言和法律学科跨域联动的新兴学科和交叉学科,随着“一带一路”建设的持续推进,英语以及东南亚地区小语种成为更加重要的沟通方式,对于深化中国与东盟国家之间的经贸合作具有关键作用。涉外法治人才是高层次复合型人才,须遵循因材施教的规律。传统法学院系承担着各类法治人才培养的任务,较适宜面向具备外语语言优势的学生开设涉外法治人才培养实验班。同时,就东盟地区国家语言、法制以及法律文化进行全方位规划,针对性设置了法律外语专业;从外部联合培养实践来看,高等院校可拓宽涉外法治人才培养覆盖面,进一步深化院校人才培养机制,面向司法实务部门、调仲机构等涉外法治相关部门组织人才开展联合培训,充分发挥高等院校学科、理论优势,以进一步提升法院、调解仲裁组织等相关涉外法治部门的现有人才素质。

（三）发挥“第三方组织+”的社会覆盖面优势,构建综合性、全面的涉外法治人才“实训地”

当前,包括仲裁机构、调解组织以及律所第三方组织均是涉外矛盾纠纷化解的重要平台。司法实务部门的人才培养共建模式多体现在“院校合作”,与社会第三方组织的共建共享在理论上、实际操作上均存在一定程度的障碍和疑虑。实际上,社会第三方机构能够充分发挥涉外法治实务的优势,比如他们的机制、理念部分走在时代的前沿,具有创新性和探索性,他们的资源、做法可以为涉外法治人才培养提供不一样的创新渠道,实现新型的“第三方组织+”的合作关系和产教融合发展体系,拓宽涉外法治人才培养主体的社会覆盖面。通过有效的涉外法治实务交流分享机制,既能有效提升司法实务部门、高校、调仲机构等第三方组织之间的涉外法治人才实践经验和专业技能,也能进一步帮助涉外法治人才直接了解当前涉外法治现状和实务需求。

五、具体设想:内外循环相结合的“一体化”人才培养机制构建

涉外法治人才培养“一体”的实现,即将不同主体、内与外之间进行有机的整合。涉外法治人才的培养应当是动态的、相互交流的,如前文所述,在培养模式的内部循环中,为解决现阶段涉外人才培养的“单打独斗”问题,在国内法院、司法行政部门等司法实务部门、高校以及调解仲裁组织等第三方机构内部以及相互之间应当构建一套促进人员交流、相互培养共同提升的保障机制。在具体路径构想上,课题组初步提出以下几个方向:

其一,打造特色化涉外法治人才培育基地。司法实务部门、仲裁调解机构等涉外法治人才培养主体可结合自身特点成立涉外法治人才培养基地,主要开展内容包括具体开展相关人才培养实务:比如,深化域际交流,加强与先进地区经验沟通;开展双师同堂,邀请区内外具有涉外民商事纠纷处理经验的法官、仲裁员、调解员有针对性地开展涉外案件实务培训,以及邀请区内外高校教授授课提升法院民警涉外法治理论储备以及研究技能;建立法院——调解仲裁组织交流机制,定期输送法官、法官助理至南宁国际仲裁院等涉外调解仲裁组织开展交流。通过实务锻炼,可以促进涉外法治人才深入了解仲裁、调解等替代性纠纷解决机制的运作方式,分享不同类型的涉外案件的审理和调解经验,共同提升对涉外法律问题的理解和处理能力,促进涉外纠纷诉讼与仲裁尺度的统一,促进涉外纠纷多元化解等,将涉外法治人才培养举措落到实处。以点带面,推动多部门共同制订涉外法治人才培育计划,统筹组织和指导各培养主体对外共建活动,实现协同培育活动常态化、制度化、规范化;未来进一步拓宽合作培养朋友圈,吸纳更多司法实务部门、高校、法学理论研究学会以及调解仲裁组织等涉外法治人才培养主体加入合作框架协议。结合涉外法治新态势以及中国—东盟自由贸易区发展现实,共同打造涉东盟法治人才培养的新专业、新课程、新教材。

其二，着力培养专业审判人才队伍。涉外纠纷解决的最后一道防线是法院，落实好法院系统涉外审判技能培训，充分发挥高校以及调解仲裁组织的联动培养作用，有助于提升涉外审判队伍素质，以点带面推动涉外法治人才的提升。一方面，可以联合高校共同编写实务教材，编印《涉外民商事审判实务指引》，梳理相关法律法规、国际条约、司法解释和文件制度，总结审判经验，提示审判要点，并结合新法、新规及时更新，指引全省特别是新获权基层法院涉外审判法官在内的全省条线法官规范办理案件，提升专业水平，助力夯实涉外审判业务技能。另一方面，推动联合专题调研，鼓励联合调解仲裁组织及高校针对涉外问题开展联合调研，通过理论加实务的形式推动涉外法治人才技能提升，进而反哺涉外纠纷解决机制建设。

其三，搭建智能化线上集约培养平台。在不同培养主体之间建立统一智能化的线上平台，实现信息共享、资源共享和互动交流。通过建设智能化平台，涉外法治人才培养的各主体可以共享教学资源、共同设计教学课程、开展在线教学活动，并实现涉外法治人才与司法实务机关、调解仲裁等多元解纷机构、高校，甚至延伸至企业等社会主体的多方面互动与交流。涉外法治人才在培养过程中能够更好地获得多元化的学习体验，提升联合培养的效果和质量。同时，利用智能化平台收集人才数据和反馈信息，实现个性化，符合教学内容制定和精准辅导的现实需求，进一步提高涉外法治人才的培养水平。

其四，常态化涉外法治人才对外交流机制。依托于中国—东盟这一平台，以每年定期举办的中国—东盟商事法律论坛为契机，拓展涉外法治人才交流“朋友圈”，通过与东盟国家司法实务部门、高校等签订人才交流协议，建立良性的法治人才培养交流机制；如支持高校师生、司法实务部门涉外人才、调解仲裁组织第三方机构人员以及相应管理人员到国际组织、国外高校交流学习；以互帮互学为原则发展多元化的交流机制，在互派学者、讲座研习等传统交流方式的基础上完善第二导师、线上线下办学联合授课等新兴交流机制，充分调动国际资源，发挥中国与东盟国家的区位优势，以提高涉外法治人才培养与中国—东盟发展新格局、新局面的契合度，推动广西涉外法治人才培养的国际化。

其五，扩大宣传引导。加强中国—东盟涉外法治人才培育，是广西聚焦涉外法治人才培养体系构建的实际行动，也是加快推进广西涉外法治建设的具体表现，将进一步提高区内涉外法治人才的理论水平以及涉外纠纷一站式解决特色人才业务素养，为广西涉外法治人才培养搭建优质、高效、智能平台。因此要及时总结经验，利用网络媒体、微信公众号及纸质媒介等多渠道广泛宣传协同培育活动的好经验、好做法、好成效，提升合作共建的传播力与影响力。

【专项问题规则探讨】

递进识别:外币债务判决中汇率损失的裁判规则的困惑与突破

兰　曲　王华妍　韦雨忱*

摘要:在经济全球一体化以及国际关系纷繁复杂的背景下,人民法院审理的涉外民商事案件中,经常涉及债权债务以外币表示,因外币的给付存在时间差,而汇率的变动或履行行为不当会导致汇率损失的产生。我国外币之债的审判样态,经济全球化是生产力和国际分工高度发展的产物,各国经济相互依赖和渗透的同时,任何细微的波动都有可能产生"蝴蝶效应",影响巨大。近年来,中国的企业积极开拓海外市场,特别是在国际贸易、国际工程承包、国际运输、劳务输出等领域,收获成果的同时,也面临着比国内市场更多的风险,汇率风险就是其中较为突出的风险之一。与此同时,人民法院受理的涉外民商事案件逐年增多,债权债务亦经常以外币表示。基于《中华人民共和国民法典》(以下简称《民法典》)第514条首次明确金钱之债给付货币的确定规则,给予债权人在要求给付货币时更多选择,但对于可能发生的汇率损失问题仍然没有明确规定,本文将通过理论和司法实务的分析,归纳外币债务发生汇率损失时的裁判规则,以期将来立法层面能明确汇率损失的承担原

* 兰曲,广西壮族自治区高级人民法院民事审判第四庭庭长。王华妍,南宁铁路运输中级法院中国—东盟自由贸易区南宁国际商事法庭副庭长。韦雨忱,南宁铁路运输中级法院中国—东盟自由贸易区南宁国际商事法庭一级法官助理。

则,更好地为我国人民币市场化和国际化道路提供优质的司法保障。

一、逐本溯源:汇率损失的成因及影响

(一)监管的汇率风险

汇率风险(Exchange Risk),又称外汇风险,是指国际经贸活动主体持有或运用外汇的经济活动中,因汇率在一定时间内发生变动而蒙受损失的可能性。[1] 汇率风险主要体现在两个方面:一是人民币汇率制度改革的推进使人民币汇率市场化程度越来越高造成人民币汇率的波幅趋大趋频,人民币汇率更加容易受到国际、国内多方面因素的影响,不确定性进一步增加,从而增加汇率风险。比如,2019年年底我国受经贸纷争缓和、经济数据超预期的影响,人民币汇率一路走强,但随着2020年1月20日新冠肺炎疫情的暴发,人民币对美元汇率的升势戛然而止,虽未对中国汇市造成根本冲击,确是汇率风险存在不确定性的真实写照。二是外币的潜在风险大,浮动的汇率制度使汇率走向更加无序化,影响汇率变动的短期因素难以预测和把握。汇率风险一般包括本币、外币和时间三个因素,由于债务人实际清偿债务时间与其应当清偿债务的时间经常不一致,抑或签订合同与履行合同的时间也不一致,两者会产生一个期间,在期间内本币与外币的兑换比例所产生的浮动性变化,进而导致汇率风险的发生。当债权人向债务人要求兑现其所享有的外币债权时,在汇率风险的影响下,外币债权会产生实际的汇率损失。当事人将汇率损失单独作为诉讼请求或将外币之债诉诸法院时,人民法院就面临着对汇率损失问题进行评判和处理。

(二)外币折算的汇率损失

对于涉外交易,《中华人民共和国外汇管理条例》(以下简称《外汇管理条例》)第5条规定,国家对经常性国际支付和转移不予限制,使外币在我国可以成为国际经常性交易项目的支付手段,从而成为涉外债权债务关系的标的物,形成外币之债。外币折算问题离不开一个国家实施的外汇管制政策,外汇管制普遍在各国存在。国际社会也普遍认可主权国家当然享有货币主权,外汇管制措施系货币主权不可或缺的组成部分,主权国家有权制定本国货币或他国货币在该国领域内的使用政策。虽然我国一直努力致力于人民币国际市场化,2016年国际货币基金组织(IMF)宣布,将人民币纳入特别提款权(SDR)货币篮子中。这一历史性的决定使人民币与美元、欧元、英

---

〔1〕 参见王峰、曾咏梅、万暄:《国际商务法》,武汉大学出版社2011年版,第291页。

镑和日元并列，成为 SDR 货币篮子的组成部分。此举不仅标志着人民币在国际金融体系中的地位得到了显著提升，而且对于人民币的国际化进程来说，无疑是一个具有深远影响的里程碑。与此同时，我国仍实施外汇管制，只是管制的手段和方式都趋于灵活和宽松。在《最高人民法院关于在涉外民商事案件审理中如何确定人民币兑主要外币汇率的请示的复函》中明确，2006 年 1 月 4 日之前人民币兑主要外币的汇率（中间价）按中国人民银行公布的确定；2006 年 1 月 4 日之后人民币兑主要外币的中间价按中国人民外汇交易中心于每个工作日上午 9 时 15 分对外公布的确定，其他外汇则以其与美元的汇率进行套算。上述规定是人民币管理市场化对人民法院在处理外币债务折算汇率标准发生变化的直观体现。民法典虽然明确债权人可以选择履行外币，但配套的可具操作性的司法解释并未出台，则在我国现有的外汇管制规定的限制下，当债权人请求以外币方式履行时，人民法院可以在裁判文书中明确外币债权数额，但到底是在执行程序后再根据兑换日规则进行人民币兑换，还是意味着强制执行时可直接以裁判文书确定的外币作为执行对象？在缺乏法律规定的情况下，实践中各地法院的做法也并不统一。同时，在外币利率市场化改革后，中国人民银行就不再对外公布外币存贷款利率，在逾期支付外币计算外币利息时，其利率标准如何确定在各地法院的实践中也并未明晰。

二、实践分析：我国外币债务审判的样态

笔者以中国裁判文书网为数据来源，搜集整理最高人民法院在 2017 年 1 月 1 日至 2024 年 6 月 26 日作出的与外币债务有关的裁判文书一共 6795 份，外币之债的情形涵盖各种合同纠纷、股东出资纠纷、侵权之债以及海事海商纠纷，涉及美元、欧元、英镑、日元、墨西哥比索等多种外国货币，其中二审和再审民商事纠纷案件的民事判决书有 102 份，这 102 份判决书中涉及汇率选择（兑换日）的一共 23 份，梳理实务中的外币之债与汇率选择相关的裁判规则情况分析如下：

（一）币种的选择由摇摆不定到一锤定音

《民法典》公布前，从我国立法层面来看，缺乏对外币之债给付原则的规定。审判实践中的观点也不尽相同、各有摇摆，有观点认为，《外汇管理条例》第 8 条规定："中华人民共和国境内禁止外币流通，并不得以外币计价结算，但国家另有规定的除外。"故外币之债以给付本国货币为原则，以外币给付为例外，债务人在我国境内给付外币之债的应折算成人民币支付。也有观点认为，根据 1991 年《最高人民法院关于人民法院审理借贷案件的若干意见》（已废止）第 12 条第 1 款、1994 年交通部《中华人民

共和国港口之间海上旅客运输赔偿责任限额规定》第5条、2014年《最高人民法院关于执行程序中计算迟延履行期间的债务利息适用法律若干问题的解释》第5条的规定,均可推断出我国允许人民法院在裁判文书中确认给付外币。实务中也不乏直接裁判以外币支付的案例,[1]最高人民法院在审理中飞宝庆租赁(天津)有限公司诉龙江航空有限公司等租赁合同纠纷案中,中飞宝庆租赁(天津)有限公司起诉时主张按违约日汇率将合同约定以美元计算的租金折合人民币支付,黑龙江省高级人民法院一审直接判决龙江航空有限公司以美元支付拖欠的租金,最高人民法院二审予以维持。

《民法典》出台后明确了审判实践中的摇摆与争议,《民法典》第514条"以支付金钱为内容的债,除法律另有规定或者当事人另有约定外,债权人可以请求债务人以实际履行地的法定货币履行"的规定,是我国首次以法律的形式明确金钱之债的币种确定规则,在充分体现合同当事人真实意愿表示的前提下,也为债权人提供更多选择权,从立法层面肯定了司法实践中[2]"外币之债的给付应坚持有利于守约方的原则"以及侧面印证裁判中可以支持给付外币的请求。

(二)多种兑换日规则并行不悖

因我国没有明确的兑换日规则,梳理生效裁判文书中关于兑换日的认定有利于帮助我们归纳司法实务中的做法并对今后的立法工作提供现实参考。在23件涉及兑换日的案件中,有11件案件以起诉日作为兑换日,有9件以违约日作为兑换日,有2件是合同明确约定有固定汇率或汇率损失的承担主体,剩下的(2015)民四终字第16号万威实业股份有限公司诉全通集团有限公司、福建全通资源再生工业园有限公司出资纠纷案中,最高人民法院认为,双方自2001年签订合同以来,汇率发生大幅变动,美元对人民币不断贬值。该贬值损失的承担要从以下两方面考量:一是万威公司向福建全通公司转汇400万美元是为取得福建全通公司的股权,但后者收款后未能履约办理变更登记存在违约;二是根据我国当时的外汇政策,美元款项必须强制结汇,400万美元在汇入时已转化为人民币,福建全通公司以人民币形式占用款项的同时也占用了汇兑收益。基于美元的贬值,若按起诉日的汇率返还400万美元,相当于福建全通公司作为违约方还享有他人因汇率变动而获得的收益,不符合公平合理原则,故支持了万威公司要求按其转汇时的汇率(美元兑人民币1:8.2766)返还款项的

---

[1] 资料来源于中国裁判文书网,(2018)最高法民终1218号二审民事判决书,2018年12月24日。

[2] 参见何飞:《外币之债的给付应坚持有利于守约方的原则》,载《人民法院报》2014年10月15日,第7版。

该项诉请。而在(2018)最高法民终92号中国十五冶金建设集团有限公司诉合肥水泥研究设计院有限公司建设工程施工合同纠纷案中,双方就23万美元发电费用补偿款的支付产生争议,十五冶金公司作为承包方起诉时没有明确兑换日仅提出按1:6.83的汇率折算上述款项,发包方合肥设计院认为应以起诉日(2014年7月7日,美元兑人民币1:6.155)作为汇率折算时点,最高人民法院审查后认为,结合双方合同和往来文件,工程款最迟结清时间是2012年1月12日(美元兑人民币1:6.323),应以该时间点汇率进行折算。该案中,因发包方合肥设计院未付款存在违约,最高人民法院没有采纳有利于发包人的起诉日规则,而选择更有利于承包方的违约日规则。

(三)对建立理想兑换日规则的翘首以待

因缺失法定的兑换日规则,我国法院在一般情况下会遵循当事人特别是原告的请求,但随之而来的是没有统一的裁判尺度,法官的自由裁量权限过大、当事人根据现行法律对于裁判结果无法得到合理预期的问题。此外,司法实践中,法院和当事人常常将外币之债的折算当然地作为程序性问题处理,在实体审查中对外币之债的兑换规则不予评判,交给执行程序去解决,与执行程序中的币种兑换混为一谈,将裁决结果中外币之债确定的计算时间推迟到执行程序中,可能导致外汇损失进一步扩大。《最高人民法院关于执行程序中计算迟延履行期间的债务利息适用法律若干问题的解释》第5条[1]的规定也只是针对外币之债案件迟延履行期间债务利息中加倍部分债务利息计算的特殊规定,对于迟延履行期间的一般债务利息仍然需要根据生效法律文书来确定。相较于美国法院现在只是根据经济趋势在案件审理中改变货币选择的规则,对于单一规则的弊端无法标本兼治,因此,应将兑换日规则纳入实体法立法的范畴予以考量而非仅限于程序法的规定,确定发生汇率损失的承担原则,直接针对审判实践中面临的具体兑换日规则不明确的问题,所规定的内容必须具备较强的可操作性。我们在制定兑换日规则时,应当全面考虑既存的涉外民商事审判现状、梳理

---

〔1〕《最高人民法院关于执行程序中计算迟延履行期间的债务利息适用法律若干问题的解释》第5条规定:"生效法律文书确定给付外币的,执行时以该种外币按日万分之一点七五计算加倍部分债务利息,但申请执行人主张以人民币计算的,人民法院应予准许。以人民币计算加倍部分债务利息的,应当先将生效法律文书确定的外币折算或套算为人民币后再进行计算。外币折算或套算为人民币的,按照加倍部分债务利息起算之日的中国外汇交易中心或中国人民银行授权机构公布的人民币对该外币的中间价折合成人民币计算;中国外汇交易中心或者中国人民银行授权机构未公布汇率中间价的外币,按照该日境内银行人民币对该外币的中间价折算成人民币,或者该外币在境内银行、国际外汇市场对美元汇率,与人民币对美元汇率中间价进行套算。"

案件中可能遭遇的不同情况，融合对社会生活未来的发展变化的预期，使兑换日规则设计合理、周详、内外协调，便于法院适用和当事人据此履行，充分发挥对实务的指引作用。充分保护外币之债当事人合法权益，这也是国家扩大改革开放成果、建立国际商事争端解决的“优选地”的必由之路。

三、他山之石：外币债务汇率损失的评判规则

如前文所述，汇率风险的三要素是本币、外币和时间，则汇率损失的确定也无出其右，从比较法视野下的立法层面和司法实践层面对三个要素进行评析，将有助于更好地归纳汇率损失的评判规则。

（一）币种的选择

涉外民商事案件中，外币之债的处理，涉及记账货币、支付货币与判决货币的问题。与货币计算手段的功能相对应，用以表示债务数额或计算损失责任数额的货币，称为记账货币或计价货币（currency of account）。记账货币反映债务人的实质债务问题，应依该债权债务关系的准据法确定。与货币支付手段的功能相对应，债务人清偿债务使用的货币称为支付货币（currency of payment）。支付货币属于债务履行方式问题，受履行地即付款地法律支配。[1] 判决货币（currency of judgement）是指一国规定法院判决中用以陈述、计价和支付的货币。判决货币依法院地法确定。[2] 大陆法系国家对支付货币大多规定，对于以外国货币为结算单位的债务，债务人可以按照该外国货币的面额价格进行给付；也可以按照给付之日给付地的汇率，以本国通用货币进行给付。[3] 但对判决货币，有的国家法院如德国、瑞士、意大利和奥地利等，可以判决直接用外币清偿债务，有的国家如日本、比利时的判决以等值当地货币偿还。[4] 英美法系传统上采本国货币规则（the home - currency rule），判决只能以本国货币作为支付货币。至今美国法院仍以该项规则为其指导原则，而英国自 1975 年 Miliangos v. George Frank（Textiles）Ltd. 案，上议院作出以瑞士法郎支付的判决后，摒弃了本国货币规则。此后的案例表明，英国法院以合同约定的货币，或在没有合同约定的情况下，依据恢复原状和遭受可合理预见损害的原则，以原告“体认”费用或损失所用的

---

〔1〕 参见唐表明：《比较法国际私法》，中山大学出版社 1987 年版，第 169 ~ 170 页。

〔2〕 参见杜涛：《国际货币法律适用问题及我国实践》，载《上海财经大学学报》2006 年第 2 期。

〔3〕 如《德国民法典》第 244 条规定：以外币指示之金钱债务在本国清偿时，得以本国货币支付之；但特别约明以外国货币支付者，不在此例。而我国台湾地区也有类似规定。

〔4〕 参见刘丰名：《国际金融法》，中国政法大学出版社 2007 年版，第 423 ~ 424 页。

货币(loss felt currency)作出判决。[1] 虽然1975年Miliangos案中允许以外币判决,但实际上案件的争议焦点并不在于采取哪种货币进行支付,而是原告应得损害赔偿的兑换价值是多少,也就是下文即将论述的兑换日规则问题。

(二)外币兑换日的确定

汇率随时随刻处于波动状态,采用哪个时点的汇率进行折算,直接影响当事人的利益。一般来说,外币兑换日与以下几个日期息息相关,即债务到期日(也称为应支付之日、违约之日)、原告起诉之日、裁决确定支付之日(履行之日)以及债务人实际履行日。基于上述日期,许多国家和地区相应地制定了一系列兑换日规则,这些规则涵盖了违约日规则(breach date conversion rule)、支付日规则(payment date conversion rule)、联邦规则(choice of law)等。上述规则是为了适应各种特定情况而制定的,以满足不同法域对兑换日的使用需求。

因此,一些国家和地区多数采用的兑换日规则根据上述日期应运而生,包括但不限于违约日规则、支付日规则、联邦规则等。

1. 违约日规则。在违约日规则下,法院应当根据违约行为发生的确切日期,即被告作出违约行为之日或合同规定的支付日,用以计算原告所应收的、以外币计价的债务金额转换为法院所在国货币的金额,违约日后外币贬值的问题并不是违约日规则裁判所考量的范畴。主张采用违约日规则的观点认为,外币是一种商品,其与银、铜、小麦没有区别,其价格浮动与本国货币相关。因此,债务人未支付货款而导致的损害赔偿与债权人未交付货物所引起的损害赔偿在性质上是相同的,都应当在违约发生的那一天计算赔偿金额。虽然两种情形不完全一致,但适用一种普遍性的规则是为了裁判尺度的统一和简化逻辑推导的过程。这意味着约定的日期以及约定的价格决定了原告可以获得货款的金额。(1)英国传统规则。英国在前述Miliangos案之前大多单一采用该规则,坚持适用违约日规则并非着眼于哪一方当事人能最终获得利益,而是基于便利性的考虑来确定汇率的兑换日期。在当时,英镑的稳定性较高,其汇率波动被限制在一个较小范围内,这也是英国法院偏好采用违约日规则的一个重要因素。(2)纽约规则。美国联邦法院在审理涉及外币债务的案件时,将兑换日期看作一个需要依据冲突法来解决的问题。具体来说,美国联邦法院会考察债务的发生地是

---

[1] 参见[加]威廉·泰特雷:《国际冲突法:普通法、大陆法及海事法》,刘兴莉译、黄进校,法律出版社2003年版,第488页。

否位于美国境内,以及该笔债务是否受到美国法律的约束。根据这些条件的不同,再决定是采用违约日规则还是判决日规则来进行货币兑换。然而,纽约州立法院坚持使用单一的违约日兑换规则,并在 Hoppev Russo – Asiatic Bank 案中明确了所谓的“纽约规则”。在该案中,纽约州上诉法院判决依照违约日的汇率将法国法郎兑换为美元。这一裁判的主要依据是,使用违约日的汇率进行货币兑换能够确保原告获得的美元补偿真实反映持续外汇损失的实际价值,进而实现对原告的公正补偿。由此可以看出,违约日规则之所以在英国和美国的法院中得到广泛应用,根本原因在于当时的英镑和美元的货币价值具有稳定性,在此期间,相较于其他货币,英镑和美元都在持续升值,因此,迟延履行并不能使违约的债务人从中有利可图。但自 20 世纪 60 年代起,特别是布雷顿森林体系崩溃后,货币稳定的时代宣告结束,世界主要货币进入浮动状态。债权人会根据违约日规则的可预期性,通过“选购法院”(forum shopping)的方式,选择更有利于己方的法院提起诉讼,并可能为债务人提供基于汇率变动进行投机的机会。违约日规则所追求的公平与合理的平衡,一方面是防止债权人因诉讼过程中的货币贬值而遭受损失,另一方面是阻却违约的债务人通过违约行为而攫取利益的路径。由于汇率的波动使原告在诉讼期间货币贬值的风险不断增大而打破上述平衡,故该规则也在逐步地为各国法院的实践所改变。

2. 支付日规则。在 Miliangos 案中,英国法院判决确立如下裁判规则,若原告要求以外币进行支付,则法院可以作出相应判决,规定在支付日以英镑支付等值的金额。这种做法旨在最大限度地保护债权人的利益。根据该规则,交易双方选定的货币在法院判决中直接得到支持,使裁判者不用在判决中明确外币与本国货币之间具体如何兑换的问题。只有在当事人请求执行判决时,才需要按照执行地即法院所在地的程序法规定,在执行判决当日将外币兑换为本地货币。相较之下,支付日规则似乎能够解决违约日规则或判决日规则中不容忽视的所在国货币兑换外币的价值波动问题,这是因为同一货币在其流通国内一定期间内的货币的价值往往保持相对稳定。然而,由于法院判决未涉及将外币形式的损害补偿换算为其他货币,并且未考虑从违约日至判决作出之日再到债务实际支付之日这段期间内可能发生的货币价值变化,所以这种方式可能无法充分保护受损方的实际利益,在公平性方面稍有欠缺。

3. 联邦规则,又称法律选择。美国联邦法院在选择汇率时,会首先决定是否适用实体法,如适用,则会考虑选择美国法还是外国法,再根据法院地的冲突法规则决定选择具体时间点的汇率。[1] 在美国境内发生的违约行为,赔偿金以美元计算,并按照违约行为发生之日的汇率进行换算;在美国领域外发生的违约行为,赔偿金以该国货币计算,原告可以得到判决作出之日与裁判的外币金额同等价值的美元以弥补损失。如此,原告在联邦规则之下便可以获得违约日和判决日这两种兑换日期的选择权。

4. 判决日规则(judgement date conversion rule)。判决日规则是联邦规则中的重要组成部分,主要运用于违约或侵权行为发生在美国域外的情况。该规则的主要依据是货币的基本原则,即唯名主义原则[2]。唯名主义原则认为,货币只是一种衡量价值的标准,本身并不具备价值。在该原则下,货币债务所要表现的仅是价格,货币的升值和贬值的汇率波动与债务数额并不存在关联。据此,美国法律认为,以美元表示的债务不受通货膨胀或美元贬值的影响,即使原告获胜,也不能要求被告补偿货币贬值或通货膨胀对其造成的损失。一方面,无论原告选择哪一家法院提起诉讼,在判决日规则的指引下,不同法院应得到相同的裁判结果,这符合货币的唯名主义原则。另一方面,由于法院选择适用判决日规则,之前在违约日规则下存在的"选购法院"策略就失去了意义。然而,唯名主义的缺点显而易见,债权人有可能需要额外承担债务履行之前的货币贬值的汇率风险,而债务人可能承担货币升值的汇率风险。换言之,在货币贬值将损害长期合同中的债权人的权益,汇率风险在债权实现时将转化为汇率损失。这表明唯名主义原则并非万全之策,尽管它在建立稳定和高效的现代经济体系中扮演着不可或缺的角色,但在遇到货币价值剧烈波动等极端情况时,这一原则及其衍生的判决日规则的局限性和缺陷就会变得十分显而易见。

5. 公平兑换规则。见诸美国法实践,该规则是作为判决货币的美元与作为支付货币的外币之间汇率的变动而设。本着恢复原状和防止债务人因迟延而不当得利的原则出发,根据案件的具体情况确定兑换日。该条规定的评述中进一步说明,如果所应支付的外币自违约或损害发生之日起升值的,判决货币的美元与外币的兑换应采用违约或侵害之日的规则,反之则以判决日或支付日为基准。首先,公平兑换规则是

---

〔1〕 See Michael C. Neus, *Exchange Rate Selection for Foreign Money Obligations*, Time to Recognize the Equitable Approach, 25 Columbia Journal of Transnational Law, 1986 – 1987, p. 172. 联邦法院认为,外币兑换规则的选择属于实体法,而非程序法问题。根据伊利(Erie)理论,凡在联邦法院进行的诉讼,除了涉及由美国宪法和美国法律所调整的事项外,任何案件所适用的法律都应是联邦法院所在地的州法。

〔2〕 该原则是由英国"Case de Mist Moneys"案确立。参见[英]J. H. C、[英]莫里斯主编:《戴西和莫里斯论冲突法》,李双元等译,中国大百科全书出版社 1998 年版,第 1452 页。

从有利于债权人的角度择定兑换日期，但不是由债权人选择而是必须诉诸法院裁判，法院有一定的裁量权，最终结果一定程度上取决于法官态度，同时需要等待判决作出时才能知道结果，对当事人而言可预期性不足。另外，也有批评意见认为其对原告过于偏袒。[1] 其次，公平兑换规则下的汇率损失系因判决货币与支付货币不同，二者之间兑换汇率的变动而产生，性质上相当于或近似于迟延损失。

6. 起诉日作为兑换日。起诉日并没有单独成为国际上兑换日选择的一种普遍规则，但在我国司法实践中却大量存在，主要原因可能在于《诉讼费用交纳办法》第55条“诉讼费用以人民币为计算单位。以外币为计算单位的，依照人民法院决定受理案件之日国家公布的汇率换算成人民币计算交纳；上诉案件和申请再审案件的诉讼费用，按照第一审人民法院决定受理案件之日国家公布的汇率换算”的规定。该条款让当事人和有些法官误认为判决也要按照起诉日汇率进行折算，否则会出现判决标的金额高于立案标的金额，造成判超所请的现象。虽然人民法院在大多数情况下也支持了原告采用起诉日作为折算日的请求，但很显然起诉日并不是国际通行的兑换日规则，也并非最能保护债权人权益的兑换日，起诉日要求当事人，特别是原告，能够对汇率变化趋势进行精准预判，从而在一段时间内可以选择最佳的起诉之日。同样地，在起诉日规则下，对于起诉日到判决日或实际支付日期间的汇率损失无法进行保护，同时对人民法院的司法效率提出较高的要求，一旦因审判周期过长或执行效率不高导致汇率损失的扩大，人民法院将会面临其他风险。

四、化钝为利：对外币之债中汇率损失承担的裁判进路

《民法典》已经明确金钱债务给付货币的规则，但对于外币之债出现汇率损失时处理的原则和规则还处于相对空白。前文述及汇率损失的成因是监管的汇率风险和汇率折算，兑换日规则一般更关注金钱给付案件中“本金”部分，但司法实践中外币之债案件中还涉及迟延履行利息损失的确定，法院通常会依照一定的利率作为计算标准，认定违约一方支付一定数额的逾期付款损失，这部分损失也存在汇率风险。此类案件中应以何种标准计算外币利息损失，法律并无规定，相关规则也并不明确，司法实践中的裁判尺度明显不统一。笔者将结合司法实践，按递进识别路径对发生汇率损失情形时责任承担的确定进行分析：

[1] 参见刘丰名：《国际金融法》，中国政法大学出版社2007年版，第426页。

（一）一级识别：对汇率损失承担是否有约定

外币合同之债语境下，当事人可以事先对汇率风险发生的情形以及损失责任的承担进行约定，此时双方当事人对合同签订后因期间变化发生汇率损失存在合理的预期，人民法院应当充分尊重当事人意思自治，按照合同的约定判断汇率损失的承担。比如（2018）桂01民初358号江苏南通某公司诉广西某公司建设工程合同纠纷案，2014年广西某公司将其总承包的非洲安哥拉国某工程项目分包给江苏南通某公司，约定工程款以美元或安哥拉货币宽扎结算支付（锁定美元兑宽扎汇率为1∶100），双方通过固定汇率规避可能发生汇率损失，各担风险。

（二）二级识别：是否因违约或过错导致汇率损失

1. 当事人均无违约或过错之情形下汇率损失的承担。汇率风险本质上属于一种商业风险，当市场经济正常运行且参与商事活动的当事人也尽到审慎义务的情况下，此时出现汇率波动产生汇率损失，当事人应遵守货币的基本原则——“唯名主义原则”，各自承担货币升值或贬值的风险。但当合同约定货币出现灾难性贬值，超出可预期商业风险范畴，合同签订时与合同履行时的债务因汇率异常导致价值产生天壤之别，此时裁判者必须放弃适用唯名主义原则。

例如，前述（2018）桂01民初358号案件，双方于2014年签订合同时锁定美元兑宽扎汇率为1∶100，而到2015年9月案涉工程因安哥拉发生石油危机和内战停工，宽扎处于大幅持续贬值状态，至江苏南通某公司2019年6月向法院起诉要求支付已完工工程款时汇率变成1∶338。此时，若仍按照双方约定的锁定汇率支付美金，显然既背离公平原则，也超出当事人对合理商业风险的预估。因此，法院结合本案合同双方系“一带一路”倡议下“走出去”的企业，充分考量企业在履行合同中的沿线国家错综复杂的政治背景，采取了国际上通行的为合同的履行确立的一项正义矫正机制，即情势变更原则，基于履约的基础条件发生了无法预见的、不属于商业风险的重大变化，此时的汇率风险应由双方当事人共同合理分担，方显公平之意。该原则在《最高人民法院关于适用〈中华人民共和国合同法〉若干问题的解释（二）》（已废止）第26条中首次明确，《民法典》第533条也将情势变更原则作为合同法的重要原则之一予以肯定，同时增加当事人重新协商机制，最大限度地尊重合同自由。

2. 当事人存在违约或过错之情形下汇率损失的承担。根据收集的23份裁判文书，绝大部分判决中均存在一方或双方违约以及对汇率损失的发生存在过错，在此情形下，人民法院要正确处理好汇率损失问题可以尝试从以下两方面把握裁判尺度：

第一，违约行为或过错与汇率损失的发生是否具有直接因果关系。在这一层识别中主要是为适用"有利于守约方"的原则，赋予其在币种和兑换日规则的选择权，这与《民法典》第 514 条确定的金钱之债履行选择权一脉相承，但又在涉外币债务案件中进行规则的细化和明确。从上述（2018）最高法民终 92 号案件的处理脉络中，可以很清晰地反应第二层级识别，法院认为发包方合肥设计院未及时付款存在违约并导致汇率损失的发生，继而没有采取其主张的起诉日规则确定汇率损失，而是基于违约日规则下美元与人民币的汇率要高于起诉日，这显然是出于有利于守约的承包方合法利益之目的。

第二，汇率损失应遵循"填平原则"。综观大陆法系和英美法系采取的固定兑换日规则，都存在其优点和显而易见的缺点，若人民法院简单参照某个兑换日规则并不能满足案件审理三个效果的有机统一。从 Miliangos 案选择支付日规则得到的启示是，如果惯有的固定规则无法匹配实际状况的变化，法律就应该考虑是否尽快更新或改变旧模式。换句话说，建立公平合理的规则要求根据不同的实际情况采用不同的方式，而非恪守、拘泥于某一种固定、单一的兑换日模式。

事实证明，在 Miliangos 案之后，随着英镑、美元的霸权地位逐步降低，普通法系国家逐渐认识到继续坚持单一兑换日规则不但无法做到公平，甚至会让本国法院在国际贸易纠纷解决地的选择上失去优势。英国、美国的立法和司法不得不在实践中认真考虑外国货币判决的实际币值，从受损方的实际损失出发进行考察，开始主张货币判决的法律规则主要功能应旨在确保公平与精确的赔偿（Fair and Accurate Compensation），这与我国《民法典》在违约赔偿损失责任时所遵循的"填平原则"不谋而合。最高人民法院对（2015）民四终字第 16 号案件的处理也充分体现了公正和准确赔偿的理念，双方当事人从签订合同到提起诉讼长达 15 年，其间发生汇率的巨大变化虽不属于情势变更，但万威公司作为守约方，大跨度履约期间发生汇率损失系因福建全通公司逾期未交割股权之违约行为造成，因此，法院并未按汇率较低的违约日、起诉日进行外币折算，而是选择汇率最高且强制结汇的支付日进行折算，灵活的司法裁量规则能更加贴合案件的实际情况，这也达到了公正判决的必由之路。

（三）三级识别：外币之债的迟延履行利息计算

当二级识别认定违约行为发生时，除外币之债本身，当事人还会就违约方逾期付款主张利息损失，若利率确定规则不当也会发生汇率损失。上海市高级人民法院早在 2006 年就相关问题请示最高人民法院，建议按照"明确的日期 + Libor（伦敦银行同业拆借利率，London Interbank Offered Rate）种类 + 上浮 1.5%（或 2%）"确定外币贷款利率的构成。最高人民法院复函[1]只明确按外币存款利率支持非金融机构债权人主张的利息损失,而实践中因外币存款利率难以填平损失导致该标准不断被判决突破而形同虚设;对于金融机构债权人主张利息损失且需要以外币贷款利率为计算标准的,并未作出具体规定,导致自由裁量区间过大,也会一定程度上对当事人合法权益造成损害。直至 2021 年 12 月最高人民法院发布《全国法院涉外商事海事审判工作座谈会会议纪要》第 32 条,确定外币逾期付款利息损失按照“有约定的从约定,无约定参照中国银行同期同类外币贷款利率”的规则进行计算。由此不难看出,该规则也符合本案前述的两层识别体系。

实践中,因原来国际金融市场较有代表性的 Libor 逐渐被其他标准取代,而中国人民银行已经不再公布外币存贷款基准利率,中国银行作为外币存贷业务具有代表性的银行,以该行同期同类外币贷款利率作为确定利率的标准虽然具有合理性,但在具体适用时,因外币贷款业务主要针对企业,且利率市场化后,中国银行在实际操作过程中对贷款利率的确定是根据不同客户的资信级别适用不同的贷款利率,并无统一标准,也不似存款利率一样向社会公布。因此,前述第 32 条“中国银行的同期同类外币贷款利率”的查询仍是法院和当事人共同遇到的难题。

审判实务中,针对比较常见的外币如美元、欧元、日元等,部分法院尝试适用各经济体央行编制的指标参考利率计算外币利息损失:美元参考美联储的担保隔夜融资利率(SOFR)、欧元参考欧元银行间同业拆借利率(EURIBOR)、日元参考东京隔夜平均利率(TONA)。采用参考方法解决了部分外币利率查询的困难,但问题也显而易见,一是对查询人的要求较高;二是 SOFR 和 TONA 只有隔夜期限,增加了期间内的利息计算的复杂程度;三是如市场上出现新的代表性利率标准时难以及时把握和调整。基于已有的方式和存在的问题,由最高人民法院在纪要以及 2010 年对上海高级人民法院复函的基础上,结合“一带一路”沿线合作密切国家情况,可适时出台意见,对于审判中逾期支付外币计算外币利息时,针对主要国家的外币如美元、欧元、英镑、日元、澳元、新元,以及新兴贸易增长迅速的东盟、中东和非洲主要国家外币的利率给出标准,不仅能更好地统一裁判尺度,还能为国内外当事人提供合理预期判断依据。

五、结语

“法乃善良公正之术。”相较于经济规则、工业技术规则,法律规则的制定和实施

---

[1] 《最高人民法院关于在涉外民商事案件审理中如何确定主要外币贷款利率的请示的复函》([2006]民四他字第 23 号)。

的全过程应贯穿着对社会公平正义的追求。尤其是现代民法以实质正义为理念，以社会妥当性为价值取向。将“递进识别”适用于外币之债汇率损失规则的确定，是中国法院审判工作顺应国内国际双循环市场灵活、开放的需要，也是面对不同案件和不同价值取向下个案权衡的需要。《民法典》没有规定涉外编，但在制定配套的司法解释中应考虑涉外民事关系的适用场景，将司法实务的总结转换为法律规则，这将有利于汇率损失认定从模糊笼统到具体可行的转化，以弥补汇率损失认定上的法律空白。

撤销仲裁裁决司法审查问题检视与三方主体共建路径探析

——基于京粤桂1268案撤销事由的实证分析

李灵恒　李立婕*

摘要：本文通过裁判文书网主渠道检索及智慧审判系统交叉提取，以京粤桂三地2022—2023年1268件撤销仲裁裁决司法审查案件为样本进行实证研究。基于当事人的申请撤销事由及法院的审查结果统计分析，同时结合法院对法定撤销事由的审查要点和相关典型案例，总结得出仲裁审理及司法审查实践中，当事人存在偏好针对实体问题申请撤裁的认知障碍，仲裁机构易忽视保障正当程序的基本原则，仲裁运行缺乏健全有效的监督机制等固有问题。针对这些问题，从仲裁审理与司法审查参与主体的权利及职能定位出发，提出仲裁机构应在完善规则中谋求创新，当事人应在全面获知后合理维权，法院应在有限监督下积极支持的优化策略，通过三方合力共建实现仲裁与司法良性发展。

仲裁作为多元化纠纷解决机制的重要部分，以其民间性、保密性、快捷性获得当事人的青睐。根据最高人民法院2020年发布的《最高人民法院商事仲裁司法审查年度报告》显示，全国仲裁机构2018年和2019年受理案件数量分别为54万余件和48万余件，较2017年23万余件增

* 李灵恒，南宁铁路运输中级法院中国—东盟自由贸易区南宁国际商事法庭法官助理。李立婕，桂林市中级人民法院民事审判庭法官。

长一倍以上。[1] 与此同时，当事人不服仲裁裁决结果而申请撤销的司法审查案件数量也大幅增长。2023 年中国仲裁公信力评估报告发布会暨第三届仲裁公信力论坛发布评估得分显示，受访者在一级指标中评分最低的项目是裁决质量，仅为 71.53 分。在撤销仲裁裁决司法审查案件中，当事人、法院、仲裁机构作为三方主体具有密不可分的联系，如何充分发挥三方主体的能动作为，在支持仲裁便捷高效优势的同时，保证仲裁结果公正性，从而达到习近平总书记“把非诉纠纷解决机制挺在前面”的目标要求，仍需深入研究。

一、实证考察：撤销仲裁裁决司法审查样本统计分析

（一）样本选取

本文运用实证研究方法，以中国裁判文书网为主要检索渠道，通过高级检索输入案由“申请撤销仲裁裁决”，法院层级选择“中级法院”，地域选择“北京、广东、广西”，裁判年份选择“2022、2023”，审判程序选择“民事案件”，文书类型选择“裁定书”，逐一筛选剔除申请撤销劳动仲裁裁决、涉外仲裁裁决的裁定书。同时，基于部分裁定书未上网的现实因素，另通过广西华宇智慧审判系统进行交叉搜索，提取 2022 年及 2023 年京粤桂三地案例 1268 件作为样本，并从对比分析中取长补短、总结经验，以期为广西仲裁司法审查工作进一步发展提供实践指导依据。

（二）样本统计分析

1. 申请撤销事由数量统计

逐一提取上述样本的申请理由数量，1268 件案例中当事人共提出 3589 个撤销事由，平均每案当事人提出了 2.83 个撤销事由，进而统计具体个案的撤销事由数量分布，每案当事人所提撤销事由数量情况如图 1 所示。

由图 1 中可以看出，当事人提出 3 个及以上撤销事由的裁定书超过一半，个别案例的当事人提出了 6 个以上的撤销事由，几乎囊括了《仲裁法》第 58 条规定的全部事项。可见，当事人提出的撤销事由数量繁多，但是进一步分析发现大量撤销事由的具体内容存在避实就虚、依据不足的现象，说明当事人试图穷尽所有可以提出的事由以达到撤销裁决的目的。同时，结合撤销事由数量较多案例的法院审查意见来看，只有极少数案例实现了撤销目的，说明此种方式不仅无法突出重点，反而还会增加司法审

[1] 参见最高人民法院发布《最高人民法院商事仲裁司法审查年度报告（2019 年）》，载 https://www.chinacourt.org/article/detail/2020/12/id/5679001.shtml，2021 年 6 月 14 日访问。

查负担。不排除个别当事人采取此种方式是将申请撤裁作为拖延或对抗执行的诉讼策略。[1]

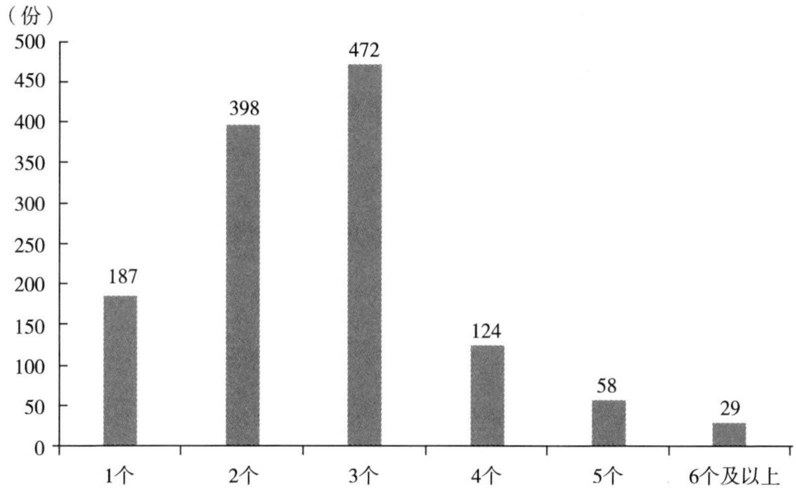

图1　申请撤销事由数量分布

2. 申请撤销事由类型统计

针对案例样本所涉3589个撤销事由，按照《仲裁法》第58条的规定分类，另增加案例中普遍提及的其他实体问题项，统计得出申请撤销事由为没有仲裁协议的223个，超裁或无权仲裁的261个，仲裁庭组成或程序违法的938个，伪造证据的454个，隐瞒证据的672个，枉法裁决的259个，违背社会公共利益的198个，其他实体问题的584个。进一步统计数量最多的仲裁庭组成或程序违法项，根据出现频次细分为送达违法、仲裁员选任或组庭违法、超期及其他问题四类，各项撤销事由所占比例分布如图2所示。

〔1〕 参见尤文杰：《国内仲裁裁决撤销事由实证研究——兼论法定撤裁事由的完善》，载《商事调解与仲裁》2023年第2期。

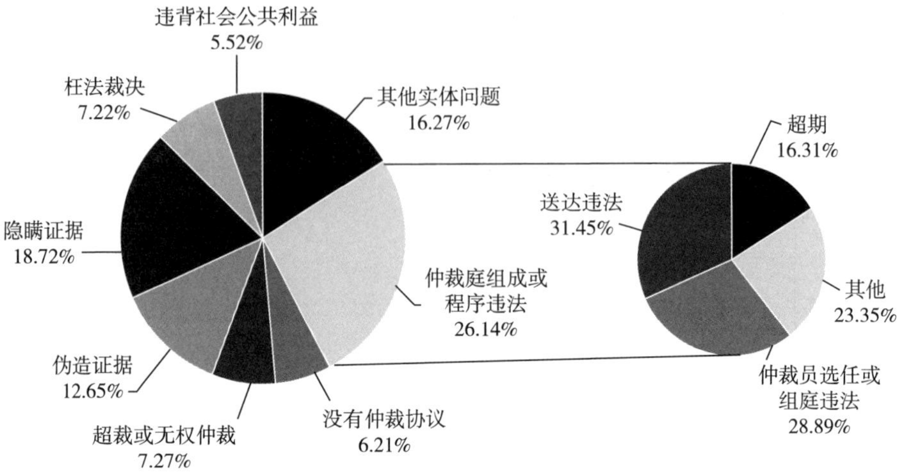

图 2　申请撤销事由类型分布

从统计数据来看,申请撤销事由出现频次最多的是仲裁庭组成或程序违法,隐瞒证据次之,伪造证据所占比例亦超过 10%,说明现今仲裁实践中当事人持异议较多的是仲裁程序及认定事实问题,以往相关研究亦能与此结论相互印证。[1] 对于占比最高的仲裁程序违法问题,当事人提出送达及组庭异议的比例均超过 1/4,说明这两项是仲裁程序中当事人密切关注且易产生争议的问题。

3. 法院审查结果统计

在 1268 件案例样本中,法院审查结果为驳回申请的 1157 件,占比 91.25%;撤裁申请获支持从而撤销全部或部分裁决的 29 件,占比 2.29%;法院以重新仲裁方式终结撤销程序的 40 件,占比 3.15%;法院准予撤回申请或按撤回申请处理的 42 件,占比 3.31%。说明仅有极少数案件被撤销,体现出三地仲裁机构合规度、专业度较高。基于审查结果为撤销的案件说明仲裁审理可能存在一定问题,故选取 29 件被撤销的案件,以法院撤销事由分类统计裁定书数量。

表 1　法院撤销裁决事由裁定书数量统计

撤销事由	没有仲裁协议	超裁或无权仲裁	伪造证据	隐瞒证据	仲裁庭组成或程序违法	违背社会公共利益
裁定书数量	5 件	6 件	3 件	1 件	13 件	1 件

[1] 参见刘文鹏:《法院驳回撤销仲裁裁决申请实务研究——以北京仲裁委员会 2016 年度裁决为研究样本》,载《北京仲裁》2018 年第 1 辑。

从表 1 数据来看,因仲裁庭组成或程序违法被撤销的案件数量最多,说明仲裁程序出现错误导致裁决被撤销的概率最大,程序是仲裁审理不可忽视并应加强重视的问题,而因隐瞒证据及违背社会公共利益被撤销的案件均为 1 件,说明当事人提出这两项撤销事由几乎很难获得支持,可见法院认定这两项撤销事由成立的标准最为严苛。

4. 法院驳回理由统计

为研究法院的审查思路,选择审查结果为驳回申请的案例样本,提取法院审查意见中的驳回理由,按照申请撤销事由分类,统计样本中驳回理由出现较多的频次,具体情况如表 2 所示。

表 2　驳回撤裁申请理由频次统计

序号	申请撤销事由	法院驳回理由	频次
1	没有仲裁协议	未在仲裁首次开庭前提出异议	65
		仲裁协议约定清楚明确	101
		推定存在将争议提交仲裁的真实意思表示	50
2	超裁或无权仲裁	裁决事项未超出请求范围	72
		裁决事项属于仲裁协议约定范围	108
		案涉纠纷具有可仲裁性	53
		裁决作出机构是仲裁协议约定的仲裁机构	22
3	伪造证据	未提交证据证明	256
		该证据未被仲裁庭采信	61
		该证据不属于认定案件基本事实的主要证据	137
4	隐瞒证据	未明确该证据的名称形式	53
		未提交证据证明	278
		该证据不属于认定案件基本事实的主要证据	109
		该证据并非对方单独持有	142
		仲裁过程中未要求对方提交该证据	88
5	仲裁庭组成或程序违法	送达程序符合当事人约定或仲裁规则规定	282
		仲裁员不存在应当回避而未回避情形	74
		仲裁员选任、仲裁庭组成符合当事人约定或仲裁规则规定	123

续表

序号	申请撤销事由	法院驳回理由	频次
		仲裁审理程序不违法	143
		仲裁裁决作出程序不违法	139
		其他	160
6	枉法裁决	未提交证据证明	187
		仲裁员未有不当行为	72
7	违背社会公共利益	双方的权利义务不涉及社会公共利益	154
		当事人的协议不违反国家、社会公共利益	43
8	其他实体问题	不属于法定撤销事由	584

从表2驳回的理由来看,法院审查撤销事由时,主要根据《仲裁法》、相关司法解释及仲裁规则的规定,并结合当事人的约定,判断该项撤销事由是否具备成立基础。而法院对多项驳回理由均以未提交相关证据证明回应,说明撤销仲裁裁决司法审查案件与传统民事案件一致,要求当事人承担充分举证的证明义务,单凭口头陈述无法达到法官内心确信的证明标准,最终将承担败诉后果。[1]

二、以案为例:基于申请撤销事由分析司法审查要点

(一)没有仲裁协议

仲裁协议作为仲裁程序的基石,体现了当事人自愿选择仲裁作为纠纷解决方式,因此是否存在仲裁协议是仲裁机构取得仲裁权而排除法院管辖的依据。没有仲裁协议存在两种理解:一是当事人没有达成仲裁协议;二是仲裁协议被认定无效或依法撤销。实践中,当事人往往试图通过多角度阐明双方并未达成合法有效的仲裁协议申请撤销,如仲裁协议签名系伪造、仲裁协议效力存在瑕疵等,而法院主要围绕当事人的真实意思表示进行审查,即不仅审查仲裁协议本身是否符合法定构成要件,还会结合合同履行期间及仲裁过程中当事人的其他行为综合认定当事人是否具有接受仲裁管辖的真实意愿,进而判定是否存在仲裁协议。

如孙某等与升某公司申请撤裁案,法院认定,案涉《借款合同》中的仲裁条款系以印章方式加盖在合同条款中间的空白处,《抵押合同》中的仲裁条款是以手写方式

〔1〕 参见王亚新:《民事诉讼中的举证责任》,载《证据科学》2014年第1期。

添加于其他约定事项中，两份合同的印章、手写内容均系对争议解决条款的变更，在孙某等否认该仲裁条款的情形下，该变更未经孙某等以签字或其他方式确认，升某公司亦无证据证明该印章及手写内容经过孙某等的确认，故不能认定双方就两份合同的争议解决方式变更为仲裁已达成合意，最终以不存在合法有效的仲裁协议为由撤销裁决。[1]

（二）超裁或无权仲裁

此项申请理由可分为四种具体情形：一是裁决事项超出仲裁协议约定范围；二是裁决内容超出当事人仲裁请求范围；三是裁决事项属于法律或仲裁规则规定的不可仲裁事项；四是作出裁决的仲裁机构非仲裁协议所约定。法院审查时需要重点判断裁决事项是否系仲裁合意选择的范围及是否由有管辖权的仲裁机构作出，同时应考虑该裁决是否违背不诉不理原则及裁决事项是否具有可仲裁性。

如净某公司与新某公司申请撤裁案，法院认定虽然净某公司在仲裁中曾提出反请求要求折抵剩余承包期间该公司已付出的设备安装及改造维修费，但随后净某公司撤回全部反请求。基于新某公司未就折抵设备安装及改造维修费提出仲裁请求，双方对该项费用是否进行折抵及折抵具体金额亦未达成一致意见，仲裁机构直接作出折抵设备安装及改造维修费的裁决超出仲裁请求的范围，并裁定撤销裁决。[2]

（三）伪造证据与隐瞒证据

证据是仲裁庭查明案件真实情况、确定双方当事人的责任界限并作出裁决的根据，因此法律规范强制要求当事人必须向仲裁庭提供真实的证据。[3] 基于仲裁司法审查的谦抑性，法院对于以证据瑕疵申请撤裁通常较为谨慎，主要审查当事人在仲裁中是否穷尽合法手段主动搜集证据或要求对方出示证据，同时判断该证据是否属于认定案件基本事实的主要证据，并要求当事人尽到初步证明责任。另因在伪造、隐瞒证据的情况下，仲裁裁决出现错误系当事人的不当行为所致，所以仲裁法司法解释规定了符合这两项撤销情形，法院可以通知仲裁庭在一定期限内重新仲裁，给予仲裁机构自我纠错的机会。近年来，重新仲裁的适用范围逐渐扩张，已成为补救瑕疵裁决的有效途径。

如弘某公司与源某公司申请撤裁案，法院查明仲裁中弘某公司已提交了加盖有

---

〔1〕 参见南宁铁路运输中级法院民事裁定书，(2022)桂71民特21号。

〔2〕 参见广西壮族自治区梧州市中级人民法院民事裁定书，(2022)桂04民特24号。

〔3〕 参见黄进、宋连斌、徐前权：《仲裁法学》，中国政法大学出版社2007年版，第159页。

巴某公司公章的其与源某公司的《服务协议》，源某公司以该协议是复印件无法核实真实性为由予以否认。同时，法院主动向巴某公司发函调查，并依据调查结果认定，源某公司作为巴某公司的服务商应持有《服务协议》原件，但在仲裁中拒不提供，因该协议涉及三方公司之间关系的认定，属于认定案件基本事实的证据，源某公司的行为属于隐瞒证据，据此向仲裁机构发出重新仲裁通知书，仲裁机构回函同意重新仲裁，最终终结撤销程序。〔1〕

（四）仲裁庭组成或程序违法

在所有法定撤销事由中，仲裁庭组成或程序违法与仲裁程序最密切相关，但是由于仲裁程序违法的标准并不明晰，使之成为最广泛提出的撤销理由。法院在审查时主要依据《仲裁法》及当事人选择仲裁规则的有关规定，同时判断违法事项对当事人的权利是否产生实质影响，在足以认定该违法事项可能影响案件公正裁决时方可撤销。违反法定程序主要审查：仲裁庭的组成、仲裁员选任、送达、披露、回避、通知、答辩及合理答辩期、举证质证、出示证据、调查取证、鉴定、开庭、中止申请、陈述与答辩、仲裁员意见表达。

如霍某与李某等申请撤裁案中，法院认为，霍某未向仲裁庭确认其送达地址，案涉《借条》也未约定送达地址，故仲裁庭应当根据李某提供的霍某身份证地址邮寄送达，但仲裁庭向霍某送达的地址并不准确，导致快递人员无法向霍某住址准确投递。同时，仲裁庭向霍某邮寄送达记载的电话与其在《借条》中预留的电话不符，仲裁庭未尽到审慎注意义务，导致投递时无法联系霍某而未成功。仲裁庭在邮寄送达程序错误的情况下采取公告送达违反了仲裁规则关于送达的规定，影响霍某的抗辩权利，据此认定仲裁庭送达程序违法并撤销裁决。〔2〕

（五）枉法裁决

枉法裁决是对仲裁公正性最大的质疑，也是对仲裁员最严厉的指控，但却成为当事人热衷提出的撤销理由之一。究其原因，在于枉法裁决与实体问题密切交织，指责仲裁员枉法裁决成为裁决不利一方当事人基于实体不满而发泄情绪的途径，同时枉法裁决常与违法裁决混淆，使其容易被当事人理解为适用法律错误。枉法裁决情节严重时可能触及刑法规定的枉法裁决罪，所以法院对此采取绝对形式主义的审查标准，即当事人应提交证据证明仲裁员存在索贿受贿、徇私舞弊、枉法裁决行为，且该行

---

〔1〕 参见南宁铁路运输中级法院重新仲裁通知书、民事裁定书，(2023)桂 71 民特 138 号。

〔2〕 参见广东省广州市中级人民法院民事裁定书，(2022)粤 01 民特 1466 号。

为须经生效法律文书或纪律处分决定所确认，否则将会以未尽到举证责任为由驳回申请。

如驰某公司与鸿某公司申请撤裁案中，驰某公司主张仲裁庭未采信其举证即认定鸿某公司与案涉《购销合同》没有法律关联存在认定事实错误，仲裁庭未认定王某与鸿某公司是共同买方并对支付货款承担连带责任存在枉法裁决。法院经审查认为，驰某公司未提供生效刑事法律文书或者纪律处分决定证明仲裁员有枉法裁判行为，且其所述枉法裁判事由实际系对仲裁案件实体处理的异议，而仲裁案件实体处理问题并非仲裁案件司法审查范围，并据此驳回申请。[1]

(六)违背社会公共利益

有别于前述撤销事由，违背社会公共利益是法院可以依据职权主动审查的唯一法定撤销事由。由于违背社会公共利益定义模糊，内涵广泛，实践中当事人援引此项撤销事由所指向的具体情形千差万别，但是法院对该项撤销事由已经明确把握了裁判尺度，即社会公共利益是关系到全体社会成员或者社会不特定多数人的利益，合同当事人的权利义务及国企利益不等同于社会公共利益。基于这一审查标准，司法实践中只有极个别案例以此事由撤销，绝大多数以此项撤销事由申请撤裁的案例以驳回告终，且最高人民法院对法院以此事由裁定撤销的案件规定了逐级上报至最高人民法院的制度，亦可以看出法院对适用此撤销事由的审慎性。

本文实证研究中，仅有 1 例以此事由撤销，即某黄金公司、某黄金分公司与李某、刘某申请撤裁案。法院认定，案涉《股权转让合同》是双方以恶意串通方式损害国家利益的行为，也符合以合法形式掩盖非法目的的情形。故《股权转让合同》成为相关人员骗取巨额国有资产的犯罪工具，但案涉裁决却认定《股权转让合同》合法有效，该裁决结果对社会最根本的公平正义的法律原则构成了危害，属于违反社会公共利益的情形，并据此撤销裁决。[2]

三、关联分析：三方主体固有问题检视剖析

(一)最主要争议：案件实体处理

囿于我国仲裁历史尚浅、制度未臻完备，大多数当事人对于仲裁这一独立的纠纷解决机制缺乏完整的认识，很容易同诉讼机制混同，从而在申请撤销仲裁裁决的案件

---

〔1〕 参见广东省江门市中级人民法院民事裁定书，(2022)粤 07 民特 158 号。

〔2〕 参见北京市第四中级人民法院民事裁定书，(2022)京 04 民特 383 号。

中过多强调对于法律适用、事实认定等实体方面的异议。从我国目前司法审查规定的事由来看,可以大致分为程序性事由,即《仲裁法》第 58 条第 1 ~4、6 项,以及有限实体性事由,即《仲裁法》第 58 条第 5 项及公共利益事由。除这些事由之外,并无兜底条款。受限于仲裁裁决的"一裁终局"和上述狭窄的司法审查事由的制约,司法实践中大量对仲裁实体处理不满的当事人在没有其他救济途径的情况下,只能借由司法审查的程序性事项附带提出实体性审查的要求。仲裁机构的办案人员也指出:"一般而言,当事人之所以向人民法院提起撤销仲裁裁决申请,通常并非单纯因为对程序有异议,绝大多数都是因为对实体结果感到不满。"[1] 因此,相当一部分申请事由会附带性地对事实认定、法律适用、证据采纳提出异议,更有甚者直接以实体处理存在的异议作为全部诉求。此外,也不排除部分当事人利用诉讼技巧,为避免申请被直接驳回,采取曲线救国的策略,将对实体处理的异议嵌入程序性事项中。

(二)最重点审查:程序正当合法

法定撤销事由中,仲裁程序违法是十分常见的申请事由,当事人对这一事由项下的具体申请理由可以说覆盖了仲裁程序的方方面面,这同时也是法院关注的重点。一方面,与国际知名仲裁机构相比,我国仲裁机构的仲裁规则总体而言相对原则化,操作性标准较少,由此导致仲裁程序本身就不够细致、严谨。很多赋权性规定留待仲裁规则加以规范,例如,以《上海仲裁委员会仲裁规则》为例,对当事人逾期提交的证据,仲裁庭有权决定是否接受;又如,当事人虽未申请,但仲裁庭根据案件审理情况认为确有必要时,仲裁庭可以自行调查事实。[2] 仲裁规则在极大赋予仲裁庭自主权的同时,也让当事人很难以主张仲裁程序违法获得支持。另一方面,仲裁机构有时并未严格执行仲裁规则,导致法院在司法审查中耗费大量精力来辨明程序瑕疵和程序错误。普通的程序瑕疵,如仲裁超期、仲裁笔录未有仲裁员签名等,通常因为不会影响程序的公正性而被驳回,但对于当事人的重要权利,尤其是送达中出现的问题,法院的关注程序极高,因为这类程序性权利对实体公正影响极大,一旦出现不可挽回的失误,法院更倾向于径行撤销裁决。

(三)最亟待改善:仲裁内外监督

虽然法院撤销仲裁裁决的案件比例极低,仲裁整体的质量水平和公信度有目共

---

〔1〕 参见章杰超:《仲裁司法审查实践中的共识? ——2012 年申请撤销北京仲裁委员会裁决之民事裁定的实证分析》,载《北京仲裁》2013 年第 4 期。

〔2〕 参见《商事仲裁司法审查案件白皮书(2018—2022)》。

睹。但就一些具体案件当事人对仲裁所提出的质疑来看,并非全无道理,比如“同案不同判”、仲裁裁决与生效裁判文书产生冲突的问题,目前的司法审查程序无法解决上述问题所带来的明显不公正。值得注意的是,在广西地区选取的样本中,22%的案件涉及商品房预售、销售合同纠纷领域,并且存在大量系列案。北京市高级人民法院民二庭课题组的报告也指出,随着仲裁的推广适用,消费者仲裁维权难题多,主要体现在电子消费合同中的电子化仲裁格式合同。[1] 上述案件涉及的当事人众多,社会影响面广,对仲裁审理思路的连贯性要求高,处理不当很容易造成群体性事件。单一的非层级结构决定了仲裁裁决实行的是一裁终局制,其裁决质量取决于仲裁庭的素质,法院裁判尚且存在上诉、再审等多途径的质量矫正和改善系统,仲裁裁决亦需要质量监督和保障体系。[2] 仲裁员的专业和职业素质是保证仲裁结果公正的关键,但仲裁员作出的裁决受到主观经验和专业知识的限制,具有局限性。仲裁员的监督和制约远不如法院对法官的监督和制约,仲裁运作还有浓厚的行政化特点。[3] 实践中,对仲裁员的监督基本来自内部行政监督,强制力度和威慑力度都不大,目前仅依靠仲裁司法审查无法实现对仲裁案件的全面有效监督。

四、发展进路:三方主体共建助力仲裁发展

司法审查制度的价值,不仅在于对案件纠纷处理的判断,更在于对仲裁权利的保障与适度规制之间的把握、对维护仲裁自治与保护公共利益之间的价值判断与利益平衡。[4] 实现仲裁的良性发展离不开仲裁机构、当事人和法院三方主体的合力作为,以自身的调整与突破促进仲裁的健康发展。

(一)仲裁机构:规则完善中更求创新

1. 细化仲裁规则

仲裁机构应当根据自身特点和优势不断细化、优化仲裁规则,亦可以参考国际知名仲裁机构的规则,条件成熟时提供示范文本。从此前样本分析中当事人异议最多

---

〔1〕 参见北京市高级人民法院民二庭课题组:《完善仲裁公信力提升机制若干问题研究——以北京地区仲裁司法审查案件为分析样本》,载《法律适用》2022 年第 11 期。

〔2〕 参见汪祖兴:《仲裁监督之逻辑生成与逻辑体系——仲裁与诉讼关系之优化为基点的渐进开展》,载《当代法学》2015 年第 6 期。

〔3〕 参见张卫平:《仲裁裁决撤销事由的解析及调整》,载《经贸法律评论》2018 年第 1 期。

〔4〕 参见姜丽丽:《仲裁司法审查的创新探索及其理解适用——兼评最高人民法院第 36 批指导案例》,载《商事仲裁与调解》2023 年第 3 期。

的仲裁规则出发，仲裁规则应重点从送达、披露事项、延期等方面优化。首先，重视送达程序规范性。从司法审查的角度来看，仲裁送达程序设计比较宽泛，存在诸多瑕疵，在细化送达规则时可以引入目前法院送达的有效做法，例如采用“被申请人地址承诺书”制度。其次，进一步明确仲裁员披露事项。实现回避制度透明性的首要任务是丰富应当披露的事项。部分仲裁机构对仲裁员信息的披露程度并不高，比如深圳国际仲裁院仅披露仲裁员的姓名、国家、居住地及专长，而新加坡国际仲裁中心（SIAC）不仅在仲裁员名册中披露了仲裁员的姓名、性别、国籍、工作语言及居住地等基本信息，还随附仲裁员的详细简历[1]。最后，慎重延长案件办理期限。虽然仲裁裁决的时间未必对裁决的公正性构成实质性影响，但对于仲裁的公信力影响较大，仲裁庭对于延期事由应限定在鉴定等特殊情形内，延长期限应当慎重，一般不宜延期过长或多次延期，并应及时有效告知当事人，尽量避免因审限无限期延长引发的争端。

2. 强化监督约束

高标准的仲裁员任职资格条件能够最大限度地保障纠纷解决。根据《仲裁法》的规定，仲裁员须从事律师工作满8年，或是曾任法官或仲裁员满8年，或是具有高级职称，或是具有法律知识、从事经济贸易等专业工作并具有高级职称或者同等专业水平等。实践中，国内知名仲裁机构对于仲裁员的选任条件更高于仲裁法的门槛标准。比如，中国国际贸易仲裁委员会对于中国籍仲裁员的聘任标准还包括掌握一门外语并可以作为工作语言等。正面而言，严格的仲裁员任职条件能够保证仲裁员的专业性和公正性；反面而论，可以参考法检系统的内部追责体系，对失职的仲裁员启动内部问责程序。

3. 创设智慧仲裁

创新仲裁的话语权，必须置身于多元化解纠纷解决机制、优化法治化营商环境、全球数字化改革中通盘考虑。审判与仲裁都是解决纠纷的基本形式，随着“人工智能+大数据”在智慧法院建设领域的开拓发展，智能庭审、智能办案、智能送达等多项功能支持辅助性事务大大提升了效率和精准度。借鉴人工智能在法院建设中的“他山之石”，仲裁同样需要提升实效性：第一，程序性事项自由替代。程序性事项指的是电子送达、远程视频、语音转化等，其特征可以对照书记员的职责范围。该项工作具有鲜明的可替代性，对主体性的要求不强，甚至在仲裁实践中，已经有很多机器取代

---

[1] 参见邓芷珊：《反复指定对仲裁员资格的影响——兼论北仲〈行为守则〉》，载《北京仲裁》第122辑。

的实例。[1] 必须指出的是，在智慧仲裁的推进中，保障当事人的知情同意权尤为重要，技术的应用应当建立在规则理解确认的基础上。第二，智能推送类案。推动大数据平台建设，构建精准的类案推送技术，帮助仲裁员在案件进行仲裁时提供较为详尽的既往裁决思路及结果，形成多维度的思维逻辑，从而统一仲裁裁判尺度和提升同类型案件的批量审理速度。第三，探索要旨附裁模式。在遵循保密原则的前提下，发布可以免费获取并经当事人同意后做脱敏处理的裁决摘要，增强当事人的可预见性和裁决结果的可接受性，从源头上减少申请撤销仲裁裁决的案件数量。

（二）当事人：全面获知后合法维权

1. 明晰仲裁规则

当事人在签订仲裁协议时，应当特别注意了解仲裁协议、仲裁裁决的法律效力，全面认识仲裁与诉讼等纠纷解决方式存在的差异性，尤其是对于仲裁成本和一裁终局制度的理解，避免因自身对仲裁规则及仲裁程序缺乏必要性认知，最终不得不借助仲裁司法审查维护自身权益。在标的额较小的消费服务领域，当事人需要格外注意协议中对纠纷争议方式的约定，权衡将来可能存在的维权成本与收益之比。

2. 精确送达信息

送达程序出现问题的主要原因在于仲裁申请方提供的地址与仲裁被申请方认可的地址出现不一致。当事人在协议中应事先明确约定送达地址、联系方式等信息，能够保证己方在发生争议后，及时收到仲裁机构的通知，及时参加到仲裁程序中并保护程序权利不受损。同时，由于仲裁送达的高度自治性和宽泛性，也可以合理利用当事人约定送达的权利，在事先协商送达事项，但需要在仲裁规则和法律允许的范围内，否则将承担送达失败的不利后果。

3. 申请有的放矢

仲裁司法审查并不等同于对仲裁裁决的二审或再审程序，必须严格限定在对《仲裁法》第58条的法定事由及相关司法解释的范围中。从此前的分析来看，仲裁司法审查基本集中在程序性事由，当事人对实体处理提出的质疑很难得到支持，对法律适用问题提出的质疑甚至很难得到回应。因此，当事人在司法审查程序中应当着眼于对程序性事项的分析，避免“上诉审”“信访申诉”思维，对实体性事由的提出需要承担初步的举证责任，否则获得法院支持的概率非常低。

---

〔1〕 参见姚梦莹：《他山之石：人工智能辅助仲裁借镜智慧法院建设的“未来仲裁”探索》，载《商事仲裁与调解》2022年第6期。

(三)法院:有限监督下积极支持

1. 充分释明引导

目前,虽然我国《民事诉讼法》及其司法解释尚无对释明制度的直接规定,但在一般的诉讼案件中,法官也会谨慎地向当事人释明,其中一个重要目的可以归结于促进纠纷的一次性解决,避免上诉的过度出现。[1] 普通的诉讼案件尚需释明,仲裁司法审查作为一种特别程序,更需如此。为保证程序推进的效率和保护的平衡,应当允许法院在许可的范围内发挥司法能动性,从以下事项提示、告知当事人,厘清审查的目标思路:第一,当事人申请撤销仲裁裁决的理由及与之对应的法定撤销情形;第二,若当事人坚持以《仲裁法》第58条规定情形之外的理由申请,告知可能导致承担的相应法律后果;第三,强调仲裁司法审查虽然作为一种特殊程序,但仍遵循举证责任的一般规则,当事人需要就申请撤销的事项承担初步的举证责任。

2. 优先重新仲裁

实现司法监督,撤销仲裁裁决是法院最关键、最核心的手段。[2] 但事实上,重新仲裁制度在司法审查中也占有重要一席,并且可能成为调和矛盾、充分广泛运用仲裁制度的中间道路。重新仲裁提供了一条相对柔和的监督路径:由仲裁庭自行针对仲裁过程中的瑕疵、不涉及原则、根本性的问题进行弥补,既避免了法院对裁决直截了当的否定,也可以实现裁判实质正义与效率的兼顾。重新仲裁主要适用于伪造证据或隐瞒证据的情形,即主要指向仲裁程序局部的、未从根本上危及仲裁程序正当性的瑕疵,且其恢复审理较之单独适用撤销、另行仲裁或诉讼更加经济[3]的情形。因此,实践中可以探索尽可能扩大法院适用重新仲裁的情形,以重新仲裁替代撤销仲裁,以最大限度地维护仲裁的稳定性和当事人解决纠纷的意愿。

3. 统一撤销尺度

随着仲裁的大量应用和成熟发展,仲裁司法审查案件出现的新问题、新情况与日俱增。其中,约定仲裁管辖条款效力、涉众涉刑仲裁案件办理、虚假仲裁等问题引发的争议分歧较大,法院"同案不同判"的现象也引起了社会高度关注。此前,最高人民法院出台了类案检索制度,通过案例的具体性和针对性,对法律解释的抽象性和非针对性加以弥补。在司法审查中也同样可以加强案例数据库建设,发布典型案例,归纳

[1] 参见刘彤:《国际实践视角下我国商事仲裁释明规则的构建》,载《经贸法律评论》2024年第1期。

[2] 参见张卫平:《仲裁裁决撤销程序的法理分析》,载《比较法研究》2018年第6期。

[3] 参见马家曦:《人民法院发回仲裁程序的反思与重构》,载《南大法学》2023年第6期。

总结热点问题,不断统一认定裁决撤销事由的标准。目前,包括北京、上海、广州、青岛等多地法院都发布了商事仲裁司法审查报告或白皮书,但报告或白皮书的时间跨度较长,无法及时高效发布审查信息,可以考虑以1年或2年的发布期限为宜。

对仲裁制度的研究在我国司法制度研究中一直处于一种相对边缘化的领域,但随着“一带一路”倡议、多元化纠纷解决机制理念的提出和实践,仲裁制度对法治化进程的重要意义不断凸显。透过撤销仲裁裁决司法审查之窗,仲裁的良性发展既需要仲裁机构的修炼成长,也需要当事人的理解支持,更需要司法的监督指引,而仲裁与司法的关系并非一成不变,支持与监督的力度也需要保持一种动态平衡。这种动态平衡对于制度设计者是一种挑战,期待理论界和实务界提供更多的智慧经验,以真正提高仲裁作为多元化解纠纷解决机制重要环节的能力。

仲裁协议效力扩张审查认定之重构

杨　钉　曹　畅　莫秀连*

摘要：对仲裁协议效力扩张的审查实际为衍生纠纷，现有仲裁相关法律对仲裁协议效力扩张问题仍存在立法上的缺位，该问题的审查认定在审判实践中存在较大分歧，机械司法亦引发了乱象。为此，本文梳理了仲裁协议效力扩张问题的立法发展历程，发现仅有司法解释对承继、债权债务转让等问题作了明确规定，但对于常见的股东、代理、公司和分公司及主从合同等问题均未予以明确。为更好履行仲裁司法审查职能，提出解决仲裁协议效力扩张问题的路径，结合典型案例的裁判观点，归纳三步裁判方法，以实现模板化、高效化处理该问题。

主要创新观点：对于复杂的仲裁协议效力扩张问题应运用“穿透式审判”；对于简单的问题，建议采用模板化的三步裁判法：第一步查明事实；第二步明确继续审理基础，判断仲裁协议是否有效、合同外第三人提出仲裁协议效力范围异议的时间是否合法；第三步要件归入，根据法定或典型案例归纳的裁判观点作出仲裁协议效力是否扩张的裁判。

引　言

随着社会经济的发展，商事交往的活跃和复杂，审判实践中对仲裁协议效力扩张的大部分问题未能形成统一的裁判尺度，法院、仲裁机构

* 杨钉，南宁铁路运输中级法院中国—东盟自由贸易区南宁国际商事法庭副庭长。曹畅，南宁市兴宁区人民法院法官。莫秀连，南宁铁路运输中级法院中国—东盟自由贸易区南宁国际商事法庭法官助理。

及当事人对该问题的不同理解，制约了仲裁机构在多元化纠纷解决机制中的作用，引发的衍生诉讼增加了法院的案件量，与当前大力推行的“尽可能一次性解决纠纷”司法理念相悖。仲裁作为多元化纠纷解决机制的重要部分，引导更多纠纷通过仲裁程序解决，是现阶段法院案件量激增、当事人期待摆脱诉累之苦、社会需要优化营商环境极具价值和意义的现实选择。而仲裁协议效力扩张适用是法院在审理仲裁协议效力认定案件时，兼顾公平和效率，允许其突破合同相对性原则，促使纠纷以非诉讼的方式高效解决；坚持“穿透式审判”，审慎审视当事人之间的法律关系，合情合理扩张仲裁协议效力范围，破除机械司法。

一、理论探究：仲裁协议效力扩张问题的理论基础与发展历程

（一）关于仲裁协议的特征

要理解为何存在仲裁协议效力“扩张”的问题，首先应知晓关于仲裁协议的特征及具备该特性的原因。在仲裁程序中，只有经当事人的合意才可将纠纷交由仲裁机构进行裁决，是各国法及国际条约的通行规则。[1] 根据我国《仲裁法》第 4 条之规定，仲裁协议是当事人之间达成的以仲裁方式解决纠纷的合意，也是仲裁机构行使管辖权的前提和依据。[2] 依据合同相对性原则和仲裁协议独立性原则，仲裁协议理论上只对协议签字方有效，对于未签字的一方不具有约束力。

之所以要求仲裁各方以书面协议的形式确认其选择仲裁作为争端解决方式的意愿，原因主要还在于仲裁的两个特点。一是仲裁协议排除诉讼。根据《仲裁法》第 5 条之规定，一旦达成有效仲裁协议，就排除了以诉讼方式解决纠纷的可能。二是仲裁“一裁终局”。《仲裁法》第 9 条第 1 款规定仲裁实行一裁终局的制度，不同于司法诉讼采用二审终审制，或人民调解后反悔可再向法院起诉，仲裁裁决一旦作出，在享受解纷效率的同时，可能也承担着牺牲一定实体公正的风险。因此，仲裁方式的选择必须突出当事人的意思自治，各方当事人须自愿、明确达成仲裁协议，并在书面合同或协议中落实仲裁条款。

---

〔1〕 参见赵旭、刘建奇：《框架性合同争议的仲裁协议效力扩张规则研究》，载马世忠主编：《司法体制综合配套改革中重大风险防范与化解——全国法院第 31 届学术讨论会获奖论文集》（下），人民法院出版社 2020 年版，第 1256 页。

〔2〕 参见栗俊海、徐梓程：《仲裁协议的效力扩张》，载《人民司法》2021 年第 23 期。

（二）仲裁协议效力扩张问题的概念与发展

1. 仲裁协议效力扩张的概念

基于上文所述，法律对仲裁协议的效力作了必要限制，即核心条件是各方当事人书面同意选择仲裁方式的意愿，但在特定的场合与情形下，对于涉及纠纷之中、合同之外的第三人，即使没有签字，仲裁协议也能对其产生约束力，或是某合同中虽未约定仲裁协议，但双方当事人受到其他关联合同中仲裁协议效力的约束，这就是仲裁协议效力扩张问题。

常见的仲裁协议效力扩张主要有两种情形。一是合同内容变更。根据《仲裁法》第19条之规定，若仅是合同内容有所更改，仲裁协议依然可对各方当事人发生效力，但若以从合同的形式对合同内容进行变更，主合同的仲裁条款效力不能扩张至从合同，可能会出现由仲裁机构解决主合同纠纷、法院解决从合同纠纷的尴尬局面，不仅增加解决纠纷的成本，拉长解决纠纷的周期，还容易出现解决结果相互矛盾的困境。二是合同外主体涉及纠纷，这也是最为常见的情形。如前文所述，各方当事人达成协议是仲裁的前提，而新进入法律关系的当事人或其他涉及纠纷的第三人未曾对达成仲裁协议作出过意思表示，未符合仲裁协议需书面签署的特性，其可能对接受仲裁协议效力的约束存在异议，由此引发仲裁协议效力的扩张争议。

2. 仲裁协议效力扩张问题的发展历程

我国《仲裁法》于1994年制定、2017年修订，在立法上明确了仲裁协议的独立性，但未涉及仲裁协议效力扩张问题。各地法院在审判实践中发现并探索该问题，如1999年12月，北京市高级人民法院提出“关于审理请求裁定仲裁协议效力、申请撤销仲裁裁决案件的‘暂行规定’和‘若干问题的意见’”，其中提到“无代理权、超越代理权、以被代理人名义订立、未经被代理人追认的仲裁协议，对行为人是否具有约束力？”等问题；2001年上海市高级人民法院印发了《关于执行〈中华人民共和国仲裁法〉若干问题的处理意见》，第5条提到“订立仲裁协议的当事人被合并、分立或终止，原仲裁协议对其权利义务继受者是否具有约束力的问题”。2006年最高人民法院颁布实施了《关于适用〈中华人民共和国仲裁法〉若干问题的解释》，对仲裁协议效力扩张适用作出了规定，可见我国对仲裁协议独立性理论和效力扩张理论都采取了接纳的态度。[1] 该司法解释第8条明确规定了对于公司作为合同一方当事人，在订立仲裁协议后，公司发生合并或分立

---

〔1〕 参见林志明：《是否矛盾：仲裁协议独立性理论与仲裁协议效力扩张理论之关系辨析》，载《法制与社会》2017年第3期。

的，仲裁协议对其权利义务承受人继续有效；对于自然人作为合同一方当事人的，其承受人若承继了该当事人的所有权利义务，当然受到仲裁协议效力的约束。即在上述两种情况下，权利义务主体变更不会阻断仲裁协议的效力延伸至权利义务承受人。该司法解释第9条亦是默认发生债权债务转让时，仲裁协议效力当然扩张至新的受让人，受让人拒绝仲裁协议的约束只能通过明示反对或举证不知道存在仲裁协议。

二、实证考察：对常见仲裁协议效力扩张问题之司法实践处理

以下以法院裁判案例为样本，从微观层面深入考察当前法院对几类常见的仲裁协议效力扩张适用问题的处理。

（一）股东问题

公司由股东组成，其行为是股东意志的体现，但公司法人和股东属不同的民事主体，公司法人具有独立性，其对外作出的民事行为，应当由公司自行承担。仲裁法司法解释只是对于公司合并、分立后仲裁协议对其权利义务承受人继续有效作出规定，但股东并不当然为公司权利义务的承受人，特别是对于公司注销或一人公司股东无法证明其财产独立于公司等问题，以公司名义签订的仲裁协议效力是否能及于股东，法律并未有明确规定，司法实践中有不同观点。

【案例1】李某与五一公司申请撤销仲裁裁决案〔1〕

五一公司曾与诚展公司签订《经销合同》，其中约定有仲裁条款。李某是诚展公司的唯一股东。因双方发生争议，五一公司提出仲裁申请，但发现诚展公司已经注销，认为李某应在认缴而未实缴出资额范围内对公司的债务承担清偿责任，故申请追加李某为仲裁程序的被申请人。法院认为，为保障公司债权人的合法权益，公司登记机关通常要求企业在提交注销文件时，一并提交全体投资人承诺书，对于公司注销后又发现遗漏债务尚未处理的，要求其对于该债务承担法律责任。李某作为诚展公司的唯一股东，也提交了承诺书，说明李某承诺在法律规定范围内对公司未尽债务承担责任，这一情形与债务转让无异，故根据《最高人民法院关于适用〈中华人民共和国仲裁法〉若干问题的解释》第9条的规定，仲裁条款对李某具有约束力。

【案例2】李某、李某某申请确认仲裁协议效力案〔2〕

李某某与某投资公司签订《股票合伙认购协议》，其中约定有仲裁协议。李某系

---

〔1〕 参见南宁铁路运输中级法院民事裁定书，(2022)桂71民特10号。

〔2〕 参见辽宁省大连市中级人民法院民事裁定书，(2023)辽02民特92号。

该投资公司的唯一股东。李某某与某投资公司就合同的履行发生纠纷后，向仲裁委申请追加股东李某为被申请人，请求李某对某投资公司的债务承担连带责任。法院认为，李某某并未与李某签订合同，双方不存在明确仲裁解决争议的意思表示，因此双方不存在仲裁协议。对于一人公司的股东能否受该公司签订的仲裁条款约束问题，鉴于在无明确法律依据的情况下不能任意扩大解释仲裁条款的适用范围，应严格探究当事人适用仲裁解决争议的意思表示。《公司法》第63条之规定为实体法上的责任承担问题，不能替代仲裁条款，当事人可通过其他法律程序另行提起权利救济请求。

上述两个案例对于股东是否受公司名义签订仲裁协议效力的约束作出了不同的裁判，但案件情况有所不同。案例1是公司注销时，股东对公司未尽债务作出了承担责任的承诺，司法实践中普遍认为这一情形与债务转让无异，[1]股东在公司注销后承诺承担未尽事宜的，基于股东对合同项下公司的权利义务的承继关系，法院依据仲裁法司法解释第9条认定股东受到仲裁协议的约束。而案例2公司尚作为独立法人存在，公司法虽规定了“刺破公司面纱”制度，要求公司股东不得滥用公司法人独立地位和股东有限责任损害公司债权人的利益，否则应当依法承担赔偿责任，但是“赔偿责任”并不是由股东直接代替公司承担合同的违约责任。因此，就算是一人公司股东难以证明其财产和公司财产相独立，但这是实体法上的责任承担问题，该情况下不宜对仲裁条款的适用范围作任意扩大解释，应坚持仲裁协议的独立性，股东不受公司仲裁协议的约束。

（二）代理问题

《民法典》中对代理问题已经作了明确规定，但是仲裁协议效力是否约束被代理人之所以会产生争议，原因除了被代理人未能直接签订仲裁协议，违背了仲裁协议书面签署的属性，也在于很难判断被代理人是否对选择何种争议解决方式进行授权。

【案例1】闽南建筑公司与陈某申请确认仲裁协议效力案[2]

闽南建筑公司某项目部和陈某签订《泥水劳务承包工程》，其中约定有仲裁协议。合同签订后，闽南建筑公司有多笔向陈某转款的记录，附言均为“某项目泥水班组进度款”。发生纠纷后陈某根据仲裁协议以闽南建筑公司为被申请人提出仲裁申

---

〔1〕 北京市第四中级人民法院民事裁定书，(2021)京04民特942号审理的陈某某与陈某申请确认仲裁协议效力案的处理思路与案例1相似。

〔2〕 参见南宁铁路运输中级法院民事裁定书，(2023)桂71民特23号。

请。法院认为,涉案合同签订主体虽系闽南建筑公司某项目部,但涉案合同的工程款由闽南建筑公司支付,表明该公司对案涉合同的签订清楚且实际履行了合同项下的付款义务,其以实际行为追认了闽南建筑公司某项目部与陈某签订的合同。故某建筑公司作为被代理人应受到仲裁协议的约束。

【案例2】张某某、关某某申请确认仲裁协议效力纠纷案[1]

涉案房屋为张某某、关某某名下物业。两人向区某行出具《委托书》,就上述物业及其名下相关物业委托区某行代理执行和处理出租、缴费等事项。《委托书》同时载明,"受委托人在执行和处理上述事项的过程中,依法签署的有关文件,委托人均予以承认"。后区某行以张某某、关某某代理人的身份,与潘某某、裕丰公司签订了《存量房买卖合同》,该合同中约定有仲裁条款。因在涉案房屋的交易过程中产生争议,潘某某依据前述合同中仲裁条款的约定,以张某某、关某某为被申请人申请仲裁。法院认为,区某行并未得到张某某、关某某出售房屋的授权,属于无权代理行为。张某某、关某某向法院申请确认上述合同中的仲裁协议无效,表明其已拒绝对区某行的无权代理行为作出追认,现有证据也不足以证明区某行的行为构成表见代理,故仲裁协议对张某某、关某某不发生效力。

【案例3】二建某分公司、二建公司与徐某申请撤销仲裁裁决案[2]

徐某(承包方)与刘某、李某以二建某分公司(发包方)的名义,签订《建设工程施工劳务承包合同》,并约定了仲裁协议。因合同履行发生争议,徐某提起仲裁,仲裁委作出裁决后,二建某分公司、二建公司认为其与徐某不存在合同关系,没有仲裁协议,向法院申请撤销仲裁裁决。但二建公司认可刘某有权代表其签署案涉工程的《塔式起重机拆卸合同》。法院认可仲裁庭查明的本案属于表见代理的情形,徐某有理由相信刘某、李某得以二建公司的名义签订涉案合同,故涉案合同的权利义务及于二建某分公司、二建公司,即两个公司应受到涉案合同中仲裁协议的约束。

上述三个案例是委托代理的三种情形下,代理人签订的仲裁协议对被代理人的效力问题。案例1因为被代理人通过自身行为,对代理人的行为进行了追认,故在类型上属于普通委托代理。对此,虽然被代理人未在合同上签字,但代理人知道或应当知道仲裁协议,若未能举证未授权争议解决方式的选择,可视为其已经接受仲裁协议的约束,根据《民法典》对委托代理的规定承担代理行为的全部后果并无不当。若是

---

〔1〕 参见广东省高级人民法院民事裁定书,(2016)粤民他134号。

〔2〕 参见南宁铁路运输中级法院民事裁定书,(2023)桂71民特35号。

到争议发生时仍允许被代理人变更争议解决方式，则损害了第三人的期待，不符合公平原则。

案例2是无权代理且未追认，根据《民法典》的规定，无权代理情况下，被代理人不承担相应后果，即代理人的行为和被代理人无关，故仲裁协议当然不对其产生约束力，但仲裁协议仍约束无权代理人和第三人。

案例3属表见代理，表见代理是仲裁协议效力扩张适用中争议较大的一种情形。虽然在《民法典》中已经明确规定，表见代理的后果仍由被代理人承担，但是被代理人也许只是在让第三人相信代理人对某项合同行为具有代理权方面存在过错，对于争议处理方式往往因事前不知情且未授权缺乏真实意思表示。现行审判实践中的做法还是参照《民法典》中关于表见代理的法律后果来认定，被代理人既然需承担代理的后果，即应概括承受包括合同行为及争议解决方式选择的后果，故法院往往判断被代理人应受仲裁协议效力的约束。

（三）公司和分公司问题

公司法规定，公司可以设立分公司，分公司不具有法人资格，其民事责任由公司承担。但分公司可以自己的名义在其经营范围或总公司的授权范围内从事相应民事活动。那么，分公司以自己名义对外签订的合同中约定了仲裁，在纠纷解决事宜上，该仲裁协议效力是否直接扩张至总公司存在一定争议。

【案例1】若愚公司与建工公司申请确认仲裁协议效力案〔1〕

若愚公司是某分公司的总公司。某分公司和建工公司签订了《承包合同》。若愚公司请求确认该合同中的仲裁条款对其不具有法律约束力。在仲裁协议真实有效的情况下，法院认为某分公司系若愚公司的分支机构，分公司签订的仲裁条款对总公司即若愚公司有约束力。

【案例2】捷普公司与总立机电某分公司申请确认仲裁协议效力案〔2〕

捷普公司与总立机电某分公司签订了《工程合同》，并约定有仲裁条款。总立机电公司是总立机电某分公司的总公司。捷普公司认为该仲裁条款仅约束捷普公司和总立机电公司，总立机电某分公司无权依据《工程合同》下的仲裁条款提起仲裁，故向法院申请认定仲裁条款对总立机电某分公司无效。法院认为，分公司依法设立并领取了营业执照，属于“其他组织”，有权作为仲裁申请人提起仲裁。至于捷普公司提

〔1〕 参见四川省成都市中级人民法院民事裁定书，(2017)川01民特450号。

〔2〕 参见四川省成都市中级人民法院民事裁定书，(2019)川01民特38号。

出的关于分公司责任应当由总公司承担的问题,其他组织在执行中不能履行法律文书确定的义务的,人民法院可以裁定执行对该其他组织依法承担义务的法人或者公民个人的财产。因此,分公司并不是当然不承担法律责任,总公司承担责任的情况是分公司的财产不足以履行法律文书确定的义务,且本案中仲裁申请人系总立机电某分公司而非捷普公司,故对捷普公司主张仲裁条款对总立机电某分公司无效不予支持。

虽然实务中对于分公司以自己名义签订的仲裁协议对总公司或其本身是否有约束力存在争议,但司法裁判意见较为统一,且已有大量案例支撑。北京市第四中级人民法院某裁定认为分公司有权作为独立主体参与仲裁活动,但分公司不具有法人资格,其民事责任由总公司承担,合同一方依据其与分公司签订的仲裁协议要求总公司承担民事责任的,仲裁机构予以受理,[1]即认可分公司签订的仲裁协议效力可以扩张至总公司,这样做的合理性在于可以避免诉累及裁判标准不统一等一系列问题。

(四)主合同和从合同问题

主合同和从合同问题在仲裁协议效力扩张适用中是较为特殊的存在。2004 年最高人民法院发布的《关于适用〈中华人民共和国仲裁法〉若干问题的解释(征求意见稿)》曾出现仲裁效力扩张的内容,如第 7 条第 2 款规定:"人民法院或者仲裁委员会受理主合同纠纷,当事人同时向连带责任保证人主张权利的,人民法院或者仲裁委员会可以一并审理。"但最终的司法解释中并未保留该条规定,至此对于主从合同的仲裁协议适用问题的多种情形尚未有明确规定。

【案例1】南洋公司与杭成公司申请确认仲裁协议效力案[2]

南洋公司与江鸿公司签订《服务合同》,其中约定有仲裁条款,后双方又签订《补充协议》,对物业费用差额补贴等事项的约定,但未约定争议解决条款。在合同履行过程中江鸿公司将其对南洋公司享有的上述合同所涉债权转让给杭成公司。法院认为,仲裁协议有效,并且对杭成公司有效。在此前提下,虽然《补充协议》中未约定仲裁协议,但该补充协议系对《服务合同》约定事项的延续和补充,可以推定主合同中的仲裁协议效力扩张至补充协议。

---

[1] 北京市第四中级人民法院民事裁定书(2019)京 04 民特 170 号、(2022)京 04 民特 272 号认为,分公司不具有法人资格,其民事责任由公司承担,故分公司的仲裁条款对公司有约束力。

[2] 参见江苏省南京市中级人民法院民事裁定书,(2018)苏 01 民特 304 号。

【案例 2】迈科公司与金川公司保证合同纠纷上诉案[1]

迈科公司与金川公司签订的《保证担保书》第 1 条约定，迈科公司为金川公司与 MATRIXMETALRESOURCESPTE. LTD 之间的进口电铜买卖合同（以下简称主合同）项下债务人的债务提供连带保证，该主合同约定有仲裁条款。迈科公司认为涉案《保证担保书》作为从合同，应当根据主合同约定的仲裁条款确定案件管辖。法院认为，涉案担保合同没有约定仲裁条款，仲裁庭关于主合同有仲裁条款，担保合同作为从合同应当受到主合同中仲裁条款约束的意见缺乏法律依据。故主合同中仲裁协议效力不能扩张至作为从合同的担保合同。

关于主合同中约定的仲裁协议是否对从合同有约束力，上述两个案例作出了相反裁判，且案例 2 的审查法院为最高人民法院，最高人民法院认为根据仲裁协议意思自治原则，仲裁庭不应对没有约定仲裁条款的担保合同进行审理并作出裁决，即第三人提供的担保合同虽然是从合同，但有其独立性，不受主合同仲裁条款的约束。这是因为第三人提供担保的担保合同约定的是第三人对债务人履行义务的担保责任，第三人并不是主合同中的当事人，不参与主合同中债权债务纠纷的解决，因此为保证担保人的权益，还是应坚持仲裁自愿的原则，不宜直接将主合同中仲裁协议的效力扩张至担保合同。

关于主合同中的仲裁条款能否约束从合同当事人的问题，根据最新发布的《全国法院涉外商事海事审判工作座谈会会议纪要》第 97 条第 2 款的规定可知，当事人在主合同中约定争议解决方式为仲裁，从合同未约定争议解决方式的，主合同中的仲裁协议不能约束从合同的当事人，但主从合同当事人相同的除外。侧面表明了最高人民法院关于主从合同在仲裁协议效力扩张适用问题中的最新理解思路。

（五）其他问题

除上述四种情形之外，在司法实践中涉及仲裁协议效力扩张的情况仍有很多。如物业服务合同系小区物管会或开发商代表全体业主订立，小区业主委员会成立后，是否可以作为仲裁申请主体，有观点认为无论是谁来签订的物业服务合同，都对业主和物业服务企业具有约束力，因此后成立的业委会也可代表业主作为仲裁主体；子公司和母公司问题，子公司和母公司可能为同一经济实体，开展关联业务，但子公司不像分公司，其有独立的法人人格，在仲裁协议的效力扩张问题上还是应更谨慎，目前多数意见认为子公司签订的仲裁协议效力不能约束非签字方的母公司；夫妻债务问

---

〔1〕 参见最高人民法院民事裁定书，(2017) 最高法民辖终 47 号。

题，只有夫妻一方签署仲裁协议的效力范围；债权人代位求偿问题、建设工程合同纠纷中仲裁条款对实际施工人效力问题等，亦存在较多争议和可探讨的空间。

三、路径指明：解决仲裁协议效力扩张问题之探索与突破

目前，我国仲裁协议效力扩张问题尚不明朗的立法现状与日益复杂司法实务情形存在一定冲突，需要进一步规制与完善。

（一）仲裁协议效力扩张立法与理论

由于合同相对性、仲裁独立性、仲裁协议必须具备书面的形式要件以及仲裁协议效力扩张问题在法律上存在空白等原因，导致我国在仲裁协议效力扩张问题方面存在理论分歧与立法障碍。虽然《最高人民法院关于适用〈中华人民共和国仲裁法〉若干问题的解释》第8、9条分别对承继和合同转让等情形下的效力扩张进行了解释，但该两条解释亦存在争议空间，如第9条中，司法解释并未对"另有约定"和"明确反对"等作出具体的形式要求，如双方进行口头方面的约定是否符合该条司法解释的但书情形等，给仲裁协议效力审查带来较大认定困难。鉴于此，笔者认为可基于仲裁本身的灵活性和当事人意思自治原则，主动适应仲裁协议效力扩张的国际趋势。首先，在立法上，建议在《仲裁法》修订过程中，充分借鉴外国有关仲裁协议效力扩张认定有益经验，结合各地法院和仲裁机构相关做法，进一步明确当事人之间、与未签字的第三人之间达成仲裁合意的证明标准，对仲裁协议效力约束及扩张作出具体明确的立法规制，同时明确仲裁协议不必拘泥于过往形式上的书面签署要求。此外，还可以对未签字方的权利救济与保障、仲裁突袭与程序正义等与仲裁协议法定约束相配套的制度进一步改革与完善等。其次，在司法解释上，可在原有基础上，针对司法实践中遇到的典型情形加以阐释后明晰法律适用，充分架起法律条文和审判实践之间的桥梁。

（二）创新构建"三步裁判法"高效审查思维

对仲裁协议效力扩张的审查实际为衍生纠纷，应加快其处理进程，让案件早日进入实体处理。为了法院能模板化、高效化解决关于仲裁协议效力扩张适用的问题，结合上述观点及现有的、未来可能有的[1]法律规范，总结归纳三步裁判法。

三步裁判法仍是以查明事实、要件归入、作出判断为逻辑。查明案件事实是后续

〔1〕 2021年7月30日，《司法部关于〈中华人民共和国仲裁法（修订）（征求意见稿）〉公开征求意见的通知》发布，向社会公开征求意见。

判断的基础。为解决仲裁协议效力是否扩张适用,基本查明内容应包括:一是合同中是否约定有仲裁条款、仲裁条款如何约定;二是合同外第三人和签订仲裁协议一方的关系;三是仲裁机构的受理情况;四是结合合同外第三人和合同一方当事人的关系,查明其他案件事实。根据查明事实及《仲裁法》规定判断仲裁协议本身的效力;合同外第三人提出其是否受到仲裁协议效力约束的异议的时间是否合法,若未提出异议,且已接受了仲裁庭的管辖,法院再对其是否受到仲裁协议效力扩张的约束作出裁判已无意义。要件归入是作出仲裁协议效力是否扩张判断的关键。根据查明的合同关系及当事人之间关系,归入相应类型,根据预先确定好的意见作出裁判。具体流程如表 1 所示。

表 1 “三步裁判法”流程图

第一步	查明案件事实。查明内容包括:一是合同中是否约定有仲裁条款、仲裁条款如何约定;二是合同外第三人和签订仲裁协议一方的关系;三是仲裁机构的受理情况;四是结合合同外第三人和合同一方当事人的关系,查明其他案件事实
第二步	明确继续审理基础。一是判断仲裁协议是否有效;二是判断合同外第三人提出其是否受到仲裁协议效力约束的异议的时间是否合法
第三步	要件归入并作出仲裁协议效力是否扩张的裁判。根据查明的合同关系及当事人之间关系,归入相应类型,根据预先确定好的意见作出裁判

根据在裁判文书网搜索到的结果,前文深入分析的四种情况是审判实务中较为常见的情形,且基本形成了较为统一的裁判意见,更容易实现模板化裁判,现将其归纳整理为可直接使用的裁判要件。

1. 涉及公司股东的,审查股东是否作出承担债务的承诺。作出承诺的,根据《仲裁法》司法解释第 9 条的规定,对债务转让的,股东应受到仲裁协议效力的约束,仲裁协议效力可扩张适用;未作出承诺的,无论是一人公司股东无法证明财产独立或是存在公司人格混同,以公司名义签订的仲裁协议对股东无约束力。

2. 涉及代理的,判断被代理人(未签订仲裁协议的人)与签订仲裁协议的代理人之间是何种代理类型,再参考《民法典》中关于代理的法律后果的规定。普通委托代理和表见代理的,仲裁协议效力可扩张至被代理人;无权代理的,论述因被代理人自始未进入合同关系,没有涉及仲裁协议的基础,仲裁协议效力不扩张适用。

3. 涉及总公司和分公司的,以分公司名义签订的仲裁协议效力可以扩张至总公司。

4. 涉及主从合同的,审查从合同当事人是否和主合同一致,一致的,主合同的仲裁协议效力可以扩张至从合同；从合同有新主体加入的，仲裁协议效力不扩张至新主体。

为更好地理解和运用“三步裁判法”，以下以场景落地的方式展示如何模板化审查。

1. 李某与五一公司申请撤销仲裁裁决案

第一步：五一公司曾与诚展公司签订《经销合同》，约定有仲裁条款，确定仲裁机构为W仲裁委。李某是诚展公司唯一股东，在注销诚展公司时其提交了债务承担承诺书。W仲裁委通知李某参加仲裁，李某提出仲裁协议效力异议，但仲裁员坚持开庭审理。后W仲裁委作出裁决书。第二步：仲裁协议符合法律规定，有效。李某在仲裁庭首次开庭前已提出异议。第三步：本案为涉及股东的情形。李某作为诚展公司的唯一股东，也提交了对未尽债务承担责任的承诺书，这一情形与债务转让无异。《经销合同》中约定的仲裁条款效力扩张至李某，仲裁裁决不存在应予撤销情形。

2. 闽南建筑公司与陈某申请确认仲裁协议效力案

第一步：闽南建筑公司N市恒大某项目部和陈某签订《泥水劳务承包工程》，约定有仲裁协议，确定仲裁机构为N仲裁委。闽南建筑公司有代N市恒大某项目部向陈某付工程款的行为。N仲裁委受理后，闽南建筑公司即提出仲裁协议效力异议。第二步：仲裁协议符合法律规定，有效。李某在仲裁庭首次开庭前已提出异议。第三步：本案为涉及代理的情形。闽南建筑公司以付款方式追认了涉案合同，其和项目部之间是普通委托代理。《泥水劳务承包工程》中约定的仲裁条款效力扩张至闽南建筑公司。

此外，对于复杂案件，审理逻辑相似，但仍需进行“穿透式审判”，厘清各方法律关系再作裁判。

四、结语

2017年修正的《仲裁法》并未涉及仲裁协议效力扩张问题，现仅有相关司法解释对四种情形的仲裁协议效力扩张作出规定，但还远不足以应对当下复杂的社会经济环境。2021年国家发布了《仲裁法（修订）（征求意见稿）》，仲裁协议效力扩张也是热点问题之一，但因问题复杂、影响较大，至今仍未成形。当然，任何立法都不是一蹴而就的，仲裁协议效力扩张问题仍需反复论证、完善，笔者将继续探究扩张适用的场景及审查认定趋势，并对本文的建议及思路进一步校准，以实现仲裁协议效力扩张审查认定的重构。

西部陆海新通道背景下国际多式联运经营人责任限制的构建

——基于可预见性的研究视角

李天和　杨知家[*]

摘要：在西部陆海新通道建设加速推进的背景下，国际货物多式联运经营人责任限制问题越发凸显。本文从多式联运经营人责任限额的可预见性的完善视角出发，深入探究了多式联运经营人的责任限制。通过典型案例剖析，揭示了可预见性原则在责任限制中的应用缺失、责任限额规定与实际情况的脱节，以及法律适用的不确定性和模糊性。基于国际与国内法律框架的审视，本文提出了构建融合可预见性的多式联运经营人责任限制机制，包括确立以可预见性为基础的责任归责原则，设计动态且具可预见性的责任限额制度，以及加强法律适用中可预见性原则的实操性与确定性，旨在为多式联运经营人责任限制的合理构建提供理论支撑与实践指导。

关键词：多式联运　经营人责任限制　法律适用　可预见性

引　言

西部陆海新通道的建设，作为我国对外开放的重要战略举措，不仅深化了我国与周边国家的经贸合作，更在推动西部地区开放型经济发展

---

* 李天和，中国—东盟自由贸易区南宁国际商事法庭二级法官助理。杨知家，广西壮族自治区灵山县人民法院审判管理办公室（研究室）副主任、四级法官助理。

中扮演着关键角色。该通道旨在优化物流路径、提升通关效率,进一步促进国际贸易的便利化,特别是对于国际货物多式联运而言,它提供了一个全新的、更为广阔的发展平台。在西部陆海新通道的助力下,国际货物多式联运正迎来前所未有的发展机遇。多式联运,以其高效、灵活、成本优化的特点,逐渐成为国际贸易运输的首选方式。然而,这也对多式联运经营人责任限制提出了更高要求和更为复杂的法律环境挑战。特别是在货物损失定责、法律适用以及经营人责任限额等方面,存在的诸多不确定性,已成为制约其进一步发展的关键因素。当前,尽管有相关法律和国际公约对多式联运经营人的责任进行了规范,但在司法实务中如何认定和调整特定运输区段的法律责任,以及如何有效查明和适用外国法律等问题,仍有待解决。故如何在西部陆海新通道的大背景下,进一步完善多式联运经营人的责任限制机制,提高法律适用的确定性和预见性,就显得尤为重要和迫切。这不仅是推动西部陆海新通道国际货物多式联运健康发展的现实需要,也是提升我国在国际贸易中竞争力和话语权的必然要求。

一、问题的提出

国际货物多式联运是以多式联运合同为根据,通过两种或两种以上不同单式运输模式的整合,由多式联运经营人将货物从一国境内接管货物地运至另一国境内指定交付货物之地的运输形态。[1] 由于运输方式多样、运输过程复杂,涉及的责任限制问题往往成为合同纠纷的焦点。本文将通过选取两个典型案例进行深入剖析,揭示多式联运经营人在实际运输过程中面临的责任限制挑战及其背后的法律适用问题。

(一)典型案例剖析

1. 案件基本情况

案例一:三井住友海上火灾保险株式会社(以下简称三井保险公司)诉中远海运集装箱运输有限公司(以下简称中远海运公司)的国际多式联运合同纠纷案。[2] 本案中,三井保险公司因一批液晶显示面板在希腊铁路运输过程中因火车脱轨受损,向承运人中远海运公司提出追偿。该批货物由索尼公司委托中远海运公司从马来西亚

---

〔1〕 参见贺万忠、赵萍:《多式联运经营人货物损害赔偿责任限制规则的构建——兼评我国〈合同法〉与〈海商法〉的相应规定》,载《河北法学》2004 年第 3 期。

〔2〕 一审:上海海事法院(2016)沪 72 民初 288 号;二审:上海市高级人民法院(2018)沪民终 140 号。

巴生港运至斯洛伐克尼特拉,途经希腊。一审法院认定此案为涉外民事法律关系纠纷,双方选择希腊法律解决铁路运输区段的争议。希腊是《国际铁路运输公约》成员国,该公约在希腊优先适用。根据公约的规定,如货物损失由承运人无法避免和阻止的原因造成,承运人无须赔偿。法院查明,列车脱轨是因地质作用引起的地层塌陷,非人力所能预见和控制,故中远海运公司不承担赔偿责任。三井保险公司不服一审判决提起上诉,后撤回上诉。本案在法律适用上,依据希腊法律及《国际铁路运输公约》相关规定作出判决。

案例二:江苏秀强玻璃工艺股份有限公司(以下简称秀强玻璃公司)诉青岛万嘉集运物流有限公司连云港分公司(以下简称万嘉物流公司)的多式联运合同纠纷案〔1〕。秀强玻璃公司委托万嘉物流公司办理五个集装箱玻璃货物的国际多式联运,起点为中国连云港,海运至墨西哥曼萨尼约港,最终交货地为墨西哥内陆城市阿波达卡。在墨西哥内陆的铁路运输过程中,因火车事故导致货物全损。秀强玻璃公司向南京海事法院提起诉讼,要求万嘉物流公司赔偿损失。万嘉物流公司申请法院委托机构查明研究中心查明墨西哥法律,以确定承运人的赔偿责任与限额。审理法院根据《中华人民共和国海商法》(以下简称《海商法》)第105条的规定,认定万嘉物流公司的赔偿责任和限额应适用墨西哥调整铁路运输的民商事法律。经查明,依据墨西哥《关于铁路服务的实施法》第52条的规定,承运人的赔偿责任限额为每公吨货物对应墨西哥联邦首都区现行一般最低工资15日的金额,不足1吨的按比例计算。最终法院根据墨西哥《联邦公报》颁布的最低工资基数,确定了万嘉物流公司的赔偿限额。

2. 责任限制问题和争议焦点

两个案例均涉及多式联运经营人的责任限制问题。案例一的争议点主要集中在希腊法律及《国际铁路运输公约》的适用上,以及承运人中远海运公司是否可以依据该公约的规定免责。法院通过详细分析事故发生的原因、承运人的预见和控制能力等因素,最终认定中远海运公司可以免责。这一判决结果对于理解国际公约在责任限制方面的作用具有重要意义。案例二的争议点则在于如何确定多式联运经营人万嘉物流公司的赔偿责任和限额。法院依据《海商法》的规定,从而适用了墨西哥相关法律来确定万嘉物流公司的责任限额。这一过程涉及不同国家法律的适用和解释问题,体现了国际货物多式联运中法律适用的复杂性。同时,该案例也展示了在货损区段可确定情况下,如何根据《海商法》的规定来确定多式联运经营人的责

〔1〕 南京海事法院(2020)苏72民初1061号。

任限额。这两个案例共同揭示了在国际货物多式联运中，多式联运经营人面临的责任限制困境及其背后的法律适用问题。由于运输过程中可能涉及多种运输方式和多个国家或地区的法律，在司法实务中需要综合考虑各种因素来确定责任限额和免责事由。

（二）问题总结

通过所选取的典型案例，可以提炼出存在以下几个问题，这些问题均围绕着责任限制展开，并揭示了当前多式联运法律体系在应对复杂运输情况时的不足之处。

1. 可预见性原则在责任限制中的应用缺失

可预见性原则是《中华人民共和国民法典》（以下简称《民法典》）合同编中的一项基本原则，旨在保护合同当事人不因其无法预见的情事而承担过重的责任。但这一原则在国际货物多式联运责任限制方面的应用却捉襟见肘。多式联运往往涉及多种运输方式和多个国家或地区的法律，承运人难以预见在运输过程中可能发生的所有风险和损失。因此，当货损发生时，若严格按照事发地的法律或合同条款来确定责任限额，而不考虑承运人的预见能力，势必会导致承运人承担与其过错程度不相符的责任，挫伤承运人参与多式联运的积极性。

从案例中可以看出，法院在确定责任限额时并未充分考虑可预见性原则。在案例一中，虽然法院最终认定中远海运公司可以免责，但这一过程并未体现出对承运人可预见性能力的考量；而在案例二中，法院直接适用了墨西哥相关法律来确定万嘉物流公司的责任限额，同样未考虑到万嘉物流公司对货损发生及其后果的预见能力。这种缺失使承运人在面对突发的、不可预见的风险时缺乏足够的保护。

2. 责任限额规定与实际情况的脱节

责任限额规定的目的是平衡承运人与货方之间的利益关系，确保承运人在承担一定责任的同时不会因过重的赔偿责任而陷入困境。但在司法实务中这些规定却与实际情况脱节。首先，责任限额的数值往往过于固定，无法随市场变化或通货膨胀等因素进行适时调整，从而导致实际赔偿责任与限额之间存在较大差距。其次，不同国家或地区的责任限额规定可能存在差异，这使在多式联运中确定责任限额时面临法律冲突的问题。最后，责任限额的规定往往未能充分考虑到不同类型货物的特性和价值差异，使某些高价值货物的货方在遭受损失时难以得到充分赔偿。

在所选案例中，这种脱节现象同样有所体现。例如，在案例二中，万嘉物流公司的赔偿责任限额是根据墨西哥相关法律确定的，而这一限额可能并不足以弥补秀强玻璃公司的实际损失。这种情况下,秀强玻璃公司作为货方可能会因责任限额与实际情况的脱节而遭受不公平的待遇。

3. 法律适用中存在不确定性和模糊性

在国际货物多式联运中,法律适用是一个复杂而敏感的问题。由于运输过程涉及多个国家或地区的法律以及不同的国际公约或规则,因此在确定适用法律时容易存在不确定性和模糊性。这不仅增加了合同双方的交易成本和风险预测难度,也可能导致在货损发生时双方就责任限制问题产生纠纷。

从案例中可以看出这种不确定性和模糊性的具体表现。在案例一中,虽然法院最终根据希腊法律及《国际铁路运输公约》的规定作出了判决,但这一过程并不顺畅。在案件审理过程中,双方当事人就法律适用问题产生了争议,并最终通过协商一致选择了适用法律。然而,这种协商一致并不意味着法律适用问题的彻底解决。司法实务中仍然存在大量因法律适用不确定而导致纠纷的情况。在案例二中,法院根据《海商法》的规定适用了墨西哥相关法律来确定万嘉物流公司的责任限额。但《海商法》中关于“调整该区段运输方式的有关法律规定”的表述却较为模糊,给法律适用造成不确定性。幸运的是,最高人民法院后续发布的《全国法院涉外商事海事审判工作座谈会会议纪要》对此问题进行了明确辨析,为今后的法律适用提供了指导。但仍然需要看到的是,因事故发生区段的不可预见性会导致适用调整该区段运输方式的有关法律规定的不确定性,这种模糊性带来的问题也不容忽视。

二、国内外法律框架下的责任限额审视与成因分析

多式联运经营人责任限额是指在多式联运过程中,经营人对货物发生的灭失、损坏或延迟交付等情况所承担的最高赔偿金额。多式联运经营人的责任限额会因运输方式的不同而有所差异。

(一)国际公约中的责任限额规定及可预见性考量

1. 国际公约的责任限额条款分析

在国际货物多式联运的法律框架中,责任限额的规定不仅是平衡承运人和货主权益的关键,更是确保运输行业稳定发展的基石。各大国际公约在此方面的规定,体现了对运输风险分配和各方责任承担的深思熟虑。深入分析《1975 年统一规则》,可以发现其采用的修正网状责任制旨在根据货损发生的具体区段来确定承运人的责任限额。这种制度设计的初衷在于提高法律适用的明确性和预见性,减少因货损定位不明确而引发的法律纠纷,但该规则也暴露出一些问题。例如,在货损区段难以确定

的情况下，承运人可能面临较高的赔偿责任，这在一定程度上增加了其运营风险。[1] 与《1975 年统一规则》相比，《1980 年公约》在责任限额方面的规定更为细致和科学。该公约不仅根据是否包含水路运输设定了不同的责任限额，还充分考虑了不同运输方式的风险特性。这种差异化的责任限额设置，更符合运输行业的实际情况，有助于实现承运人和货主之间的公平。[2] 但遗憾的是，《1980 年公约》至今尚未生效，其影响力和实际效果因此受到限制。至于《1992 年规则》，其在延续《1980 年公约》修正统一网状责任制的基础上，进一步扩大了适用条件的范围。这在一定程度上提高了法律适用的灵活性和适应性，但也可能引发新的法律冲突和问题。特别是在涉及多国运输和多种运输方式的情况下，如何确保各国法律和各公约之间的协调一致，成为《1992 年规则》面临的一大挑战。[3]

可见，各国际公约在责任限额条款上的设计和调整，均体现了对承运人和货主权益平衡的持续关注。但由于运输行业的复杂性和多变性，这些规定在实际应用中仍面临诸多困境。

2. 可预见性原则在国际公约中的体现与不足

在《民法典》合同编中可预见性原则占据重要地位，其核心在于限制违约方的损害赔偿责任范围，以确保合同的公平性和可执行性。在国际货物多式联运领域，这一原则的应用同样具有深远意义。[4] 它不仅关系到承运人的责任承担，还直接影响整个运输行业的稳定和发展。然而，可预见性原则在国际公约中的体现并不尽如人意。首先，尽管各公约在设定责任限额时考虑到了承运人的可承受范围，但这一原则往往被忽视。特别是在货损严重或涉及高额赔偿的情况下，承运人可能面临超出其预见范围的赔偿责任，这无疑增加了其运营风险和不确定性。其次，国际公约在货损定域方面的规定也存在一定的问题。由于多式联运涉及多种运输方式和多个区段，货损的定位往往成为争议的焦点。在非定域货损的情况下，承运人可能难以准确预见货损的原因和程度，从而导致赔偿责任的不确定性。这种不确定性不仅影响了承运人

[1] 参见原楠楠：《完善国际货物多式联运经营人责任制度的建议——以〈联合国运输法公约〉为视角》，载《物流技术》2009 年第 7 期。

[2] 参见张永坚：《仍不应被忽视的〈国际货物多式联运公约〉》，载《中国海商法研究》2018 年第 4 期。

[3] 参见贺万忠：《国际货物多式联运经营人责任体制评析——兼论我国相应立法》，载《国际经济法论丛》2002 年第 2 期。

[4] 参见李芹：《我国海事审判中外国法查明的特殊性及其规制路径》，载《海南热带海洋学院学报》2021 年第 28 期。

的决策和运营策略,还可能对整个运输行业造成不良影响。最后,各国际公约在责任限额和法律适用方面存在差异。这种差异可能导致在不同公约之间出现法律冲突和解释困难的情况。对于承运人而言,这无疑增加了其面临法律风险和赔偿责任的不确定性。特别是在跨国运输和涉及多种法律制度的情况下,这种不确定性可能更为显著。[1]

(二)国内法律对责任限额的规制及成因剖析

1.《海商法》与《民法典》相关规定及解读

在深入探讨国内法律对责任限额的规制之前,要先对《海商法》与《民法典》中的相关规定进行细致的解读。这两部法律作为我国民商事法律体系的重要组成部分,对于调整和规范国际货物多式联运中的各方权益具有举足轻重的作用。《海商法》明确规定了海上货物运输中承运人对货物灭失或损坏的赔偿责任限额,这一限额通常根据货物的件数或重量来确定。这样的规定在海上运输领域具有普遍的适用性,为承运人提供了合理的风险预期,有助于维护海上运输的稳定与安全。[2] 但《海商法》的规定主要集中在海上运输环节,对于涉及其他运输方式的多式联运则显得力不从心。相比之下,《民法典》作为我国民商事领域的基本法,对于多式联运合同的规定则更为全面和灵活。在责任限额方面,《民法典》并未直接规定具体的数额或计算方式,而是根据合同的约定以及实际损失情况来确定承运人的赔偿责任。这样的规定充分尊重了当事人的意思自治,也为多式联运合同中的风险分配提供了更为灵活的解决方案。同时,《民法典》还强调了承运人对全程运输的责任,确保了货主在整个运输过程中的利益得到保障。

通过对比《海商法》与《民法典》的相关规定,可以发现两者在责任限额规制上的不同侧重点和价值取向。这种差异在一定程度上是由海上运输与多式联运的不同特点所决定的。[3] 海上运输由于其高风险性和国际性,需要更为明确和统一的责任限额规定来确保运输的稳定与安全。而多式联运则因其跨运输方式、跨地域的特性,需要更为灵活和全面的法律规定来应对各种复杂情况。

2. 国内法律在责任限额规制上的成因分析

国内法律在责任限额规制上的现状并非偶然形成,而是由多种因素共同作用的

---

〔1〕 参见刘丹:《国际货物多式联运定域损失赔偿责任法律适用问题分析》,载《世界海运》2021 年第 11 期。

〔2〕 参见刘水林、周灵:《制度演进视角下多式联运经营人归责原则研究》,载《东南学术》2019 年第 6 期。

〔3〕 参见刘玲:《国际货物多式联运经营人责任规则分析》,载《中国海商法研究》2020 年第 2 期。

结果。首先，是历史发展因素的影响。我国海上运输历史悠久，早在古代就有海上丝绸之路的繁荣贸易。随着时代的变迁，海上运输逐渐成为我国对外贸易和经济发展的重要支撑。在这样的背景下，《海商法》的制定和实施具有深厚的历史渊源和实践基础。但随着多式联运的兴起和发展，传统的海上运输法律框架已经难以完全适应新的运输模式。这就导致了在责任限额规制上，《海商法》与《民法典》之间存在一定的差异和衔接问题。其次，是经济体制转型的影响。改革开放以来，我国经济体制经历了从计划经济向市场经济的转变。在这个过程中，运输行业也经历了深刻的变革。多式联运作为一种高效、便捷的运输方式，逐渐成为市场经济条件下货物运输的首选方式。[1] 但在市场经济初期，由于法律体系尚不完善，市场主体对于风险的认识和承受能力有限，因此在责任限额规制上存在一定的空白和模糊地带。再次，是法律制定和修改滞后性的影响。法律作为社会关系的调整器，需要随着社会实践的发展而不断更新和完善。但由于法律制定和修改的程序复杂、周期长，往往难以及时跟上社会实践的步伐。在运输领域，随着科技的进步和运输方式的创新，多式联运的形式和特点也在不断变化。这就要求法律制度能够及时调整和更新以适应新的运输需求。但当前国内法律在责任限额方面的规定相对滞后于实践的发展，导致了一些法律空白和适用难题。最后，是国际法律环境的影响。在国际货物运输领域，各国法律制度不尽相同，国际公约和惯例也层出不穷。这些国际法律环境的变化对于国内法律在责任限额规制上产生了一定的冲击和影响。[2] 一方面，国际公约和惯例的制定和实施为国内法律提供了有益的借鉴和参考；另一方面，国际法律环境的变化也要求国内法律能够与之保持协调和一致，以确保国际货物运输的顺畅进行。但由于国内外法律环境存在差异和冲突的可能性，因此在国内法律在责任限额规制上需要充分考虑国际法律环境的因素。

三、可预见性多式联运经营人责任限制机制的融合构建

（一）确立以可预见性为基础的责任归责原则

1. 归责原则中可预见性要素的明确

归责原则是多式联运经营人责任制度的核心，它决定了经营人在何种情况下需要承担责任以及承担责任的范围。在确立归责原则时，应明确引入可预见性要素。

---

〔1〕 参见许婷婷：《国际私法中反致适用问题研究》，载《安阳师范学院学报》2020年第1期。

〔2〕 参见曹译文：《综合运输立法与多式联运立法的协调向度》，载《河北法学》2019年第1期。

可预见性要素要求经营人对其在运输过程中可能遭遇的风险和损失有所预见，并据此采取相应的防范措施。当货物发生损失时，如果这种损失是经营人在合理预见范围内能够预防或避免的，那么经营人就应该承担相应的责任。[1] 引入可预见性要素有助于实现责任分配的公平性和合理性。它要求经营人在承接运输任务时，对可能面临的风险进行充分评估，并制定相应的应对策略。这不仅能够保护货主的合法权益，还能促使经营人提高运输服务的质量和效率。同时，可预见性要素也为法院在审理多式联运纠纷案件时提供了明确的裁判标准，有助于实现司法公正和效率。

2. 体现可预见性的责任归责体系的构建

在明确归责原则中的可预见性要素后，需要进一步构建体现可预见性的责任归责体系。首先，确立合理的预见范围和预见标准。预见范围是指经营人在承接运输任务时应当合理预见的损失类型和程度。预见标准则是衡量经营人是否尽到合理预见义务的具体尺度。确立合理的预见范围和预见标准有助于明确经营人的责任边界，避免责任无限扩大或缩小。其次，明确经营人的告知义务和货主的知情权。经营人在承接运输任务时，应向货主充分告知可能面临的风险和损失情况，以便货主作出合理的决策。同时，货主也有权了解与货物运输相关的所有信息，包括运输方式、路线、时间等。明确双方的告知义务和知情权有助于增强运输过程的透明度和可预见性。最后，建立灵活的责任调整机制。由于国际货物多式联运涉及多种运输方式和多个参与方，因此在司法实务中难免会出现各种复杂情况。为了应对这些变化，需要建立灵活的责任调整机制，根据具体情况对经营人的责任进行适当调整。这种调整可以是基于双方协商的结果，也可以是根据相关法律规定或国际公约作出的裁决。灵活的责任调整机制有助于确保责任归责体系的稳定性和适应性。[2]

（二）设计动态且具可预见性的责任限额制度

1. 基于可预见性原则设定责任限额制度

首先，确定可预见性原则的适用范围。可预见性原则应适用于多式联运经营人在运输过程中可能遭遇的各种风险和损失，包括但不限于货物灭失、损坏、延误等。在确定适用范围时，应充分考虑各种运输方式的特点和实际情况，以确保责任限额制

[1] 参见陈玉梅：《对我国多式联运中承运人立法完善的若干思考》，载《求索》2010年第8期。

[2] 参见王秋雯、姜政扬：《论海商法对于合同相对性的突破——以英国法为视角》，载《法学杂志》2011年第1期。

度的合理性和公平性。[1] 其次,评估可预见风险与损失。经营人在承接运输任务时,应对可能面临的风险和损失进行充分评估。这包括了解货物的性质、价值、运输要求以及沿途的地理、气候、政治等因素对运输过程可能产生的影响。通过评估,经营人可以更准确地预见潜在的损失,并据此制定相应的责任限额。再次,设定合理的责任限额。根据可预见性原则,责任限额应设定在经营人能够合理预见的范围内。这要求责任限额既要能够覆盖货主的实际损失,又要避免对经营人造成过重的经济负担。在设定责任限额时,可以参考国际公约、行业标准以及类似案例的判决结果,以确保责任限额的合理性和可行性。最后,明确责任限额的适用条件和除外情形。责任限额制度应明确适用的具体条件和除外情形,以避免在司法实务中产生歧义或争议。例如,可以规定在某些特定情况下,[2]责任限额不适用或需进行相应调整。

2. 建立责任限额的动态调整机制

首先,建立定期评估机制。多式联运市场是一个不断变化的环境,各种因素[3]都可能对责任限额的合理性产生影响。因此,应建立定期评估机制,对责任限额进行定期审查和调整,以确保其与市场变化保持同步。其次,引入市场调节机制。责任限额制度应具有一定的灵活性,能够根据市场供求关系进行动态调整。例如,当运输成本上升或货物价值增加时,可以适当提高责任限额以保障货主的利益;反之,则可以降低责任限额以减轻经营人的负担。[4] 通过引入市场调节机制,可以使责任限额制度更加符合市场经济规律。最后,加强国际合作与交流。国际货物多式联运涉及多个国家和地区的法律制度和文化背景,因此在设计动态且具可预见性的责任限额制度时,应加强国际合作与交流,借鉴其他国家和地区的成功经验和做法,以提高制度的国际兼容性和可执行性。同时,通过国际合作与交流还可以促进各国之间在货物运输领域的互利共赢和共同发展。

(三)提高可预见性原则在法律适用中的实操性与确定性

1. 提升可预见性原则的司法运用

首先,要深入理解可预见性原则的内涵与外延。可预见性原则是指在确定多式

---

〔1〕 参见卜璐:《国际私法中强制性规范的界定——兼评〈关于适用《涉外民事关系适用法》若干问题的解释(一)〉第10条》,载《现代法学》2013年第3期。

〔2〕 例如,经营人故意或重大过失导致的损失。

〔3〕 例如,运输成本、货物价值、通货膨胀率等。

〔4〕 参见徐峰:《海上保险法"保险利益"原则之历史变迁及其当代启示》,载《西安电子科技大学学报(社会科学版)》2019年第4期。

联运经营人责任时,应考虑经营人在合同订立时能否合理预见到的损失和风险。这一原则要求在法律解释过程中,充分关注经营人的预见能力和预见范围,以确保责任认定的公平性和合理性。通过深入理解可预见性原则,可以更好地把握其在法律解释中的运用要点,提高法律适用的准确性。〔1〕其次,要加强可预见性原则与具体法律条文的结合。在法律解释过程中,应将可预见性原则与具体的法律条文相结合,分析条文背后的立法意图和价值取向,从而得出符合可预见性原则的法律解释结论。这样做不仅可以增强法律解释的针对性和实效性,还可以提高法律适用的统一性和稳定性。最后,要注重可预见性原则在疑难案件中的引领作用。对于一些涉及多方当事人、多种法律关系、多个法律领域的疑难案件,应充分发挥可预见性原则的引领作用,综合考虑各种因素,寻求最符合公平正义和效率原则的解决方案,以便有效提升可预见性原则在法律解释中的运用水平,为国际货物多式联运提供更加有力的法律保障。

2. 明确可预见性的法律适用标准

为了进一步加强可预见性原则的实操性和确定性,有必要通过发布指导案例等方式来明确可预见性的法律适用标准。指导案例可以选取具有代表性的典型案例,对其进行深入剖析和解读,提炼出可预见性原则在具体案件中的应用方法和裁判要点,为类似案件的审理提供有力的参考和指导。在选取指导案例时,应注重案例的典型性、代表性和普遍性。通过挑选涉及不同运输方式、不同货物类型、不同损失情形的案例,可以全面展示可预见性原则在各类案件中的适用情况和裁判思路,帮助法官、律师和当事人更好地理解和掌握可预见性原则。〔2〕同时,在发布指导案例的过程中,还应加强对案例的解读和宣传工作。通过对案例的详细解读和深入剖析,可以让更多人了解和认识可预见性原则的重要性和应用价值,提高其在实践中的自觉运用意识。此外,还可以通过举办研讨会、培训班等形式,加强对指导案例的学习和研讨,推动可预见性原则在司法实践中的广泛应用和深入发展。

四、结语

在西部陆海新通道建设背景下,随着区域全面经济伙伴关系协定不断推进,国际

〔1〕参见徐玉梅、杜鹃:《"一带一路"战略下我国与沿线国家国际多式联运经营人责任协调探析——以"最小网状责任形式"为视角》,载《学习与探索》2017 年第 8 期。

〔2〕参见张珠围:《国际多式联运合同法律适用问题研究——以中国〈海商法〉第 105 条为中心》,载《国际经济法学刊》2021 年第 1 期。

贸易的蓬勃发展对国际货物多式联运行业提出了更高的要求。西部陆海新通道作为连接我国西部内陆与海洋的重要贸易通道,其高效、顺畅的物流体系对于促进区域经济一体化具有举足轻重的意义。但在货损定域、法律适用以及经营人责任限额等方面存在的问题,已成为制约通道进一步发展的“瓶颈”。本文提出了在西部陆海新通道建设中应明确责任限额规则的适用条件,采用推定过错责任,并统一责任限制的建议,强调了可预见性原则在责任限制机制中的重要作用。希望通过提高多式联运经营人责任限额的可预见性,降低法律风险,从而推动西部陆海新通道国际货物多式联运的健康发展。

论涉外标准必要专利诉讼管辖权的冲突问题及我国的司法选择

黄彩云　唐文扬*

摘要:当前,各国法院为争夺涉外标准必要专利诉讼的管辖权,都在不同程度上扩张其国际管辖权的范围。争夺管辖权引发的冲突问题已经成为各国无法回避的现实。本文聚焦涉外标准必要专利诉讼管辖权的冲突问题,厘清管辖冲突问题产生的根本原因不在于各国管辖规则的不统一及由此导致的平行诉讼,而在于不当地干预他国合理行使管辖权的行为。在国际管辖权竞争日趋激烈的背景下,我国法院更应坚持国家司法主权原则和国际礼让原则,尊重知识产权特性,在依据国内法的相关管辖规则和结合最高人民法院提出的"更密切联系原则"的基础上,发挥能动作用,合理地确立我国法院对涉外标准必要专利诉讼的管辖权。

引　言

标准必要专利具有重大的技术价值和商业利益。但国际技术标准中的标准必要专利往往涉及同一专利权人在世界不同国家的一系列同族专利,在发生纠纷时难以确定最适合管辖的法院,[1]因此,标准必要

* 黄彩云,南宁市邕宁区人民法院党组成员、副院长,四级高级法官。唐文扬,南宁市邕宁区人民法院审判管理办公室,法官助理。

[1] 参见李宗辉:《标准必要专利跨国诉讼中的禁诉令的适用标准研究》,载《法商研究》2022年第4期。

专利往往具有引起管辖争议的特征。对此,本文将聚焦涉外标准必要专利诉讼国际管辖权的争夺和冲突问题,厘清管辖权冲突问题的本质,并以管辖权确立的基本理论和现行法律规范为支撑,思考我国法院确立涉外标准必要专利诉讼管辖权的合理判断路径。

一、涉外标准必要专利诉讼国际管辖权的争夺与冲突

随着国际经济的发展,越来越多国家打破知识产权的严格地域性管辖。[1] 特别是在标准必要专利的问题上,各国法院为争夺涉外标准必要专利诉讼的管辖权,都在不同程度上扩张其国际管辖权的范围,甚至通过禁诉令和反禁诉令等方式干预他国的管辖。因此,争夺管辖权和管辖权冲突问题已经成为各国无法回避的现实。

(一)涉外标准必要专利诉讼管辖权的无序扩张

早期,严格的地域性管辖在一定程度上避免了涉外标准必要专利诉讼的管辖权冲突问题。作为知识产权项下的权利,专利权承继了知识产权地域性特征,即权利的空间效力范围限于授予权利的该国领土范围。[2] 因此,与包括标准必要专利在内的相关专利诉讼原则上应由权利授予国的法院管辖。例如,在 Optics 诉苹果案[3]中,美国法院就仅对涉及美国专利权的部分进行判定,并认为对于涉及外国专利的部分应由专利权所在地国法院进行裁决。严格的地域性限制确保了涉外标准必要专利诉讼的管辖连接点明确且有限,避免多国法院因同时行使管辖权而可能造成的裁判冲突。

2017 年,英国法院在无线星球诉华为案中对涉外标准必要专利的全球许可问题进行裁决,扩张了英国法院对涉外标准必要专利诉讼国际管辖权的范围。在无线星球诉华为案[4]中,英国法院在双方当事人未对选择英国法院管辖达成合意且案件与英国法院之间管辖联系不紧密的情况下,就裁定其对涉案标准必要专利的全球许可费率问题具有管辖权。2020 年,英国最高法院在无线星球诉华为案[5]的终审判决中表示:虽然专利的有效性和侵权问题应该由权利所在地的该国法院进行判定,但 ETSI 政策赋予了一国法院处理与 FRAND 原则相关纠纷的管辖权,因此,英国法院有

---

〔1〕 参见阮开欣:《知识产权侵权专属管辖之驳论》,载《华中科技大学学报(社会科学版)》2018 年第 6 期。

〔2〕 参见吴汉东:《知识产权法》,法律出版社 2021 年版,第 25 页。

〔3〕 See Optis Wireless Tech, LLC v. Apple Inc, CIVIL ACTION NO. 2:19 – CV – 00066 – JRG.

〔4〕 See Unwired Planet v. Huawei, England and Wales Court of Appeal, [2018] EWCA Civ 2344.

〔5〕 See Unwired Planet v. Huawei and Conversant v. Huawei & ZTE, UK Supreme Court, [2020] UKSC 37.

权裁定涉案标准必要专利的全球性许可条款。在随后的康文森诉华为和中兴案[1]中，英国法院继续采取上述态度：即使在当事人未形成管辖合意、原告是基于在中国的专利权进行索赔以及两被告的全球销售额不是来自英国等条件下，英国法院仍裁定其对涉案标准必要专利的全球许可纠纷具有管辖权。

在英国之后，其他国家法院也在不同程度上对国际管辖权的确定标准进行解释，从而扩大其诉讼管辖的范围。例如，在飞利浦案中，荷兰法院就认为，尽管除了被告飞利浦之外，该案的大部分被告在荷兰都没有住所地，但因为荷兰法院对飞利浦具有管辖权，并且该案原告向所有被告提出的诉讼请求和权利基础都是相同的，因此共同处理涉案标准必要专利的许可问题是合理的，荷兰法院享有裁判该案全球许可的管辖权。[2]

（二）禁诉令和反禁诉令的盛行

禁诉令是英美法系上的概念，即一国法院可依当事人申请，签发禁诉令用以阻止对方当事人向他国法院提起或继续已经进行的具有相同当事人和争议事项的诉讼。禁诉令会对他国法院行使司法主权产生干预，在某些情形下被视为不当扩张管辖权的"司法沙文主义"[3]，因此，即便是英美国家也不轻易签发禁诉令。

近年来，随着各国法院在不同程度上扩张其对涉外标准必要专利国际管辖权的范围，英美国家法院谨慎签发禁诉令的惯例也被打破。在无线星球诉华为案中，英国法院以禁诉令的方式禁止华为向中国法院提起诉讼。英国法院认为，该诉讼将与英国法院已作出的判决事项重复，且会影响英国诉讼的后续进程。在无线星球诉华为案之后，又发生了一系列与中国公司相关的禁诉令案件，如美国法院签发禁诉令禁止华为申请执行在中国法院作出的侵权判决。[4]

尽管我国法律体系中没有禁诉令的概念，但在国际趋势的影响下，我国法院也开始探索这方面的实践。在2020年之后，我国法院陆续在涉外知识产权案件中签发具有禁诉令性质的行为保全裁定，如最高人民法院审理的华为诉康文森案、武汉市中级人民法院审理的小米诉IDC案和三星诉爱立信案等。

在涉外标准必要专利诉讼国际管辖权竞争愈演愈烈的背景下，针对禁诉令的反

---

[1] See Conversant v. Huawei & ZTE, England and Wales Court of Appeal, [2019] EWCA Civ 38.

[2] See District Court The Hague, Judgment of 15 December 2021, Vestel v. Access Advance, ECLI: NL: RBDHA: 2021: 14372.

[3] 参见彭奕：《我国内地适用禁诉令制度探析》，载《武汉大学学报（哲学社会科学版）》2012年第5期。

[4] 参见崔国斌：《标准必要专利诉讼中禁诉令的适用》，载《知识产权》2023年第2期。

禁诉令也频频被签发。例如,德国法院在大陆集团诉诺基亚等系列案中就多次签发反禁诉令。[1] 在小米诉 IDC 案中,印度和德国法院就签发针对我国法院禁诉令的反禁令。[2]

在平行诉讼泛滥或者本国法院的司法管辖权受到不当干扰时,签发禁诉令和反禁诉令可以确保本国法院在涉外标准必要专利问题上享有一定的司法话语权,但过于激进的策略也会损害本国的司法权威以及引发各国法院争夺管辖权的乱象。

二、对涉外标准必要专利诉讼管辖权冲突问题的厘清

(一)平行诉讼不必然引发管辖权冲突问题

在涉外民商事纠纷中,狭义平行诉讼是指相同的当事人基于相同的事实或相同的目的就同一个争议同时在多个国家的法院进行诉讼。广义的平行诉讼还包括诉讼标的之间存在密切联系的平行诉讼。[3] 涉外民商事纠纷中容易产生平行诉讼的原因在于各个国家关于管辖规则的国内法规定有所不同。根据不同的管辖规则,涉外民商事纠纷往往会和多个国家存在联系,出现多个国家对同一案件具有管辖权的情形。

近年来,各个国家在争夺涉外标准必要专利国际管辖权上表现出强势姿态,使与涉外标准必要专利相关的平行诉讼日益增多。平行诉讼的增多会导致当事人诉讼费用高企、司法资源浪费等问题发生,甚至引发裁判冲突。[4] 但值得注意的是,平行诉讼的增多虽然会提高各国法院对于涉外标准必要专利诉讼管辖权冲突的概率,但平行诉讼不必然引发管辖权冲突问题。

笔者认为,平行诉讼与管辖权冲突问题之间并没有绝对的因果关系。当各国依据国内管辖权规则合理正当地对涉外诉讼确立管辖时,平行诉讼的发生只是各国基于司法主权的行使所偶发的结果。当一国司法主权的行使没有不当地干预他国行使司法主权时,并不必然产生管辖权冲突问题。以涉外标准必要专利全球许可费率纠

〔1〕 参见张怀印:《德国标准必要专利诉讼中的反禁诉令制度及其启示》,载《知识产权》2023 年第 6 期。

〔2〕 参见徐瑄、区婉珊:《标准必要专利全球许可费率管辖权之争——各国管辖根据与中国司法选择》,载《电子知识产权》2023 年第 8 期。

〔3〕 参见阮开欣:《涉外知识产权诉讼管辖权的地域限制——以标准必要专利纠纷管辖权冲突为切入点》,载《清华法学》2023 年第 2 期。

〔4〕 参见沈红雨:《我国法的域外适用法律体系构建与涉外民商事诉讼管辖权制度的改革——兼论不方便法院原则和禁诉令机制的构建》,载《中国应用法学》2020 年第 5 期。

纷为例,在一国法院已经受理案件的情况下,另一国法院仍可依据合理正当的管辖规则确立案件的管辖权。即使两国法院对全球许可费率作出不一样的判决,也不属于管辖权冲突。因为行使管辖权和作出判决是程序和实体两个不同层面的问题,不能以判决结果的冲突来否定各国合法合理享有的管辖权。事实上,包括我国在内的许多国家对于平行诉讼都是持一个承认的态度。根据我国2022年修改后的《最高人民法院关于适用〈中华人民共和国民事诉讼法〉的解释》第531条的规定,在不违反我国缔结或参加的国际条约的情况下,对于当事人基于同一争议提起的重复诉讼或对抗诉讼,即使他国法院已受理,我国法院仍可行使管辖权;即使该案已在外国判决,若未得到我国法院承认和执行,我国法院也同样可行使管辖权。

(二)管辖权冲突问题的本质是对他国司法主权的不当干预

由于涉外民商事案件在不同主权国家间所适用的程序法和冲突法是不同的,[1]且一个主权国家的法律并不能直接规范另一个主权国家的司法管辖权问题,所以平行诉讼是无法避免的。但这种平行诉讼是不必然引发各国之间关于管辖权的争议和冲突。在此种情况下,各国法院都是在行使国家司法主权,且权利的行使并未不当干预他国的司法主权。因此,这样的情况在一定范围内应是被允许合理存在的,且也不存在绝对避免的可能性。

具体到涉外标准必要专利纠纷中,例如,一国法院适用国内的管辖规则合理正当地确立对全球许可费率纠纷的管辖权,也不必然会造成管辖权冲突问题。一方面,一国法院适用国内法的管辖规则是其坚持司法主权原则的体现;另一方面,合理正当地确立管辖权也并未与国际礼让原则相违背。遵守国际礼让原则并不等同于在平行诉讼时放弃管辖权。在平行诉讼中,一国法院在尊重国际礼让原则的前提下,仍有合理正当的理由和依据确立其管辖权,那么这种行为并不会与他国管辖权的行使产生冲突。例如,在OPPO公司诉夏普公司案[2]中,最高人民法院就认为,虽然夏普公司已在其他国家提起平行诉讼,但受理本案与他国法院已受理的情形并不会产生冲突。在我国法院依法对该案享有管辖权,且未影响到他国法院司法主权行使的情况下,平行诉讼不产生阻碍我国法院对该案行使管辖权的效果。

---

〔1〕 参见李旺:《国际民事裁判管辖权制度析——兼论2012年修改的〈民事诉讼法〉关于涉外民事案件管辖权的规定》,载《国际法研究》2014年第1期。

〔2〕 参见最高人民法院民事裁定书,(2020)最高法知民辖终517号。

笔者认为，管辖权冲突问题的本质应是对他国司法主权的不当干预。在涉外标准必要专利诉讼中表现为通过任意签发禁诉令和反禁诉令的方式干扰他国法院对涉外标准必要专利案件行使应有的管辖权。值得注意的是，一国法院凭借微弱的联系强行建立与涉外标准必要专利案件之间的管辖关系的行为并不必然会造成与他国的管辖权冲突问题。与签发禁诉令等行为相比，这种方式不具有明显的强力介入性质。该做法虽然不当地扩张本国的管辖权，但这种扩张更像是在无主权领域上圈地，并不直接挤压他国的管辖权范围，干扰他国法院行使司法主权，除非一国法院在不合理地建立管辖关系之后，又排他性地阻止他国法院合法行使管辖权。因此，造成涉外标准必要专利诉讼管辖权冲突问题的根本原因不在于各国管辖权规则是否统一，也不在于案件当事人是否提起平行诉讼，而是一国具体的司法行为是否会不当地干扰他国司法主权的行使。

三、涉外标准必要专利诉讼国际管辖权确立的理论支撑

各国法院为争夺涉外标准必要专利诉讼的管辖，都在不同程度上扩张解释本国的管辖规则，确立对本国法院管辖更为有利的管辖连接点。但何种程度的管辖权的扩张和确立是属于合理范围内的，或许需要我们结合管辖权确定的基础理论进行判断。

（一）专利权地域性对管辖权地域范围的严格限制

知识产权是一种经过法律的确权或授予才产生的特殊民事权利，因此地域性是知识产权的重要特征。知识产权的空间效力范围往往限制于授予权利的本国境内。换言之，同一知识产权客体在不同国家所被授予的知识产权是独立的，该知识产权权利的有效性等专有事项仅受该国法律的规范。作为知识产权项下的概念，专利权同样具有地域性的特征。专利权的地域性决定了只能由该专利权的授予国判定该专利权的有效性。因此，关于确定专利权有效性问题的诉讼属于该专利权授予国专属管辖的范围。这一理念也得到了文本法上的确认，例如，我国《民事诉讼法》第 279 条规定因与在中国领域内审查授予的知识产权的有效性有关的纠纷提起的诉讼由我国法院专属管辖。

（二）不方便法院原则对严格地域限制的松动

不方便法院原则是指一国法院虽然具有诉讼的管辖权，但若审理此案会给当事人带来种种不变和负担，不利于司法公正的维护，那么当存在其他可替代的有管辖权

法院时,该国法院应被视为不方便法院。[1] 具体到涉外标准必要专利诉讼的管辖权问题上。专利权的有效性问题往往是专利侵权、专利权许可合同等问题的先决事项。因此,在这些诉讼中就不可避免会涉及与专利权有效性相关的问题。

关于在涉及专利权有效性问题的专利侵权或许可合同诉讼中是否应严格由权利授予国法院管辖,曾存在不同的观点。例如,欧盟法院曾表示,允许非权利授予国法院受理涉及专利权有效性问题的侵权诉讼,会破坏关于专属管辖的规定,增加多国管辖的不确定性,并且对于专利有效性的判定会导致判决的冲突。[2] 但也有学者认为,以权利保护地作为确定管辖权的唯一连接点会阻碍专利权人在跨境纠纷中的权利救济,因此应允许一国法院对外国知识产权进行管辖。[3]

笔者认为,从不方便法院原则角度考虑,不应将专利侵权和专利许可合同诉讼的管辖权局限于权利授予国法院。一方面,随着经济的发展,包括专利权在内的知识产权的私权属性特征得到了普遍认可。与专利权相关的市场交易活动是实现专利权价值的最佳方式。若一味地将与专利权相关的诉讼都限制在权利授予国法院,不利于专利权人的权利救济,也无益于专利交易秩序的维护。另一方面,即使专利侵权和许可合同问题与专利有效性问题关联密切,受理专利侵权和许可合同诉讼的法院(非权利授予国法院)也不需要对专利权有效性问题作出裁决。受理专利侵权和许可合同诉讼即意味着默认涉案专利权的有效性。若一方当事人以专利权有效性进行抗辩,也应由该当事人对专利有效性问题另行提起诉讼,并待专属管辖法院裁决后再继续本案的审理。而且,法院对专利侵权和许可合同问题作出的裁决也不会影响当事人向专属法院提起质疑专利权有效性的诉讼权利。

(三)司法主权原则和国际礼让原则对管辖权过度扩张的约束

主权原则是《联合国宪章》所确认的基本原则之一。维护本国司法主权和尊重他国司法主权是主权原则的应有之义。同样,国际礼让原则也强调对他国主权包括司法主权予以充分尊重。在管辖权的确定中,考虑案件管辖是否适当、是否会对外国

---

〔1〕 参见王瀚:《国际民事诉讼管辖权的确定及其冲突解决析论》,载《法学杂志》2014 年第 8 期。

〔2〕 See Gesellschaft für Antriebstechnik mb H & Co KG (GAT) v. Lamellen und Kupplungsbau KG (LuK), C -4/03.

〔3〕 参见阮开欣:《论侵犯境外知识产权的管辖权》,载《云南师范大学学报(哲学社会科学版)》2020 年第 1 期。

法院的审理和裁判产生不合理影响等都是尊重国际礼让原则的体现。[1]

随着涉外标准必要专利诉讼国际管辖权竞争的激烈化，各国法院基于本国利益和产业发展的考虑，在司法实践中对国际管辖权的范围都进行了不同程度的扩张。笔者认为，在合理的范围内进行适当扩张在一定程度上可以缓解他国法院管辖权扩张带来的压力，同时也是维护本国司法主权的一种防卫行为。但这种扩张应是一种在尊重他国司法主权和国际礼让原则基础上的适度扩张。如前文所述，涉外标准必要专利诉讼管辖权冲突问题的本质是对他国司法主权进行不当干扰。英国法院在无线星球公司诉华为公司案中，仅凭微弱的联系就建立了本国法院对案件的管辖，同时还以禁诉令的方式干扰华为公司向我国法院提起诉讼。这些不当扩张管辖权和干扰他国诉讼的行为显然有悖司法主权原则和国际礼让原则。若各国都采取这样过激的管辖策略，只会让其他国家在管辖权确立上被迫采取更为激烈的防卫措施，加剧国家间管辖权的无序竞争和引发更多的冲突问题。因此，对管辖规则的扩张解释应建立在尊重司法主权原则和国际礼让原则的前提下并受其约束。

四、我国在涉外标准必要专利诉讼管辖权冲突中的司法选择

在涉外标准必要专利诉讼国际管辖权争夺和冲突日趋激烈的背景下，我国法院更应积极履职，确保我国对涉外标准必要专利诉讼的管辖权，积极维护我国当事人的合法利益。对此，本文将结合国内法现行规范和最高人民法院所提出的"更密切联系原则"，探索我国法院确立涉外标准必要专利诉讼管辖权的合理路径。

（一）我国涉外知识产权诉讼管辖专门性规范的缺失及一般性规范的适用

除了《民事诉讼法》第 279 条规定了知识产权诉讼的专属管辖外，我国民事诉讼管辖规则中并没有设置关于涉外知识产权诉讼管辖的专门性规范。由于知识产权具有私权属性，因而涉外知识产权纠纷可适用于一般性涉外民商事诉讼的管辖规范。从我国民事诉讼法设置的规范体例上看，我国《民事诉讼法》采取的是国内民事诉讼规则和涉外民事诉讼规则并存的形式。[2]（见表 1）由于《民事诉讼法》及其司法解释对涉外民商事管辖的规范较为零散，缺乏体系性，在处理涉外民商事纠纷的管辖问

〔1〕 参见傅蕾、许耀乘：《标准必要专利全球许可的国际管辖权争端与中国因应——兼评 OPPO 与夏普标准必要专利许可纠纷管辖权异议案》，载《知识产权》2023 年第 6 期。

〔2〕 参见李旺：《国际民事裁判管辖权制度析——兼论 2012 年修改的〈民事诉讼法〉关于涉外民事案件管辖权的规定》，载《国际法研究》2014 年第 1 期。

题时需要大量准用国内民事诉讼管辖规则的内容。[1]

表 1 我国《民事诉讼法》涉外编中与涉外标准必要专利诉讼管辖权相关的条文

法律规范	内容概括	具体内容
《民事诉讼法》第 277 条	协议管辖	当事人书面协议选择中国法院的纠纷由中国法院管辖
《民事诉讼法》第 276 条	适当联系原则	对在中国没有住所的被告提起的除与身份有关的以外的诉讼，且合同签订地、合同履行地、诉讼标的物所在地、可供扣押财产所在地、侵权行为地、代表机构住所地在中国的，可由这些上述所在地的法院管辖
《民事诉讼法》第 279 条第 2 项	专属管辖	与在中国审查授予的知识产权的有效性有关的纠纷由中国法院专属管辖
《民事诉讼法》第 282 条	不方便法院原则	案件争议的基本事实不在中国，且由中国法院审理案件和当事人参加诉讼均明显不方便的

据此，在我国民事诉讼法体系下，处理涉外标准必要专利诉讼管辖权问题可适用的规范主要为《民事诉讼法》“涉外民事诉讼程序的特别规定”以及《民事诉讼法》及其司法解释中关于“地域管辖”的规定。

（二）我国法院在涉外标准必要专利诉讼管辖权确定中的探索——“更密切联系原则”

如前文所述，我国民事诉讼法没有关于包括标准必要专利在内的涉外知识产权诉讼的专门性管辖规则。为了有效维护我国法院在涉外标准必要专利诉讼中的话语权及本国企业的利益，我国法院在现有国内法的基础上，不断探索关于涉外标准必要专利诉讼管辖权的解释进路。

最具代表性的例子便是 OPPO 公司诉夏普公司案。[2] 2019 年，夏普公司与 OPPO 公司就涉案标准必要专利许可问题进行磋商。之后，夏普公司先后在日本和德国等地法院对 OPPO 公司提起专利侵权之诉。对此，OPPO 公司也向深圳市中级人民法院起诉，请求确认夏普公司的行为违反 FRAND 原则，并请求法院对涉案标准

〔1〕 参见张鹏：《跨境知识产权侵权纠纷的民事诉讼管辖规则研究》，载《知识产权》2022 年第 1 期。

〔2〕 参见最高人民法院民事裁定书，(2020)最高法知民辖终 517 号。

必要专利的全球许可条件作出判决。夏普公司提出管辖权异议。该案最后上诉到最高人民法院。夏普公司的理由为：一是其已在其他国家提起相关的平行诉讼，因此中国法院不应在受理管辖此案；二是此案为专利侵权纠纷，应由侵权行为地、结果发生地和被告住所地法院管辖，中国法院不在上述范围内。

在该案中，最高人民法院提出“更密切联系原则”，即管辖连接点的确定需要综合判断案件是否与法院具有“最密切联系”。最高人民法院认为本案纠纷是兼具合同和侵权性质的特殊纠纷，因此“最密切联系”的考量因素应包括：涉案专利权的授予国及其分布情况；专利实施者的主要营业地、主要收入来源地和专利实施地；许可合同签订地和可供扣押、执行财产的所在地等。

（三）涉外标准必要专利诉讼管辖规则的适用路径

在依据国内法关于管辖规则的相关规定及结合最高人民法院提出的“更密切联系原则”的基础上，笔者认为在处理涉外标准必要专利诉讼的管辖问题[1]时，可以进行如下考虑。

第一，明确涉外标准必要专利诉讼的纠纷性质或类型。在涉外标准必要专利诉讼中，常见的纠纷性质或类型主要为确认涉外标准必要专利权的有效性纠纷、涉外标准必要专利侵权纠纷、涉外标准必要专利许可合同纠纷以及兼具上述几种纠纷性质的特殊类型纠纷。随着技术和商业竞争的日益加剧，兼具几种纠纷性质的特殊类型纠纷在实践中发生的概率已超过单一性质的纠纷。在涉外标准必要专利侵权或许可合同纠纷中往往夹杂着专利有效性问题的争议。例如，在涉外标准必要专利许可费率确定的纠纷中，对方当事人往往会对涉外标准必要专利权的有效性提出质疑和抗辩。纠纷性质的确定会影响到法院对管辖权的确定，即是依据合同纠纷的管辖标准还是专利权有效性的专属管辖标准，抑或者是其他。只有先明确纠纷性质，才能继续后续的判断。

第二，针对不同的纠纷类型，确定相应的管辖权判断标准。对于仅确认专利权有效性的纠纷，应严格坚持由专利权授予国的法院进行专属管辖。根据我国《民事诉讼法》第279条的规定，对在中国领域内审查授予的知识产权有关的诉讼应由人民法院管辖。虽然该条没有明确规定知识产权授予国为外国的情形，但在此种情形下，由授予国法院即外国法院进行专属管辖应是该条文的应有之义，也是中国履行尊重他国

〔1〕 对于当事人协议选择法院的，在不违反专属管辖的情况下，由协议法院管辖。对于协议管辖的问题，实践争议并不大，因此本文此部分讨论的主要是当事人不存在管辖合意下的管辖权确立问题。

司法主权的体现。

对于合同或侵权纠纷的管辖权确定，可以分别适用我国《民事诉讼法》及相关司法解释中关于侵权行为地管辖规则和合同履行地管辖规则。合同纠纷可适用《民事诉讼法》第276条。结合案件事实因素，判断第276条中提到的管辖连接点是否与我国存在联系。对于侵权纠纷，《民事诉讼法》第276条中提到，对涉外民事纠纷，若被告住所地不在中国，但侵权行为地在中国的，可由中国法院管辖。根据《民事诉讼法》第270条的规定，若涉外编中没有规定，可以适用本法其他规定。因此，对于涉外民事纠纷中"侵权行为地"的理解，应结合《民事诉讼法》第29条和《最高人民法院关于适用〈中华人民共和国民事诉讼法〉的解释》第24条的规定，即若涉外标准必要专利侵权纠纷中的侵权行为实施地、侵权结果发生地发生在中国，即使被告住所地不在中国，也可由中国法院管辖。

对于兼具几种纠纷特性的特殊类型纠纷的管辖权确定，现有民事诉讼法规范中没有可直接嵌套适用的具体规范。因此，对于这些类型的纠纷，应综合考虑案件事实因素与我国法院的联系。当侵权或合同纠纷中涉及专利权有效性问题时，笔者认为，应将侵权或合同纠纷与专利权有效性问题进行区别，应坚持专利权有效性问题由授予国法院专属管辖。若该类型纠纷中专利权授予国不是中国，那么我国法院在确定管辖权时，应默认该专利权为有效，并从侵权或合同纠纷的管辖权标准进行判断。若地方当事人以专利权的有效性进行抗辩，则应告知其向相关法院起诉。

对于兼具侵权和合同特性的纠纷，最高人民法院在OPPO公司诉夏普公司案中适用了"更密切联系原则"进行自由裁量，即综合考量涉案专利权的授予国及其分布情况；专利实施者的主要营业地、主要收入来源地和专利实施地；许可合同签订地和可供扣押、执行财产的所在地等因素与中国法院的联系。与《民事诉讼法》第276条明文确定的"适当联系原则"不同，在第276条中，只需要六个连接点之一与中国法院具有联系即可确定管辖权。在OPPO公司诉夏普公司案中，最高人民法院在认定时是综合考虑了数个管辖链接点之后才得出"最密切联系"的结论。因为我国现行法中没有直接明确规定"更密切联系原则"，这是法院在司法实践积极履职的体现，法官具有较大的自由裁量权。为避免过度解释不当扩张管辖权，在适用"更密切联系原则"时，应保持更为审慎克制的态度。

五、结语

涉外标准必要专利诉讼的国际管辖权争夺已是各国无法回避的现实。在此背景下，我国法院既要顶住竞争的压力，通过能动司法的方式确保我国对涉外标准必要专利诉讼的管辖，维护本国当事人的合法利益，又要避免像其他国家一样陷入盲目扩张管辖权、滥用禁诉令和反禁诉令的困境。对此，我国法院应在坚持国家司法主权原则和国际礼让原则的基础上，尊重知识产权特性，依据国内法的相关规则合理地确立对涉外标准必要专利诉讼的管辖权。

涉外民商事案件当事人送达机制之路径探索

杨思捷　梁秋云*

摘要：涉外民商事案件送达的职权主义和当事人主义模式，均在各自法域内产生了一定的积极影响。但随着案件数量的持续增长，绝对的职权主义送达模式已不再适用于我国当前的涉外民商事审判实践。研究发现，适当引入当事人主义之理念兼具法理基础、必要性及可行性。在此基础上，构建以法院送达为主，当事人送达为辅的涉外民商事案件送达具体机制，并实施相应配套的激励与惩戒机制，是完善当前涉外民商事案件送达制度的切实有效途径。

关键词：涉外民商事　送达　保障诉权　当事人主义　职权主义

引　言

送达难问题在我国由来已久，是时刻制约我国法治化进程的一大障碍。基于涉外案件的特殊属性，且受制于地域和立法的差异性，涉外民商事案件的送达难问题更为突出。正因如此，2024 年 1 月 1 日起施行的《民事诉讼法》进一步对涉外民商事案件送达的相关规定进行优化，着力于提升该类案件的送达效率，并切实维护相关当事人的诉讼参与权。尽管近年来我国民事诉讼的立法模式有逐步向当事人主义转变的趋势，

---

* 杨思捷，南宁市邕宁区人民法院民事审判庭法官助理。梁秋云，南宁市邕宁区人民法院立案庭法官助理。

但该变化对涉外民商事送达制度之影响微乎其微。[1] 反观《民事诉讼法》涉外送达方式中新加入的兜底条款,为当事人充分参与送达程序提供了一定的可能。然而,涉外民商事送达在诉讼制度与理论研究中因长期被视为技术规范而逐渐被边缘化,如何构建科学合理的当事人送达机制还需进一步深入研究。[2] 可以预想的是,《民事诉讼法》中涉外民商事送达条款的修改,势必将引发学界的新一轮讨论。

对于涉外和涉港澳台地区的民商事案件送达,司艳丽认为,尽管由当事人或其他第三方协助送达文书的方式尚需存疑虑,但构建以法院为主,当事人送达为辅的送达模式是送达通知功能的再度归位。[3] 邬小丽指出,对民事送达的当事人主义持怀疑态度的,其本质都是对职权干预型诉讼模式心存"乌托邦"式的幻想。[4] 曲昇霞认为,以当事人本位取代现有的职权本位重塑民事送达目的观,以辩论权保障与程序推进相结合的方式,是理顺民事送达改革的关键。[5] 杨凯则独树一帜,结合共情行为理论,从申请程序、送达要求、送达效力以及法律后果等方面对当前送达机制的完善提出了巧妙构想。综观现有研究,主要集中于送达模式选择上,对当事人主义模式下送达具体机制之构建则鲜有涉及。本文将结合现实困境,从法理基础、必要性、可行性三方面对涉外民商事案件送达的当事人主义借鉴进行充分论证,并在新《民事诉讼法》框架下对具体机制的构建提出合理构想,以期能为今后的司法实践提供借鉴。

一、送达模式:职权主义与当事人主义之再思考

(一)送达模式的职权主义与当事人主义之分野

综观现今的立法例,关于送达模式的分类主要有两种:一种是以大陆法系为代表的职权主义模式,即由送达仅为法院单方的职责,属于具有公权力性质的法律行为,

---

〔1〕 参见张淑钿:《大湾区时代区际司法文书送达的模式转型与制度优化》,载《中国国际私法与比较法年刊》2021 年第 2 期。

〔2〕 参见傅郁林:《作为诉讼行为的送达》,载《法学评论》2022 年第 2 期。

〔3〕 参见司艳丽:《完善我国涉港民商事案件司法文书送达机制的几点思考》,载《中国应用法学》2023 年第 2 期。

〔4〕 参见任重:《德国民事诉讼体制转型分析——读〈民事诉讼法与社会意识〉有感》,载任重主编:《民事程序法研究》(第十八辑),厦门大学出版社 2017 年版,第 233 ~ 234 页。

〔5〕 参见曲昇霞:《民事送达的目的观转向与制度修正——从偏重通知义务履行到保障受通知权的并重》,载《法律科学(西北政法大学学报)》2020 年第 5 期。

当事人无须承担送达义务，仅需承担签收这一消极的配合义务的模式。[1] 我国当下的送达模式同大陆法系国家高度类似，但又深受苏联诉讼制度和价值取向的影响，因而具备超越职权主义之特征。[2] 另一种则是以英美法系为代表的当事人主义。与职权主义相反，在当事人主义模式下，送达主要为当事人的职责，具备私人属性，法院原则上不参与送达。[3]

受“国家稳定”以及“公共利益”价值取向的影响，职权主义对程序的正当性及有序性产生了积极影响，但不可否认，其忽视了当事人充分参与诉讼的需求，难以对当事人诉讼权利进行平等保护。当事人主义的送达模式则立足于当事人自身，围绕辩论权的保障实施送达，目的在于全面保障当事人的诉讼参与权，从而使诉讼程序得以稳步推进。但又因其加强了当事人的送达责任，为法院推诿送达埋下隐患。绝对的职权主义或当事人主义将会演化成两个极端，不利于司法的公正发展。因此，我国有必要探寻当前送达模式之阙漏，为相应制度之完善提供指引。

（二）职权主义导向下我国涉外民商事送达之桎梏

以职权主义为导向的送达模式中，送达工作完全由法院包揽，极大程度保障了人民法院作为中立方居中裁判的职能定位。职权主义诉讼模式下，尽管因送达行为产生的法律效果各有不同，但无论在立法者，还是司法者看来，送达最重要的功能无疑是保障法院主导的诉讼层层递进直至完成。[4] 然而，随着社会经济的发展、对外交易的扩大开放和人民群众法治意识的提高，涉外诉讼案件量也在逐渐增长，人民法院不仅承担着司法审判的压力，还要承担涉外民商事案件文书送达的压力。在此背景下，以职权主义为导向的送达模式之缺陷在实践中日益显现。[5] 单一依靠人民法院送达相关诉讼文书，在程序繁杂的涉外案件送达中，必然导致送达效率降低，也不利于对当事人利益的及时保护。并且，法院主导送达的职权主义模式使当事人无法真正参与到送达工作中，使其缺乏表达、自由处分权利的自由，最终将导致当事人置身事外，将送达完全寄托于法院，并怠于查找并向法院提供线索。送达职责的绝对垄断

---

[1] 参见全国人大常委会法制工作委员会民法室编著：《中华人民共和国民事诉讼法解读（2012年最新修订版）》，中国法制出版社2012年版，第214页。

[2] 参见廖永安：《在理想与现实之间：对我国民事送达制度改革的再思考》，载《中国法学》2010年第4期。

[3] 参见何其生：《比较法视野下的国际民事诉讼》，高等教育出版社2015年版，第204页。

[4] 参见廖永安：《在理想与现实之间：对我国民事送达制度改革的再思考》，载《中国法学》2010年第4期。

[5] 参见曲昇霞：《民事送达的目的观转向与制度修正——从偏重通知义务履行到保障受通知权的并重》，载《法律科学（西北政法大学学报）》2020年第5期。

还是滋生权利滥用的“温床”。由于缺乏当事人的介入，法官可任意对是否送达、何时送达、送达方式等作出选择，继而可能对当事人的诉讼权利造成损害，与公正司法的理念相悖。

二、涉外民商事案件当事人送达之理论证成

(一)涉外民商事案件当事人送达之法理基础

1. 推进诉讼进程之考量

在整个诉讼的进程中，受到各种考评指标的影响，法院往往希望诉讼进程能畅通无阻，有序推进，力求在最短的时间内实现案结事了，以便于为其他案件的办理预留更充足的时间。但较之于法院，当事人才是对推进诉讼进程更为迫切的一方。对于原告方而言，其大多都希望能尽早拿到法院的判决，并据此申请执行，以在最短的时间内将自身的胜诉权利兑现。具体而言，相关的起诉状以及传票等材料是否能及时送达，是决定能否尽早开庭的关键；相应的裁判文书能否及时送达，关乎判决的生效时间，也是原告方能否尽早实现胜诉权利的关键。对于被告方而言，在其财产被法院采取保全措施的情况下，其往往希望诉讼尽快了结，进而得以解除保全并将其资产继续投入生产生活中。送达是当事人获得信息并参与程序的必要方式，在这一过程中，送达并非单纯的法院职责，当事人应当正当行使受通知权，甚至负有诉讼促进或程序合作义务。如此一来，各诉讼主体通过对照阅读双方的书面诉答意见即可大致了解存在争议的具体事项，[1]并可尽早更有针对性地制定诉讼策略，从而实现胜诉。对于当事人而言，其对诉讼进程推进具有更为强烈之需求和意愿，倘若允许其自行将相应材料送达其他当事人，在法院出现送达困难时，当事人便可通过自行送达而加快诉讼进程，法院也能因此从中受益，实现共赢。因此，涉外民商事案件中由当事人承担一定的送达责任不但存在现实需求，而且兼具正当性与合理性。

2. 节约司法资源之考量

涉外民商事案件由于涉及向外国人或无国籍人的送达，且上述主体可能存在于我国领域内没有住所的情形，因此该类案件的特殊性往往是造成当前送达效率低下的原因。况且，多数情况下，当事人或因往来和接触而产生纠纷，相较之于法院，其往往更能掌握其他当事人的具体情况和线索。倘若在当前涉外民商事纠纷中引入当事人送达制度，则可充分发挥当事人的天然信息优势，在提高送达效率的同时，法院还

---

〔1〕 参见傅郁林：《论民事诉讼当事人的诚信义务》，载《法治现代化研究》2017 年第 6 期。

能充分获悉其他当事人的各项信息以及动态线索，避免为送达工作耗费过多成本，最终达到节约司法资源的目的。另外，在法院对送达全责包揽的模式下，当事人可能在发生民事法律关系时疏于获悉他人的相关信息，缺乏谨慎对待的考量。将送达的部分责任转移给当事人后，能在一定程度上提高其风险防范意识和应对能力，充分减少送达不能的情形，进而节省法院的送达成本。并且，在当事人自行送达其他当事人后，送达相关的法律风险也相应地转嫁到当事人身上，法院的工作人员也能因此而得以“减负”。使当事人适当承担一部分送达工作不仅体现了回报与付出的紧密联系，还充分平衡了法院与当事人之间的权责划分，极大程度上避免了司法资源的浪费，不失为缓解案多人少现状下送达压力的有力举措。

（二）涉外民商事案件当事人送达之必要性分析

1. 涉外民商事案件文书送达程序烦琐

除当事人或诉讼代理人在国内，涉外案件司法文书相对较容易实施送达外，对当事人在域外的送达则需要经过较为烦琐的送达程序，考验着我国人民法院送达人员的耐心和能力。当事人在域外时，通常情况下需采取“中央机关送达”方式送达司法文书，[1]此种送达方式需通过“全国法院司法协助管理平台”开启司法协助委托送达。除北京市、上海市、广东省、浙江省、江苏省等省或直辖市的高级人民法院可以依据《海牙送达公约》直接向外国中央机关提出和转递司法协助请求书和相关材料外，其他省、自治区、市的法院则依据我国与受送达国签订的双边送达条约逐级层递司法协助请求书和文书材料，通过最高人民法院再转司法部对外委托送达。无论是通过高级人民法院还是最高人民法院对外委托送达，下级法院向域外送达司法文书都需经过层层审核，审批层级多，流程长，其间还会出现管理平台问题、域外送达各责任部门之间的沟通协调不够顺畅、问题不能及时解决等问题，导致送达程序更为烦琐。

2. 涉外民商事案件文书送达周期长

如上文所述，通过“中央机关送达”方式送达涉外案件司法文书，需要逐级层报审批至高级人民法院或最高人民法院，如审批不通过，则需进一步修改补充材料再呈报和审批，持续沟通和跟进案件审批进度，在国内流转已需花费不少时间。而在域外送达时，需经受送达国协助，在他国送达所花费的时间由受送达国控制，自然耗时久。如案件通过域外委托无法成功送达，则需进一步进行公告送达，涉外案件司法文书送

---

[1] 依照受送达人所在国与中华人民共和国缔结或者共同参加的国际条约中规定的方式送达，简称依条约送达，也称“中央机关送达”。

达周期耗时更长，影响了案件的及时审理。根据一调研数据，我国S市P区人民法院2016年5月至2019年12月域外送达收到反馈结果的133件案件所需的平均时间为228天，通常从一审立案到一审结案再到裁判文书送达，历时两年左右；在域外进行送达所花费的时间通常需要4个月左右，国内各部门之间转递审批通常需要2个月左右，域外送达完成后部门间的结果反馈通常也需要2个月左右。〔1〕

3. 涉外民商事案件文书送达成功率低

涉外民商事案件司法文书在域外送达时受多种因素影响，送达成功率较国内送达成功率低。这些因素包括原告提供的域外当事人送达地址不准确而导致无法送达；域外送达过程中域外当事人的地址变动、搬离住所等无法查找到新的地址或查找难度大、查找费用高等而被迫终止送达；需送达的司法文书中列明的公司名称与受送达的公司真实名称不符而被拒收；协助送达法院采取较为单一的送达方式如仅面交送达而导致无法送达，或者仅按委托书载明的地址送达，而不负责核实地址是否准确以及协助查询受送达人新地址。〔2〕 以上因素均影响了司法文书域外送达的成功率。根据上述提到的同一次调研，我国S市P区人民法院2016年5月至2019年12月域外送达收到反馈结果的133件案件中，送达成功78件，送达成功率仅59%。〔3〕

（三）涉外民商事案件当事人送达之可行性分析

1. 现行法律的支撑

虽然当事人送达制度并未被明确纳入当前法律，但2024年1月1日起实施的《民事诉讼法》对涉外民商事纠纷案件的送达途径进行了优化，其中新增加的第283条第1款第10项“以受送达人同意的其他方式送达，但是受送达人所在国法律禁止的除外”，以兜底条款的形式为当前探索和构建当事人送达机制预留了相应的制度空间。在当前的民事诉讼制度框架下，如在受送达人同意的前提下，由其他当事人或诉讼代理人代为送达则是符合该条款规定的送达形式。制定法的“理性”不取决于制定者个人意图，其一旦生效，就只能从制定法自身来理解。〔4〕 对于司法实务而言，解

〔1〕 参见张萍：《民商事案件司法文书域外送达之司法实践性探讨——以S市P区人民法院为例》，载《中共郑州市委党校学报》2020年第3期。

〔2〕 参见司艳丽：《完善我国涉港民商事案件司法文书送达机制的几点思考》，载《中国应用法学》2023年第2期。

〔3〕 参见张萍：《民商事案件司法文书域外送达之司法实践性探讨——以S市P区人民法院为例》，载《中共郑州市委党校学报》2020年第3期。

〔4〕 参见［德］卡尔·拉伦茨：《法学方法论》，黄家镇译，商务印书馆2020年版，第45页。

释和适用法律是司法机关的首要任务。司法机关应在解释论的视角下,根据变化的情势与适用的目的,挖掘法律文本在当下社会生活中的合理范围,[1]并基于制定法律时的价值理念,根据当下时代精神为现有法律条文赋予新的时代内涵。最高人民法院亦在其发布的指导性案例中倡导司法机关善用解释论。[2] 因此,在立法对此作出明确回应之前,法院在涉外民商事案件中引入当事人送达的模式不仅是当前司法实践的需要,也是契合现行《民事诉讼法》框架和理念的有效途径。

2. 既有司法实践的支撑

当事人送达,即在自愿原则的基础上,由人民法院根据当事人申请,通过签订送达承诺书方式允许符合条件的原告申请自行送达,并由原告适度对送达风险、送达成本进行分担的一种送达方式。[3] 在我国当前的司法体系中,送达由法院主导,属于"公权力"行为,当事人一般不承担送达义务,[4]但我国法院早已对当事人送达制度进行了一系列的探索。上海浦东新区法院2011年即大胆提出,"适当认可当事人送达突破了送达仅是法院职责的传统观点,有条件地认可当事人送达的效力,即对于当事人之间传达诉讼文书、能够证明送达成功的,认定为送达有效"。[5] 深圳市前海法院于2017年制定《关于涉外涉港澳台民商事案件司法文书送达的若干规定》,积极探索并在涉港澳台地区案件中建立当事人、律师转交送达制度。此后,深圳市前海法院又制定《关于涉港民商事案件司法文书转交送达的实施细则》,进一步从启动程序、适用范围、送达期限以及成功送达的情形等对当事人送达制度进行更深层次的探索。截至2023年3月,前海法院适用转交送达的案件共计126件,[6]极大推动了涉港澳台地区案件送达难问题的化解。2019年4月,福建法院统一司法送达平台正式上线运营,其创造性地整合了基层网格员协助送达、当事人任意诉讼服务窗口领取文书、

---

[1] 参见车浩:《立法论与解释论的顺位之争——以收买被拐卖的妇女罪为例》,载《现代法学》2023年第2期。

[2] 参见陈兴良:《判例刑法学》(上卷),中国人民大学出版社2009年版,第30页。

[3] 参见杨凯、徐晓璐:《民事送达引入"委托当事人送达"机制探析》,载《山东法官培训学院学报》2020年第2期。

[4] 参见廖永安:《在理想与现实之间:对我国民事送达制度改革的再思考》,载《中国法学》2010年第4期。

[5] 参见《我院探索四项措施破解涉港澳台案件送达难题》,载上海市浦东新区人民法院网,http://www.pdfy.gov.cn/pditw/web2011/xxnr_view.jsp?pa=aaWQ9NDY5MjkmeGg9MQPdcssPdcssz,2024年5月9日访问。

[6] 参见《前海法院8年受理涉外涉港澳台商事案件超17000件》,载深圳市前海管理局网,https://qh.sz.gov.cn/sygnan/qhzx/dtzx/content/post_10548668.html,2024年5月9日访问。

当事人或代理律师代为直接送达等新型送达机制,[1]极大缩短了送达时长,审判质效也得到显著提升。最高人民法院亦对此表示予以认可,并提倡在试点地区率先开展相应的送达模式改革,[2]充分为涉外、涉港澳台地区民商事案件司法文书的当事人送达模式提供可能性。

由此可见,当前的司法实践已逐步认识到当事人送达之必要性和迫切性,逐步构建并推行当事人送达制度在"案多人少"的当下势在必行。上述法院的实践无疑是高效破解当前送达难现状的勇敢尝试,也为未来送达制度的完善提供了明确的方向。但略显遗憾的是,当前理论界与实务界尚未针对涉外民商事案件的送达形成一套统一且科学合理的当事人送达机制,如何在提升送达效率和降低诉讼风险的基础上合理分配法院与当事人之间的送达责任,仍需更进一步探索。

三、涉外民商事案件当事人送达机制的完善构想

(一)模式选择:法院送达为主,当事人送达为辅

在我国现行的法律体系下,无论是实体还是程序性事项,法院都占据了绝对的主导权,当事人若要行使其诉讼权利,绝大部分情况下都需经过法院的主导或调配。职权主义为主导的司法体系已经大量司法实践的检验,无疑是极度契合我国社会发展以及基本国情的。但综观域外的司法实践,以当事人为主导的送达模式亦在能高效送达的同时极大减轻了法院的审判压力,为我国涉外民商事送达制度的完善提供了有利参考。在当前民事诉讼模式由职权主义逐步向当事人主义转型的背景下,已有部分学者意识到,以"权责对应"为基础,合理分配有关当事人与法院在送达成本、责

---

〔1〕 参见《福建11项智慧法院成果将亮相数字中国建设峰会　为深化司法改革提供新动能》,载新华网,http://m.xinhuanet.com/fj/2019－04/30/c_1124439823.htm。

〔2〕 参见《最高人民法院关于支持和保障全面深化前海深港现代服务业合作区改革开放的意见》第5条规定:"简化涉港澳案件诉讼程序。按照相互尊重、求同存异、便利合法原则,支持前海法院简化港澳诉讼主体资格司法确认、授权委托见证、送达程序及诉讼证据审查认定。依法适用简易程序和独任制审理,提高涉港澳民商事纠纷诉讼效率。加强中国特色区际司法协助体系建设,探索建设粤港澳大湾区民商事司法协助电子平台,在涉港澳民商事案件中探索在当事人认可的前提下,由当事人、律师、公证机构等协助转送文书,提高送达效率。"《最高人民法院关于为广州南沙深化面向世界的粤港澳全面合作提供司法服务和保障的意见》(法发〔2023〕16号)第12条规定:"完善与港澳地区司法规则衔接。探索优化属实申述、委托当事人送达、证据开示、交叉询问、类案辩论、事实清理等诉讼规则衔接,借鉴不同法域的诉讼证据审查方式确认案件事实,鼓励开展裁判规则比较研究和交流互鉴。支持取得律师执业证书(粤港澳大湾区)的香港法律执业者和澳门执业律师在广州南沙执业。"

任及风险承担,是解决当前我国民事送达难的一大重要途径。[1] 为避免法院借“当事人主义”之名推卸司法责任,亦不可对当事人施加过重的送达责任。[2] 由于经济发展现状与公众意识形态的差异,当事人导向下的送达模式显然不宜完全取代我国当前的送达模式,但其体现出的“权责对应”之理念仍可为我国送达制度所借鉴。因此,有必要在尊重我国民事诉讼法传统承继的基础上,对现行的民事送达制度进行“微调”,逐步构建以法院职权送达为核心、当事人辅助送达的双轨送达制度,以使法院与当事人之间达到权责分配的动态平衡。[3] 在涉外民商事案件送达程序改革备受关注的当下,可借助本次《民事诉讼法》修订之契机,针对涉外民商事案件优先进行试点。

(二)当事人送达机制之构建

1. 送达主体的界定

此处的送达主体,即指送达双方,同时涵盖送达方以及受送达方。对于送达方,若为自然人的,可由其本人或诉讼代理人送达。若送达人为未成年人的,还可由其法定代理人代为承担其送达责任。若送达人为法人或非法人组织的,可由其法定代表人、主要负责人、诉讼代理人送达。对于受送达方,可由其本人以及其同住的成年家属、法定代理人、诉讼代理人、法定代表人、主要负责人、受送达人办公室、收发室值班室的工作人员等接收相应的送达材料。

2. 送达条件的确定

如上文所述,现行《民事诉讼法》为涉外民商事案件的当事人送达模式预留了制度空间,因此该制度的适用应当以受送达人同意为前提。但考虑到受送达人下落不明或逃避送达之情形广泛存在,事先同意往往难以获得,故在此条件下,当事人送达将难以得到全面落实,该制度的预期效果也将难以实现。因此,本文认为,当事人送达可参照《人民法院在线诉讼规则》中规定的电子送达“默认同意”规则,将事先同意扩展至事前约定和事后认可。诚然,“事前同意”和“事后同意”均未超过“同意”的范畴,司法实践中以解释论的方式扩大当事人送达的适用具备正当性基础,是缓解当下

---

〔1〕 参见陈杭平:《“职权主义”与“当事人主义”再考察:以“送达难”为中心》,载《中国法学》2014 年第 4 期。

〔2〕 参见李浩:《〈证据〉规定与民事证据规则的修订》,载《中国法学》2011 年第 3 期。

〔3〕 参见杨秀清:《以克服“送达难”优化民事诉讼审前准备程序》,载《山东社会科学》2018 年第 12 期。

送达困境之需要。[1] 但在该制度推行的过程中亦需相关规范性文件的明确回应，为使该制度的适用能充分达到法律效果和社会效果的统一，有关部门有必要于相关文件中予以明确。

3.送达流程的运转

（1）事先告知。当事人欲自行送达相关法律文书，在送达开始前，应当主动向案件的承办法官告知其自行送达之意愿。收到通知后，法院应在第一时间内向送达方发出诚信承诺书，其中应当载明虚假送达的相关法律后果，并附有自行送达的具体要求以及相关的注意事项供其参考。签署诚信承诺书后，当事人即可按照要求开展送达程序，待送达结束后，再将该诚信承诺书连同其他材料一起提交给法院。需注意的是，此处采用告知而非申请，主要是出于两方面的考量：第一，为提高当事人的诉讼参与度以及送达的成功率，当事人对送达亦应承担一定的职责，在此基础上，当事人开展送达工作系基于其应承担的义务，并非基于法院的授权或委托，故当事人仅需事先告知法院。第二，上文已论及，当事人自行送达的模式具备较高的合理性，为更好发挥制度的预期效果，不宜给当事人送达程序的开展设置过高的门槛。倘若自行送达还需经一系列的申请程序，一方面将耗费过多的时间和精力，导致当事人的送达意愿降低。另一方面，法院也需对此投入更多精力对当事人的申请材料以及资格进行审查，将导致司法资源的过度消耗，最终与当事人送达模式之目标背道而驰。

（2）拍照录像并保留送达凭证。当事人及其诉讼代理人采用直接送达方式送达时，应当在对送达过程以及送达现场进行拍照录像，并要求受送达方填写相应的送达回证，若接收送达材料的人并非受送达人本人，应当注重对其身份的核对，并由接收材料方于送达回证上载明其身份等内容。如有条件，可由受送达人本人或其所在单位，以及受送达人代理律师或其所在的律师事务所出具送达证明。当采用邮寄的方式送达时，除需受送达方签收外，还应要求受送达方填写并提交相应的送达回证。送达方应当将送达的相应凭证保存好，待送达完成后提交由法院审查。

（3）法院审查认定，反馈送达结果。收到当事人提交的相关材料后，法院应当进行严格审查，并及时向当事人反馈送达结果。如确定送达有效的，法院则可推进诉讼进程，继续开展后续工作。在当事人自行送达期间，法院的送达工作也应同步进行，不因当事人开展自行送达程序而中止。如送达无效的，应当将原因告知当事人，并告

---

〔1〕 参见罗恬漩：《司法改革背景下送达困境与出路——以G省基层法院的送达实践为例》，载《当代法学》2017年第3期。

知其重新送达。

4. 送达风险的应对

案件的送达也关乎受送达方的切身利益，如允许当事人自行送达，法院应当注重对受送达方诉讼权利的保护，故送达方应对送达的真实性和有效性承担更高程度上的举证责任，如此方可使送达双方的利益达到动态平衡。由于当事人自行送达是建立在缺乏司法强制力介入的前提下，因此送达双方极易对送达产生分歧。对于送达有效性的证明应当采取“高度盖然性”的民事诉讼证明标准，如未达到该标准，则不能轻易认定送达有效。让自行送达的当事人承担较高的举证责任，一方面能让法院对送达的有效性以及送达时间等信息迅速做出认定，有利于送达程序的顺利进行；另一方面，充足且完备的证明材料能减少双方对送达的分歧，从而最大限度上防范和化解可能产生的诉讼风险。

（三）配套激励与惩戒机制的构建

1. 构建内外兼具的激励机制

上文已论及，自行送达不仅成本高，还难度大，且成功率往往不尽如人意，因此即便在当下推行当事人自行送达制度，也终因当事人缺乏积极性而难以落实到位。回归当事人自行送达的本质，实为送达义务的转嫁，当事人付出一定的时间和精力以减少司法资源的花费。因此，为弥补当事人因送达而造成的损失，适当对自行送达的当事人进行奖励，是该制度得以落实和推行的关键。考虑到实践中送达难问题主要体现为对被告方的送达，而原告方往往在胜诉利益的驱使下对法院送达工作高度配合，对其送达通常较为顺利，故当事人自行送达的激励机制应为针对原告自行送达被告之情形。本文认为，可考虑对自行送达的原告在诉讼费的收取上采取相应的减免，以充分平衡法院与当事人之间的权责关系。当原告方胜诉，其诉讼费自然由败诉方承担；当原告方败诉，可向原告返还或减免一定比例的诉讼费作为其自行送达的激励。如此，不仅能使法院与当事人之间实现利益平衡，还能极大程度上提高原告方自行送达的积极性，更能为该制度的推行和审判效率的提升提供良性保障。

将当事人主义下的送达模式推广于涉外民商事纠纷的过程中，不仅应当加强对当事人的激励，还应当全面提升法官主动适用的积极性，构建内外兼具的送达激励机制。对于法官而言，将“当事人送达适用率”和“当事人送达成功率”作为绩效考核的评价指标，无疑可充分调动其主动适用的积极性。如此一来，在办理涉外民商事诉讼的过程中，出于完成指标之考量，法官不但有动力在立案时告知并鼓励当事人自行送达，而且在出现送达困难时，亦有推动当事人自行送达的强烈意愿。加之，推动当事人自行送达亦有减轻送达工作压力之可能，在“减负”与提升司法绩效的双重激励下，当事人送达机制的优势方能最大化显现。法官绩效考核制度以提升法官专业能力为核心功能，兼顾优化司法管理的职能。[1] 通过绩效考核正向激励法官主动适用当事人送达机制，最终实现纠纷的高效化解，不仅是推动法官主动提高专业素养之重要体现，更是优化司法管理和促进法官积极履职尽责的有力保障。

2. 构建送达双方的惩戒机制

当事人及其代理律师在送达过程中应当充分遵循诚实信用原则，严格依照相应的程序履行送达职责，如当事人虚构、隐瞒送达信息或拖延送达，导致正常的司法秩序遭受破坏的，应当受到相应的惩罚。其中，如送达人虚假送达，向法院隐瞒或虚构送达情况的，不予减免其诉讼费用。此外，还可根据实际情况对其实施训诫、罚款或拘留等措施。送达人的代理律师出现上述情形，干扰正常司法秩序的，还可将违法情况通报其所在的律协或者相应的司法行政部门，由律协或司法行政部门根据违法行为的危害性而采取相应的惩戒措施。对于受送达人而言，如出现拒绝配合送达、恶意逃避送达或掩盖、虚构送达情况等拖延送达的情形的，可根据实际情况对受送达人进行训诫、罚款或拘留。可预见的是，允许当事人送达可能会导致虚假送达、拖延送达等情形出现，唯有构建科学完备的惩戒机制，才能从容应对当事人送达模式给涉外民商事司法实务带来的新风险和挑战。

---

〔1〕 参见杨铜铜：《法官绩效考核制度的非司法化困境及其调试》，载《法制与社会发展》2022 年第 3 期。

案例分析

申请人以直播合作协议是劳动合同不属于商事仲裁范围为由申请撤销仲裁裁决的认定

——申请人梁某华与被申请人河南某文化传媒有限公司申请撤销仲裁裁决案

王华妍　韦雨忱*

【裁判要旨】

网络直播行业是现在增长迅速的新兴业态，主播与直播公司（平台）签订的合同性质关系到双方发生的纠纷是否属于商事仲裁范围。要判断双方是商事合作关系还是劳动合同关系，可以根据签订合同的具体内容和实际履行情况，从劳动合同关系的基本特征，即意思表示、履行内容、人身和经济从属性等方面进行综合判断，不能仅以合作协议之名一概而论。

【基本案情】

申请人梁某华通过BOSS直聘网站上河南某文化传媒有限公司（以下简称某传媒公司）发布的招聘信息，经过面试后与公司于2022年4月

* 王华妍，南宁铁路运输中级法院中国—东盟自由贸易区南宁国际商事法庭副庭长。
韦雨忱，南宁铁路运输中级法院中国—东盟自由贸易区南宁国际商事法庭法官助理。

13 日签订案涉《直播合作协议》。该协议的主要内容有：本协议签订前，某传媒公司（甲方）已将互联网直播现状、本次合作的模式告知梁某华（乙方）。(1)合作期限：双方合作期限为 1 年，自协议生效之日起算。(2)合作内容及形式：甲方为乙方进行互联网直播提供平台支持等运营服务，利用自身享有的资源对乙方进行人气打造、人气提升。在乙方有短视频需求时，甲方提供策划、拍摄、录制、剪辑、审核、推广等。甲乙双方确认，签署本协议进行网络直播等方面合作，不导致且不谋求形成用人单位与劳动者之间的劳动法律关系，任何代理、居间、经纪等法律关系，劳务提供和劳务接受的法律关系。鉴于双方仅为合作关系，乙方的社会保险、个税由其自行承担。(3)直播及短视频相关要求：乙方利用自身外貌条件和演艺天赋，结合甲方提供的扶持和打造，在互联网平台进行直播演绎活动收取虚拟礼物。合作期间乙方每月直播有效天数不低于 25 天，每天直播有效时长不低于 6 小时，单场直播低于 3 小时的不计为有效时长。(4)收益分配、结算方式：保底 + 分成收益模式，保底期限为前 3 个月，为保障乙方的基本生活，双方约定乙方每月保底收益 8000 元。该保底收益获取的前提是达到直播及短视频要求的约定，且乙方前 3 个月实际流水分成收益高于 5000 元又低于 8000 元时，甲方补足差额。若乙方未达到直播要求且实际流水分成收益低于 5000 元时，甲方有权调减、扣除或不予发放保底收益。乙方确认甲方以任何形式给予乙方的保底收入，都是甲方对乙方的一种扶持行为。由于平台政策变化更改分成比例、乙方在甲方指导下更换平台直播的，则最终分成比例以甲方通知为准。(5)甲方的权利义务：甲方有权按照协议约定获得各项收益。有权对乙方全部演艺直播行为及履行本合同提出意见，进行监督并督促改正。有权根据平台分成政策的变化、直播市场变化以及甲方对乙方的扶持效果，更改主播分成比例。甲方有义务按照协议约定向乙方转交直播收益。(6)乙方的权利义务：乙方有权按协议约定获得相应分成收益及各项扶持。未经甲方书面同意，乙方不得私自到非甲方安排的第三方网络直播平台进行直播等演艺活动；未经甲方书面同意，乙方不得随意变更直播平台、公会及双方合作账号。乙方承诺其向甲方提供的个人信息合法有效，且在合同履行期间能正常使用，作为有效的文书送达地址。如有变更，承诺在 24 小时内及时通知甲方，否则承担相应后果。(7)争议解决和送达条款：因本协议产生的任何纠纷或争议，应由甲乙双方通过友好协商解决；协商不成的，均提请北海仲裁委员会按照其仲裁规则进行仲裁，双方同意在北海仲裁委员会进行仲裁。双方确认在协议开头主体信息部分记载的地址、电子邮箱及联系方式，作为双方之间往来及法院诉讼阶段、仲裁机构仲裁和法院执行时相关资料、通知、法律文书的送达地址。发送一方正确填写合同预留的信息即视为送达。如一方当事人变更住所地等未告知各方,则任何一方当事人、法院、仲裁机构向上述原地址等发送通知、法律文书等被拒绝接收、无人签收或被邮件系统短信系统退回的,均视为已经完成送达。梁某华确认的地址是河南省郑州市金水区×××小区 17 号楼一单元××××,联系电话 1879××××786。

此后双方因履行协议发生争议,某传媒公司于 2022 年 5 月 26 日向梁某华发送履约催告函。7 月 20 日,某传媒公司向北海仲裁委员会申请仲裁。2023 年 2 月 15 日,北海仲裁委员会作出(2022)北海仲字第 21 - 1040 号裁决书,裁决:(1)梁某华与某传媒公司签订的《直播合作协议》自 2022 年 7 月 22 日起解除;(2)梁某华向某传媒公司支付违约金 60000 元;(3)梁某华补偿某传媒公司维权费损失 5000 元;(4)本案仲裁费 7016 元由某传媒公司承担 2806. 4 元,梁某华承担 4209. 6 元(某传媒公司已预缴仲裁费,梁某华应支付给某传媒公司)。

2023 年 5 月 22 日,申请人梁某华以北海仲裁委员会送达程序违法、某传媒公司隐瞒证据以及双方之间实际为劳动合同,案涉争议不属于商事仲裁范围,北海仲裁委员会无权仲裁为由向南宁市铁路运输中级法院申请撤销仲裁裁决。

【裁判结果】

南宁铁路运输中级法院审理后认为,本案系撤销国内仲裁裁决案件,应适用《仲裁法》第 58 条的规定进行审查。关于北海仲裁委员会是否有权仲裁的问题。基于双方的意思表示、人身和经济的从属性角度分析,本案双方并不符合建立劳动关系的本质要件,属于平等民事主体之间商事合作合同关系,符合《仲裁法》第 2 条规定的仲裁范围,故北海仲裁委员会有权受理。关于仲裁送达程序问题。北海仲裁委员会按照协议载明的地址和电话向梁某华送达相关仲裁文书符合仲裁规则的规定,应视为已经合法送达。关于申请人主张的违约金认定过高的问题,属于仲裁庭根据相关案件事实作出的认定,不属于《仲裁法》第 58 条规定的撤销仲裁裁决审查范围,南宁铁路运输中级法院不予审查。

南宁铁路运输中级法院于 2023 年 6 月 30 日作出(2023)桂 71 民特 103 号民事裁定书,裁定:驳回申请人梁某华的申请。

【裁判评析】

网络直播行业依托互联网时代蓬勃发展,根据中国演出行业协会发布的《中国网络表演(直播与段视频)行业发展报告(2022—2023)》显示,2022 年网络表演行业整体市场营收1992.34亿元，累计主播账号超1.5亿人，带动就业机会超1亿人。报告还指出，短视频直播行业已经成为当代高校毕业生群体就业的新阵地，18～29岁年龄段的主播占64.2%，月收入5000元以下的主播占9成以上，月收入10万元以上的头部主播占0.4%。很多年轻主播因缺乏法律意识和社会经验，在对合同性质和条款均不了解的情况下签订合同，直播公司一方面通过格式条款约定对主播显失公平的违约责任、以合作合同之名免除己方缴纳社会保险的责任，另一方面利用仲裁"一裁终局"的特点不仅将仲裁作为双方争议解决方式，还特意选择异地仲裁机构增加主播应仲成本和难度。

本案最终认定案涉直播协议属于合作关系不属于劳动关系，不仅审查合同约定内容，还调查了合同实际履行情况。审查合同约定内容主要从四个方面：其一，看双方意思表示，案涉协议从正反两面明确双方之间的关系，主播对于自身意愿是建立劳动关系没有提交证据。其二，看双方合作内容，即主播的外貌条件优势及演艺才能与直播公司的平台扶持相合作，双方按收益分成，体现出共商和风险共担。其三，管理是否具有明显人身从属性。本案双方仅对直播时长、直播账号及工作内容进行限制和规定，实际履行中，并没有证据证明公司对上下班打卡、直播地点和直播时间进行限制的情形。其四，经济上是否具有从属性。案涉主播的主要收入来源于用户打赏，而非公司支付。案涉协议虽然约定有"保底"，但该保底不同于固定薪酬，保底期限只有3个月，且保底的获取也与主播的直播表现直接相关，主播并不定然能得到保底保障。因此，基于双方的意思表示、合作内容、人身和经济的从属性角度分析，本案双方并不符合建立劳动关系的本质要件。

此类案件实践中还存在名为合作协议，实为劳动关系的情形，需要主播特别是初入直播行业的年轻主播，提高警惕，避免掉入高薪陷阱，增强法律意识，注重证据的收集和保存，维护好自身权益，共同为规范网络直播行业、净化网络直播环境助力。

合同相对人未签字确认亦未明确表示同意的仲裁条款无效

——孙某、南京某科技咨询有限公司与鹰潭余江区某贸易有限公司申请撤销仲裁裁决案*

王华妍　韦雨忱**

【裁判要旨】

随着网络经济的发展，网络贷款纠纷频发，仲裁以其便捷、高效、保密的优势成为网贷平台公司青睐的争议解决方式。本案明确了未经合同相对人签字确认或明确表示同意的，"印章"及"手写"等形式仲裁条款无效。本案的审理有效提醒仲裁机构把好"入口关"，对于网络贷款纠纷仲裁案件，在合同约定的争议解决方式发生变更的情况下，仲裁机构有义务审慎识别合同相对方是否具有将纠纷提交仲裁解决的合意，以保障仲裁裁决的可执行性。

【基本案情】

2018年4月，借款人南京某科技咨询有限公司（以下简称某科技公司）因资金周转需要，通过网络借贷平台与出借人曾某某签订《借款合同》。孙某以其所有的不动产为案涉借款提供抵押担保，并签订《抵押

---

* 本案入选2024年1月16日最高人民法院发布的十大仲裁司法审查案例。

** 王华妍，南宁铁路运输中级法院中国—东盟自由贸易区南宁国际商事法庭副庭长。韦雨忱，南宁铁路运输中级法院中国—东盟自由贸易区南宁国际商事法庭法官助理。

合同(三方)》。两份合同均约定发生争议由担保物所在地人民法院管辖。此后该合同债权经三次转让,最终由鹰潭余江区某贸易有限公司(以下简称某贸易公司)受让。某贸易公司向某仲裁委员会申请仲裁,某仲裁委员会于 2019 年 11 月作出裁决书。某科技公司、孙某以其与某贸易公司之间并未约定仲裁条款为由,向南宁铁路运输中级法院申请撤销上述仲裁裁决。

【裁判结果】

南宁铁路运输中级法院认为,案涉《借款合同》中的仲裁条款系以印章方式加盖在合同条款中间的空白处,而《抵押合同(三方)》中的仲裁条款则是以手写方式添加于第 11 条其他约定事项中,印章内容与手写内容均系对争议解决条款的变更,在孙某、某科技公司否认该仲裁条款的情形下,该变更未经某科技公司和孙某以签字或其他方式予以确认,某贸易公司亦无证据证明该印章及手写内容经过某科技公司和孙某的确认,故不能认定曾某某与某科技公司、孙某就《借款合同》《抵押合同(三方)》的争议解决方式变更为仲裁管辖达成了合意,本案不存在合法有效的仲裁协议。故裁定撤销案涉仲裁裁决。

南宁铁路运输中级法院于 2023 年 3 月 27 日作出(2022)桂 71 民特 21 号民事裁定书,裁定:撤销北海国际仲裁院(2019)北海仲字第 2 –475 号裁决。

【裁判评析】

随着网络经济的发展,人民群众的生活消费、消费观念也在发生转变,网络贷款因有操作简易、套现能力强、征信门槛低和审批手续简单的特点而成为资金周转的重要途径,由此引发大量网络贷款纠纷。仲裁作为争端解决的途径,具有快速、高效的优势,成为网贷平台青睐的争议解决方式,故网贷仲裁裁决案件呈现井喷之势。实践中,网络贷款可能经多次转手,债权已受让给借款合同或抵押合同的合同相对人以外的其他个人或公司。有的仲裁违背当事人自愿原则,债权人或其他债权受让人通过随意增加或变更合同约定的争议解决方式,虚构已达成仲裁协议的假象,以致仲裁中债务人的知情权、抗辩权等基本权利丧失;在很多网贷仲裁裁决案件中,借款人大多是进入法院执行阶段才知道有生效的仲裁裁决。仲裁司法审查是保护网贷仲裁裁决案件中借款人合法权益的“最后屏障”。

本案最终认定案涉仲裁协议无效,是根据《仲裁法》第 4 条“当事人采用仲裁方式解决纠纷,应当双方自愿,达成仲裁协议。没有仲裁协议,一方申请仲裁的,仲裁委员会不予受理”的规定,案涉《借款合同》第11.3条、《抵押合同(三方)》第9.3条均明确载明合同各方一致同意将合同提请公证机构公证并赋予合同强制执行效力,如果公证机构不能出具执行证书或公证机构出具执行证书后人民法院依法裁定不予执行,则由抵押物所在地人民法院管辖。案涉《借款合同》中的仲裁条款系以印章方式加盖在合同条款中间的空白处,而《抵押合同(三方)》中的仲裁条款则是以手写方式添加于第11条其他约定事项中,印章内容与手写内容均系对前述争议解决条款的变更,在孙某、某科技公司否认该仲裁条款的情形下,该变更并无某科技公司和孙某以签字或其他方式予以确认,升恪公司亦无证据证明该印章及手写内容是经过某科技公司和孙某的确认,故不能据此认定曾明海与孙某、某科技公司就《借款合同》《抵押合同(三方)》的争议解决方式变更为仲裁管辖达成了合意。

仲裁司法审查机制是对仲裁有序发展的监督与支持。协议仲裁制度是仲裁法的基本制度,体现仲裁自愿原则,是整个仲裁活动的基础。对于网贷纠纷申请仲裁的案件,仲裁机构应把好“入口关”,杜绝以债权人或债权受让人捏造“仲裁合意”的方式受理案件,特别是在合同中争议解决方式发生变更的情况下,仲裁机构需要仔细审查当事人是否具有提交仲裁解决的合意,为仲裁裁决的稳定性以及可执行性奠定良好基础。

仲裁司法审查中对虚假仲裁的识别与应对

——申请人绥芬河市某公司与被申请人贵州某公司申请撤销仲裁裁决案

方　媛　莫秀连*

【裁判要旨】

人民法院在仲裁司法审查案件中应当对是否存在虚假仲裁进行主动审查，对于作出仲裁裁决的主要证据存在伪造、变造嫌疑等情形的，要重点甄别是否可能存在虚假仲裁风险，并结合当事人关系、案情细节、仲裁过程等方面认真审查判断是否存在虚假仲裁情形，对已认定构成虚假仲裁的案件可通过通知重新仲裁、发出司法建议以及移送检察监督等方式，充分发挥司法监督仲裁、遏制虚假仲裁的作用。

【基本案情】

2021 年 11 月 15 日，绥芬河市某公司与贵州某公司签订《借款合同》，约定绥芬河市某公司向贵州某公司借款 6000 万元。次日，绥芬河市某公司出具《指示付款函》，委托贵州某公司将 6000 万借款支付至案外人北京某公司银行账户。2021 年 11 月 16 日至 2022 年 3 月 23 日，贵州某公司向上述账户支付 68 笔款项，共计 5000 余万元。2023 年 3 月 27 日，某仲裁院受理申请人贵州某公司关于借款合同纠纷的仲裁申请，并

---

* 方媛，南宁铁路运输中级法院中国—东盟自由贸易区南宁国际商事法庭法官。莫秀连，南宁铁路运输中级法院中国—东盟自由贸易区南宁国际商事法庭法官助理。

于 2023 年 4 月 14 日根据申请人贵州某公司与被申请人绥芬河市某公司达成的调解协议作出仲裁调解书，确认双方达成以绥芬河市某公司向贵州某公司支付借款本息及违约金 59001914.78 元为内容的调解协议。

2023 年 10 月 17 日，绥芬河市某公司向南宁铁路运输中级法院申请撤销仲裁裁决，事由之一是认为借款合同并非其真意表示。

另查明，绥芬河市某公司曾以公司法定代表人王某私刻印章签订涉案借款合同为由向公安机关报案，公安机关决定对王某涉嫌合同诈骗案立案侦查。在接受公安机关询问时，缔约时担任贵州某公司法定代表人的李某表示对以上出借款项一事不知情，同时否认合同中其签名的真实性；贵州某公司实际控制人彭某更明确表示，该公司未曾向绥芬河市某公司出借款项；绥芬河市某公司法定代表人王某称系受赵某指使在涉案合同上签名。

【裁判结果】

南宁铁路运输中级法院经审查认为，仲裁双方并无真实的借贷合意，借贷事实并未实际发生，而系通谋签订虚假借款合同，将贵州某公司向案外人支付的款项虚构为绥芬河市某公司的债务，通过捏造借贷事实取得涉案仲裁调解书。该仲裁调解书不仅严重侵害绥芬市某公司及其债权人的合法权益，亦妨害仲裁秩序，有违司法公正，具有社会危害性，符合《仲裁法》第 58 条第 3 款“人民法院认定该裁决违背社会公共利益”的应予撤裁情形。参照《全国法院涉外商事海事审判工作座谈会会议纪要》第 104 条规定的精神，法院于 2023 年 12 月 25 日通知仲裁庭重新仲裁，并裁定中止撤销程序。后仲裁院复函同意重新仲裁，法院遂作出民事裁定书，裁定本案终结撤销程序。

【裁判评析】

当前，社会大众对多元化解纷机制认同度持续增高，仲裁行业日臻繁荣，但近来虚假仲裁现象频发，不仅严重侵害他人合法权益，亦损害仲裁公信力、干扰仲裁秩序，阻碍仲裁行业的良性发展，引发司法各界广泛关注。所谓虚假仲裁，是指当事人恶意串通、伪造证据、捏造案件构成要件事实、虚构法律关系，获取虚假仲裁裁决以侵害国家利益、社会公共利益或案外人合法权益。司法实务中，虚假仲裁多是在案外人向法院申请不予执行仲裁裁决或仲裁调解书的阶段被发现，而本案特殊之处在于，法院是在仲裁司法审查中依据仲裁债务人的申请，对是否存在虚假仲裁进行认定。案件中申请人的申请、案件审查处理的经过及最终的处理结果等环节均具有典型性，对以后类似纠纷的处理具有一定的参考价值。

一、虚假仲裁发生的诱因

虚假仲裁的发生，既有仲裁程序自身特性的内在原因，也有事后纠正监督机制不尽完善的外部原因。首先，相较于司法程序，仲裁具有合意性、相对性、保密性、一裁终局高效性、仲裁组织调查手段局限性等特性，在为仲裁当事人提供比诉讼更多的制度便利的同时，由于仲裁程序存在一定程度的封闭性，第三人或当事人以外的利害关系人很难有机会介入仲裁程序，使虚假仲裁较虚假诉讼更具隐蔽性，故更易受不良意图之人的青睐。其次，法院、仲裁机构对虚假仲裁的规制存在盲区，我国《仲裁法》未直接对第三人制度作出明确规定，这一基本制度特征为企图借助虚假仲裁实现不法利益的当事人提供可乘之机。目前阻断仲裁裁决法定效力的救济机制主要包括当事人申请撤销、申请不予执行、执行异议之诉等程序，而大多数虚假仲裁案件中的当事人多为相互恶意串通，裁决作出后当事人往往倾向于自动履行，一般很难进入上述救济程序，进一步限缩通过案外人申请不予执行机制对抗虚假仲裁的机会空间。同时，由于法院并不具备依职权撤销仲裁裁决的职权，案外人或第三人财产权因虚假仲裁引致不法侵害，亦无法通过法院予以撤销，导致虚假仲裁游离于司法审查的规制真空。最后，监督救济机制存在障碍与挑战。虚假仲裁纠正制度的不周全亦加大各方主体事后救济的难度，如案外人提起执行异议之诉时面临法院受理条件严格、对虚假事实举证困难等困境；仲裁机构则受囿于无法自行纠正的制度限制，内部控制动力机制不足；法院的纠正手段及可动用的妨害民事诉讼司法强制措施惩戒效果均有限；检察机关立案监督的法律依据尚不明确，同时对仲裁“间接监督”的模式限缩了其对虚假仲裁的规制能力等。

二、关于仲裁司法审查中对虚假仲裁的识别

有别于真实的仲裁活动，虚假仲裁往往存在仲裁双方主体关系密切、配合默契且不存在实质性申辩对抗，证据存在伪造可能，有关的法律关系内容明显有悖常理，调解协议的达成异常容易等表现，办案法官审查时应重点鉴别有无此类可疑之处。同时，根据具体案情，可采取通过要求当事人额外举证、依职权进行调查，必要时还可以向利害关系人核实案件细节、委托鉴定机构对有关证据的真实性及形成时间进行鉴定等途径，查明案件真实情况。本案中，法院在审查中通过开展询问活动向申请人详

细了解合同签订及履行的背景细节，发现涉案借款金额高达 6000 万元，借款方绥芬河市某公司竟要求将该款项全部付至案外人账户，与一般借贷习惯不符；且仲裁过程中，双方共同向仲裁庭提出简化程序尽快开庭的要求，并在仲裁开庭当日即达成调解协议，亦不符合仲裁一般实践。庭询结束后，法院调阅公安局对相关当事人的询问笔录，查明绥芬河市某公司曾以公司法定代表人王某私刻印章签订涉案借款合同为由向公安机关报案，公安机关决定对王某涉嫌合同诈骗案立案侦查，而出借方贵州某公司的法定代表人李某否认该借款合同中其签名的真实性，并与该公司的实际控制人彭某均明确否认存在涉案借款事宜。综合在案证据，法院认定涉案仲裁调解书系贵州某公司以《借款合同》为据向绥芬河市某公司主张偿还借款，但仲裁双方并无真实的借贷合意，而系通谋签订虚假借款合同，将贵州某公司向案外人支付的款项虚构为绥芬河市某公司的债务，通过捏造借贷事实取得涉案仲裁调解书。

三、关于仲裁司法审查中对虚假仲裁的应对

首先，有关对虚假事实的认定。在证据获取方面，根据《最高人民法院关于适用〈中华人民共和国民事诉讼法〉的解释》第 96 条规定，对“涉及可能损害国家利益、社会公共利益的”和“当事人有恶意串通损害他人合法权益可能的”，法院可以依职权调查收集；在证明标准方面，实践中多数法院将《最高人民法院关于适用〈中华人民共和国民事诉讼法〉若干问题的解释》第 108 条第 1 款规定的“高度盖然性”作为虚假仲裁事实成立的证明标准。本案中，法院基于审查中发现的虚假仲裁风险点，沿着申请人提供的信息线索，向公安机关去函调取了与案件事实相关的立案决定书及询问笔录，综合在案证据进行考量，确信虚假仲裁事实的存在具有高度可能性，继而认定该事实成立。

其次，有关对撤裁事由的确定。经审查后认定构成虚假仲裁的案件，可裁定撤销仲裁裁决或是通知仲裁庭重新仲裁，但无论采取何种方式，都需以符合《仲裁法》第 58 条规定的撤裁情形为前提。目前，有的法院以构成“违反法定程序”裁定撤裁，有的法院以构成“伪造证据”裁定撤裁，故各地法院对虚假仲裁应具体适用《仲裁法》第 58 条规定中哪一项撤裁情形，未达成统一，具体撤裁事由的确定应根据案情确定。本案中，申请人无证据证实借款合同中的印章系属伪造，但综合相关事实可认定双方存在通谋签订虚假借款合同的行为，法院考虑到虚构借贷事实形成的仲裁调解书不仅严重侵害绥芬河市某公司及其债权人的合法权益，亦妨害仲裁秩序，有违司法公正，具有社会危害性，故认为该虚假仲裁符合《仲裁法》第 58 条第 3 款“人民法院认定

该裁决违背社会公共利益”的规定,应予撤裁情形。

最后,有关对虚假仲裁的处理。以本案为契机,总结法院认定虚假仲裁成立后可采取以下处理措施:其一,为提高纠纷解决的效率,并给予仲裁庭自行纠正、完善仲裁程序的机会,可参照《全国法院涉外商事海事审判工作座谈会会议纪要》第104条规定的精神,通知仲裁庭重新仲裁。本案即是因仲裁院同意重新仲裁而以终结撤销程序结案。其二,为维护社会公共利益,保障仲裁程序的规范和公正,可根据《最高人民法院关于防范和制裁虚假诉讼的指导意见》第8条的规定,同时向仲裁庭发出司法建议书。本案结案后,法院向仲裁院发出《司法建议书》,建议该院在重新仲裁过程中谨慎审查双方有无借贷事实,若查明本案双方当事人事实上不存在借款合同关系,则应对双方的仲裁行为是否涉嫌构成虚假仲裁进行考量,并会同本院将线索移送相关部门。其三,为加强对虚假仲裁的惩戒力度,促进社会诚信建设,可根据《最高人民法院、最高人民检察院、公安部、司法部关于进一步加强虚假诉讼犯罪惩治工作的意见》第3条的规定,及时将在履行职责过程中发现的可能存在虚假诉讼犯罪的线索移送相关部门。本案中,法院已将该案查明情况通报检察机关,并移送案件线索,配合检察机关调阅案件材料。

【案例备注】

案件合议庭成员:王华妍、方媛(主审人)、彭博

前期物业服务合同仲裁条款对业主当然具有法律约束力

——陶某申请确认仲裁协议效力案

黄秋燕　庞　艺*

【裁判要旨】

建设单位与物业服务企业签订的前期物业服务合同对全体业主具有法律约束力,该法律约束力源于《民法典》第939条的法律规定。前期物业服务合同中的仲裁条款系合同的重要组成部分,其法律约束力不以业主知情及同意为前提,当然对全体业主具有法律约束力。

【基本案情】

申请人:陶某。

被申请人:南宁市泰和物业服务有限责任公司(以下简称泰和公司)。

2008年,南宁市仁德房地产开发有限责任公司(以下简称仁德公司)与泰和公司就金凤凰·南湖御景项目签订《前期物业服务合同》。该合同第40条约定,合同履行过程中发生的争议由双方协商解决,协商不成的,可向南宁仲裁委员会仲裁。2009年,陶某与仁德公司签订《商品房买卖合同》,该合同附件四《合同补充协议》第3点约定,该商品房移交后,买受人承诺遵守小区业主大会选聘的物业管理公司制定的物业

* 黄秋燕,广西壮族自治区高级人民法院民四庭员额法官。庞艺,广西壮族自治区高级人民法院民四庭员额法官。

管理规定；在小区业主大会未选定物业管理机构之前，由出卖人选聘前期物业管理公司。泰和公司没有提交证据证明业主在购买案涉房屋或收房时知悉并同意接受前期物业服务合同中的仲裁条款。因陶某欠付物业管理费，泰和公司向南宁仲裁委员会提起仲裁，陶某则因此向南宁铁路运输中级法院申请确认仲裁协议无效。

【裁判结果】

南宁铁路运输中级法院认为，建设单位在物业出售前与物业服务企业签订的前期物业服务合同对后来的业主产生法律约束力，来源于后来的业主对建设单位所签订的前期物业服务合同的概括承受。根据《仲裁法》第 16 条关于有效的仲裁协议需同时具备仲裁合意、明确的仲裁事项及确定的仲裁机构的规定，在案涉《前期物业服务合同》第 40 条对提交仲裁的事项及仲裁机构有明确约定的情况下，本案还需进一步审查案涉业主与物业服务企业之间是否就争议提交仲裁达成合意，即业主是否同意接受前期物业服务合同中的仲裁条款。本案中，泰和公司没有证据证明陶某在购买案涉房屋时知悉并同意接受前期物业服务合同中的仲裁条款。据此，该院认定陶某与泰和公司并未就争议提交仲裁达成合意，前期物业服务合同中的仲裁条款对陶某没有法律约束力。根据《最高人民法院关于仲裁司法审查案件报核问题的有关规定》第 2 条第 2 款的规定，向广西壮族自治区高级人民法院报核。

广西壮族自治区高级人民法院经审查认为，案涉《前期物业服务合同》是仁德公司与泰和公司的真实意思表示，内容未违反法律、行政法规的强制性规定，合法有效。该合同第 40 条已约定，合同履行过程中发生的争议，由双方协商解决，协商不成的，可向南宁仲裁委员会仲裁。根据《民法典》第 939 条"建设单位依法与物业服务人订立的前期物业服务合同对业主具有法律约束力"的规定，上述仲裁条款作为《前期物业服务合同》的组成部分，对业主当然具有法律约束力。综上所述，不同意南宁铁路运输中级法院关于确认案涉前期物业服务合同中仲裁条款无效的意见。鉴于全国各地法院对此问题处理意见不一，经广西壮族自治区高级人民法院审判委员会讨论决定就此问题向最高人民法院请示，以便统一裁判尺度。最高人民法院(2023)最高法民他 111 号《复函》，同意广西壮族自治区高级人民法院确认案涉前期物业服务合同中仲裁条款有效的审查意见。

【裁判评析】

司法实践中，各地法院对于前期物业服务合同中仲裁条款的效力是否及于全体业主、是否存在前置条件存在不同认定思路，从而导致不同的处理结果，降低了法律的指引作用，影响了司法公信和司法权威，亟须统一裁判尺度。本案的处理结果得到最高人民法院认可，对于类案的处理及司法监督和支持仲裁事业发展具有积极作用。广西壮族自治区高级人民法院作出案涉认定主要从以下四个方面进行考量：

其一，从法律解释分析。《民法典》第939条规定，建设单位依法与物业服务人订立的前期物业服务合同，以及业主委员会与业主大会依法选聘的物业服务人订立的物业服务合同，对业主具有法律约束力。从上述法律规定分析，该条款并未排除争议条款的适用，亦未对争议条款的适用加以限制。鉴于仲裁条款系前期物业服务合同的重要组成部分，当然依法对全体业主具有法律约束力。

其二，从法律渊源分析。《民法典》第465条第2款规定，依法成立的合同，仅对当事人具有法律约束力，但是法律另有规定的除外。虽然前期物业服务合同的当事人仅为建设单位和物业服务企业，但是该合同对全体业主具有法律约束力系基于《民法典》第939条中"对业主具有法律约束力"的直接法律规定，从而突破合同相对性，构成《民法典》第465条第2款规定的"但是法律另有规定的除外"情形。《民法典》第939条源于《最高人民法院关于审理物业服务纠纷案件具体应用法律若干问题的解释》（已修改）第1条"建设单位依法与物业服务企业签订的前期物业服务合同，以及业主委员会与业主大会依法选聘的物业服务企业签订的物业服务合同，对业主具有约束力。业主以其并非合同当事人为由提出抗辩的，人民法院不予支持"的规定。从该条立法目的分析，业主通过购买房产，自然成为建筑物区分所有权人，自动加入了对共有部分的共有关系，承受共有物的负担以及物上的债权债务，成为前期物业服务合同的一方当事人。该条规定以期通过法律强制性规定认可前期物业服务合同对全体业主具有效力，减少社会矛盾分歧。对上述两条规定内容比较分析可知，《民法典》第939条在"约束力"之前增加了"法律"一词进行限定，进一步表明前期物业服务合同对全体业主具有约束力的法律强制性。

如上文所述，前期物业服务合同对后来的业主具有法律约束力，系源于后来的业主依法对前期物业服务合同的概括承受，即业主购买了房产自然概括承受了前期物业服务合同的所有权利义务。上述依法对合同权利义务的概括承受与《最高人民法院关于适用〈中华人民共和国仲裁法〉若干问题的解释》第9条规定的基于合意而对合同权利义务的概括承受具有本质区别，故本案不适用上述第9条规定，意即前期物业服务合同中仲裁条款的法律约束力并不以当事人知情及同意作为前提。

其三，从实践层面分析。《民法典》第276、278条就业主大会、业主委员会的设立和议事规则作出了相关规定。但在实际操作中,由于小区建设、交付系一个动态且循序渐进过程,成立业主大会、业主委员会相对滞后且较为复杂,难以满足小区前期物业服务管理的需求。上述法律规定及现实需求的冲突,亟须通过法律规定赋予相关主体有权代表小区未来全体业主选聘物业服务企业并签订前期物业服务合同。建设单位与小区建设、社会治理息息相关,因此相关行政主管部门已对此作出相应的规章制度,以约束建设单位做好前期物业服务企业的选聘及合同签订工作,实现城市社会治理的提前优化。如《物业管理条例》第 21 条规定,在业主、业主大会选聘物业服务企业之前,建设单位选聘物业服务企业的,应当签订书面的前期物业服务合同;第 25 条规定,建设单位与物业买受人签订的买卖合同应当包含前期物业服务合同约定的内容。上述表明,赋予建设单位具有签订前期物业服务合同的权力及前期物业服务合同对全体业主具有法律约束力,具有现实意义并得到法律法规认可。虽然在小区未成立业主大会、业主委员会之前,只能由建设单位预先选聘物业服务企业,业主对此无谈判协商权利,也没有不签署的权利,只要业主购买了房产,就只能接受该前期物业服务合同约束,并按照合同内容履行支付物业服务费的义务,但业主仍享有要求物业服务企业提供相当质量标准物业服务、监督物业服务企业等权利,并不存在权益失衡情形。

其四,从法律价值分析。物业服务合同具有法律强制性、社会管理性及社会公众性特征,物业服务合同纠纷涉及民生问题,具有涉及面广、矛盾多、社会影响大等特点,审慎高效妥善处理物业服务合同纠纷,对构建和谐社会具有积极推动作用。仲裁系多元解纷的重要一环,仲裁合意系仲裁程序得以启动的前提及基础。虽然仲裁充分尊重当事人的意思自治,但如在前期物业服务合同中,完全遵循仲裁自愿原则审查物业服务企业与业主之间的仲裁合意,则需要物业服务企业与业主逐一签字确认其知悉并同意仲裁条款,或在二手房屋买卖经济活动中要求出卖方具有明确告知受让方前期物业服务合同中存在仲裁条款及需征得同意的义务。鉴于业主存在个体分散性和意志多样性的特征,故开展上述业务具有极大的不确定性及困难,不具有现实的可操作性。如此处理不仅加大物业服务企业的工作负担,影响物业服务效率和质量,亦不利于经济运行效率和物业服务合同纠纷解决。本案依据《民法典》第 939 条的规定认定前期物业服务合同中的仲裁条款不以业主知悉并同意为生效前提,依法对业主当然具有法律约束力,可有效地解决物业管理的公共服务性与业主个体分散性和意志多样性的矛盾,有利于促进社会治理及经济有序健康发展。

【案例备注】

案件合议庭成员:兰曲、徐玫、黄秋燕

广西水利电力建设集团有限公司诉中国电建市政建设集团有限公司等保函欺诈纠纷案

——独立保函欺诈的认定及审查原则

李萍萍　庞　艺*

【裁判要旨】

独立保函欺诈案件审查应当坚持必要原则和有限原则并尊重“先赔付、后争议”商业安排。审查的范围应当限于受益人是否明知基础合同的相对人并不存在基础合同项下的违约事实或者其他导致独立保函不应付款的事实。

【基本案情】

2015年1月6日,中国电建市政建设集团有限公司(以下简称电建集团)将其承包的位于阿尔及利亚民主人民共和国的项目工程分包给广西水利电力建设集团有限公司(以下简称水利电力公司)具体施工。双方签订了《分包合同》,其中第1条“定义”之1.9款约定:“分包履约保函是指为保证本分包合同正常履行,水利电力公司按电建集团要求向电建集团提供的保函。在水利电力公司违约时,电建集团可以无条件的兑付此保函。保函期限应与本分包工程实施期间相同。”第24条约定:“……(2)由于水利电力公司没有能力履行合同的,电建集团有权终

---

* 李萍萍,广西壮族自治区高级人民法院民四庭员额法官。庞艺,广西壮族自治区高级人民法院民四庭员额法官。

止本合同:(a)不能正常地进行或完成合同工程的施工;(b)拒绝执行电建集团的各种书面指示,且这种拒绝行为使工程施工受到了实质性的影响。”在这种情况下,电建集团可自行或请第三方代为履行。所产生的一切费用和成本均由水利电力公司承担。这些费用和成本可以根据特殊条件确定的方式从水利电力公司的应收工程款中扣除。工程款满足不了扣款金额时,电建集团有权兑付保函。

2019 年 3 月 19 日,交通银行股份有限公司广西壮族自治区分行(以下简称交行广西分行)按水利电力公司要求开具了延期后的 0003249 号《履约保函》,载明:鉴于申请人与受益人签订了《分包合同》,交行广西分行承诺其作为担保人向受益人出具总额为 4195000 元的保函,在收到受益人提交的书面索赔通知(包括邮寄、电子邮件、传真等方式)后,在 7 个工作日内无条件地向受益人支付保函限额之内的一笔或数笔款项。

水利电力公司未按约定工期完成案涉工程项目的施工。2018 年 12 月 6 日,双方协商工程项目移交事宜并签订了《会议纪要》。2019 年 2 月 26 日,双方确认项目现场并移交工程。此后双方多次就工程相关问题通过函件往来协商。2019 年 7 月 23 日,电建集团向交行广西分行递交索赔通知书,载明因水利电力公司违反合同约定的义务,电建集团据此向交行广西分行请求支付保函索赔款。水利电力公司认为电建集团的兑付行为构成保函欺诈,遂起诉至法院。

水利电力公司于 2020 年 1 月 2 日向天津仲裁委员会申请仲裁(案号为[2020]津仲字第 0001 号),请求确认案涉《分包合同》已经解除,裁令电建集团支付欠付工程款、退还已经兑付的保函金额等,目前该仲裁案件正在审理中。

【裁判结果】

南宁市中级人民法院于 2019 年 12 月 23 日作出(2019)桂 01 民初 2907 号民事判决:驳回水利电力公司的诉讼请求。宣判后,水利电力公司提起上诉,广西壮族自治区高级人民法院于 2021 年 9 月 28 日作出(2020)桂民终 798 号民事判决:驳回上诉,维持原判。

法院生效裁判认为:

一、关于案涉保函的性质。根据《最高人民法院关于审理独立保函纠纷案件若干问题的规定》第 1 条第 2 款的规定,独立保函是指银行或非银行金融机构作为开立人,以书面形式向受益人出具的,同意在受益人请求付款并提交符合保函要求的单据时,向其支付特定款项或在保函最高金额内付款的承诺。即独立保函独立于委托人和受益人之间的基础交易,出具独立保函的银行只负责审查受益人提交的单据是否符合保函条款的规定并有权自行决定是否付款。从交行广西分行开具的0003249号《履约保函》所载明的收到"受益人提交的书面索赔通知(包括邮寄、电子邮件、传真等方式)后,在7个工作日内无条件地向受益人支付保函限额之内的一笔或数笔款项"之内容来看,一审第三人交行广西分行仅负有在电建集团交付单据符合保函要求情况下的无条件付款责任,因此案涉保函为独立保函。

二、关于是否构成保函欺诈的问题。首先,电建集团已提交初步证据证明水利电力公司未按约完工及双方交涉工程质量,水利电力公司未提交证据证明未能按期完工非因其自身所致,根据《分包合同》第1.9款电建集团在水利电力公司违约时可兑付保函的约定,电建集团有权申请兑付保函。其次,构成保函欺诈的"明知"无权兑付仍申请兑付保函是指受益人明确知道自己确实没有权利而仍然申请兑付。即使认定《分包合同》第24条第2款约定属于兑付的特别条款,但因该条款中约定的应收工程款可以抵扣的条件及方式并未明确,且双方对于工程款是欠付还是多付仍存在争议,本案并无证据证明双方对此达成抵扣合意,不能据此条款阻却保函的兑付。故本案不宜认定电建集团明知其确无权利兑付保函仍然滥用保函兑付请求权而构成保函欺诈。最后,基础合同的履行情况及合同是否解除属于基础交易纠纷中应当解决的问题,现双方对《分包合同》是否解除存在争议,仲裁案件尚无定论。而且,独立保函独立于基础合同,一经开立即生效,开立人对受益人的索款是否予以支付的审查依据是保函本身条款,因此,即便生效仲裁裁决认定《分包合同》已解除,也不会导致独立保函解除。据上,水利电力公司认为电建集团构成保函欺诈及案涉保函应终止支付的主张,理据不足,应不予支持。

三、关于本案是否应当中止审理的问题。独立保函具有独立性,保函自开立后即与基础合同关系相互独立,天津仲裁委员会就案涉基础合同纠纷立案受理并不导致本案中止审理。

【裁判评析】

本案审查的关键在于独立保函的欺诈认定及如何审查,为厘清上述问题,需对独立保函相关内容进行分析。

一、独立保函的定义及特征

商业交易效率的快速提升,刺激着交易保障手段走向便捷多元,履约受阻时赔付效率的高低，已成为能否促进交易的关键考量因素，独立保函是旨在保障债权的快速实现而在商事实践中逐步发展形成的一种新型金融担保工具。《最高人民法院关于审理独立保函纠纷案件若干问题的规定》明确了独立保函的定义，具体是指“银行或非银行金融机构作为开立人，以书面形式向受益人出具的，同意在受益人请求付款并提交符合保函要求的单据时，向其支付特定款项或在保函最高金额内付款的承诺。前款所称的单据，是指独立保函载明的受益人应提交的付款请求书、违约声明、第三方签发的文件、法院判决、仲裁裁决、汇票、发票等表明发生付款到期事件的书面文件。独立保函可以依据保函申请人的申请而开立，也可以依据另一金融机构的指示而开立。开立人依据指示开立独立保函的，可以要求指示人向其开立用以保障追偿权的独立保函”。

根据上述定义，独立保函一般应具备以下四项要素：(1)由银行或非银行金融机构开立；(2)采用书面形式；(3)载明单据条件；(4)载明保函金额。二审法院从本案交行广西分行开具的0003249号《履约保函》的内容进行分析，认定该《履约保函》具备独立保函要素，应属于独立保函正确。独立保函具有以下五个显著特征：

其一，独立保函的法定独立性。商事交易风险控制，虽根植于信用，但仍倚重于担保。在《最高人民法院关于审理独立保函纠纷案件若干问题的规定》出台之前，我国法律仅规定了从属性的担保制度，而对于独立性担保则不予认可。从属性担保制度包括保证、抵押、质押、留置和其他非典型性担保方式，强调了担保合同的从属性，担保合同的效力并不具有独立性，主合同无效则从合同无效。在该种担保方式下，担保人仅需在债务人不履行债务时承担责任，且所承担的责任大小、范围和享有的抗辩权皆与基础合同法律关系密切相关。

相较于从属性担保，独立保函是担保人(开立人)作出的独立承诺，其独立性体现在：(1)独立保函构成开立人对受益人的直接债务，开立人需单独且直接地对受益人承担付款责任；(2)独立保函的效力和履行与基础合同法律关系脱钩，独立于基础交易，且不受基础合同中抗辩权影响；(3)开立人承担付款责任的金额与受益人在基础合同关系下的损失相互分离，开立人需依据保函确定的金额予以付款。

其二，独立保函的书面性。各国的法律规定、商业实践以及独立保函交易规则均要求独立保函需以书面形式制成。书面形式具有警示及证明协议成立、当事人承担特定义务及放弃特定义务的后果的功能，对当事人快速处理保函纠纷具有重要作用。

其三，开立人付款义务的单务性、单据性。独立保函本质属于一种单方允诺，即开立人同意在一定条件下向受益人支付款项的单方允诺。独立保函的单务性和单据性体现在单据是决定开立人是否予以付款的唯一依据,对于受益人而言,其仅需提供符合保函要求的单据即可,对开立人并无对待给付义务,开立人对于受益人提交单证相符的情况下,则负有“见索即付”的义务。

其四,开立人抗辩权的单一性。开立人除了法定抗辩情形外,其只能以单证不符提出抗辩,而不能依据基础交易法律关系和独立保函法律关系进行抗辩,其不享有先诉抗辩权和基础交易债务的抗辩权。

其五,付款金额的确定性。独立保函需载明最高付款额或确定的金额,该金额并不等同于基础交易债务人违约所造成的损失额,开立人需严格按照独立保函所确定的金额进行付款。

二、独立保函“先付款、后争议”商业安排的理解

独立保函是一种相较传统模式完全不同的特殊债权保障机制,独立保函的运行模式集中表现为“先付款、后争议”的商业安排。其运作的基本原理可归纳为,受益人向开立人提供单证相符的单据从开立人处获得款项,再由受益人和债务人另行就基础债权法律关系进行处理。在开具独立保函时,一般涉及三重法律关系:(1)申请人与受益人之间的基础交易法律关系;(2)申请人与开立人之间的申请开立法律关系;(3)开立人与受益人之间的独立保函法律关系。根据独立保函独立性的要求,独立保函一经开立即与基础交易法律关系及申请开立法律关系相分离,独立保函法律关系项下的权利义务需严格依照独立保函文本内容予以确定。开立人只需对受益人提交单据是否与保函约定相符作出审查,无须对单据涉及的实际履行行为作出审查,也无须超出单据本身去核对单据信息正确与否,更无须对单据是否有效承担任何责任。

需要特别注意的是,独立保函的本质仍是为了保障基础交易法律关系的顺利进行,其独立性并不等同于凭空而生。开立人出具独立保函的初衷是期待受益人严格按照基础交易合同进行诚实履行,只有在受益人向开立人申请独立保函索款时,其才转化为支付工具,开立人进行“先付款”。对于付款后的争议,如受益人通过独立保函获得的赔偿高于或低于实际损失的,其应在基础交易法律关系中退回或追偿差额部分。

三、独立保函欺诈案件的审查要点

独立保函的前述特点保证了付款的快捷性、确定性,使其拥有传统从属性担保无法实现的商业价值。近年来,随着“一带一路”建设及企业“走出去”等国家高水平对

外开放战略的持续深入推进,我国经济与全球经济深度融合,对外经贸活动不断扩大,独立保函已成为我国企业参与境外交易和签署合同的必要条件之一。但因独立保函所具有独立性、书面性等特征,其独特的“见索即付”“先付款,后争议”模式,保证人无法以基础合同的抗辩事由对抗受益人的索款请求,使作为最后责任承担主体的申请人面临巨大风险,因此,即便独立保函各方当事人自愿接受了提交相符单据下的支付安排,也不能完全避免受益人欺诈索付的冲动,反欺诈也就成了独立保函中权利不得滥用的具体要求。

(一)独立保函欺诈情形

独立保函的独立性使受益人获得付款环节极大的简化,但也为受益人提供了欺诈索付的机会。因此,《最高人民法院关于审理独立保函纠纷案件若干问题的规定》第 12 条对构成独立保函欺诈的几种情形进行了明确规定。第一种是不真实基础交易,第二种是单据不真实,后面三种则是以法院判决、仲裁裁决、受益人自认基础交易债务已得到完全履行或者确认独立保函载明的付款到期事件并未发生等受益人故意滥用索付请求权的情形。现实中,保函欺诈行为的表现形式复杂多样,因此上述第 12 条对受益人明显滥用付款请求权的其他情形进行了概括性的兜底规定,即“受益人明知其没有付款请求权仍滥用该权利的其他情形”。

(二)构成独立保函欺诈的受益人“明知”认定

因我国相关法律并未对上述兜底规定中受益人的“明知”予以界定,实务中,对其把握标准存在争议,也成为保函欺诈案件认定的难点。本案的处理认为,构成保函欺诈的“明知”无权兑付仍申请兑付保函,应是指受益人明确知道自己确实没有权利申请兑付保函而仍申请兑付,即客观证据或事实表明受益人对自己是否享有兑付请求权有清楚的认知,受益人恶意兑付保函。如果根据一般理性人的认知标准就能够作出受益人索付没有事实基础和可信依据的判断,则可认定受益人系明知没有付款请求权仍滥用该权利,此时受益人的行为构成独立保函欺诈。但对于基础合同的双方当事人就履约事实发生争议的情形下,因难以仅根据双方存在争议而得出受益人明知,故此种情形下不宜认定受益人兑付保函构成保函欺诈。

本案中,《分包合同》第 24 条第 2 款虽然提及应收工程款不足抵扣代建费用时可兑付保函,但亦明确了抵扣方式以“根据特别条件确定的方式”进行,而水利电力公司并未举证证明双方已就该“特别条件”及“方式”进行了确认,且水利电力公司就《分包合同》的履行向天津仲裁委员会提起的仲裁案件可以表明双方就合同解除与否、水利电力公司是否存在应收工程余款等存在争议,因此本案不宜认定电建集团明知其确实无权利兑付保函仍然滥用保函兑付请求权而构成保函欺诈。而且，独立保函独立于基础合同，一经开立即生效，具有独立的效力，其仅约束保函开立人和受益人，开立人对受益人的索赔是否予以支付的依据是保函本身条款，因此，即便生效仲裁裁决认定案涉《分包合同》已经解除，也不会导致独立保函解除，更不能据此认定电建集团明知基础合同解除仍申请兑付保函构成保函欺诈。

（三）独立保函欺诈的举证责任

独立保函欺诈常见的举证内容涉及：(1)单据是否伪造；(2)合同基础义务确无疑问地满足受益人之要求和受益人故意不当地阻止基础义务的履行等事项。根据我国证据规则，当事人对于自己提出的诉讼请求所依据的事实或者反驳对方诉讼请求所依据的事实有责任提供证据加以证明的规定，主张存在保函欺诈的申请人应首先承担对方存在欺诈性索款的举证责任。具体而言，申请人应提交初步证据证明受益人在索款时存在欺诈，人民法院在核实证据后决定是否采取临时性措施，中止保函项下款项的支付。实体审查中，若受益人在索款声明中主张申请人存在违约并提交初步证据，则申请人应对此提出反证，人民法院综合判断申请人主张受益人欺诈性索款的请求能否成立。

本案中，电建集团已提交证明水利电力公司未按期完工及与水利电力公司交涉工程质量的初步证据，而水利电力公司却未提供其未能按期完工非系因其自身原因所致的证据，根据《分包合同》第1.9款有关电建集团在水利电力公司违约时可以兑付保函的约定，电建集团有权申请兑付案涉保函。电建集团以水利电力公司违反合同约定的义务为由申请兑付保函，其申请亦符合案涉《履约保函》的要求。

（四）独立保函欺诈的审查原则

《最高人民法院关于审理独立保函纠纷案件若干问题的规定》第18条规定：“人民法院审理独立保函欺诈纠纷案件或处理止付申请，可以就当事人主张的本规定第十二条的具体情形，审查认定基础交易的相关事实。”据此，人民法院在对独立保函的基础交易事实进行审查时，应把握以下两项原则：

1. 必要审查原则。虽然独立保函中保证人的付款义务独立于基础合同，基础合同项下的抗辩并不影响保证人的付款义务。但对于保函欺诈而应止付的主张，则不受保函独立性的约束，如申请人举证证明受益人存在欺诈性索款，则应终止保函项下保证人的付款。因此，人民法院在审查认定欺诈构成与否时，有权也有必要对受益人与第三人间的基础法律事实情况进行有限度的审查，以判断受益人有无行使索付权的正当理由及其索付申明是否存在虚假陈述，以确认受益人的索款行为是否具有正当性、合约性,人民法院在此限度内审查基础法律事实并不与独立保函独立性相冲突。

2. 有限审查原则。金融保函业务与基础贸易行为所依据的事实不尽相同,可能存在当事人不一致、适用法律不同问题,甚至还可能涉及不同国家和地区的管辖问题。因此,无论是从程序上还是从实体上考虑,对基础法律关系的审查只能是形式上的有限审查,至于实质性审查则应属于基础法律关系纠纷的审查范围。对于有限审查的程度,在司法实践中既没有统一的标准,也还存在一定程度的争议,笔者认为,应以高度可能性和排除合理怀疑的证明标准两个维度进行把握,具体实践中应遵循:第一,严格限定独立保函欺诈范围;第二,仅对现有证据审查为原则,人民法院无须调查取证;第三,不影响后续纠纷处理原则;第四,受益人兑付保函是否违反商业活动应普遍遵守的诚实信用原则和权利不得滥用原则。

【案例备注】

案件合议庭成员:莫宗艳、谭庆华、李萍萍

云峰公司、海某清、海某与永杏公司股权转让纠纷案

——外商投资企业的股权转让协议因涉负面清单禁止投资领域而自始无效

李萍萍　庞　艺*

【裁判要旨】

外商投资企业在我国的经营活动应符合负面清单相关规定，其与内地公司所签订的股权转让协议因涉负面清单禁止投资领域而自始无效，当事人企图通过变更公司性质为国内自然人投资或控股的补救行为不能阻却协议无效认定。

【基本案情】

广西梧州云峰药业有限公司（以下简称云峰公司）成立于2002年，股东为海某清、海某，经营范围为中药饮片（含毒性中药材炮制）（净制、切制、炙制、煅制、蒸制、炒制）等；永杏公司系在梧州市设立的港澳台法人独资企业，股东为港资企业港森行投资有限公司，张某彩是永杏公司的法定代表人及实际控制人。2010年9月6日，海某清、海某与永杏公司签订《股权转让协议书》，约定永杏公司以550万元受让云峰公司100%股权及登记在云峰公司名下的所有财产。股权转让款支付完毕

* 李萍萍，广西壮族自治区高级人民法院民四庭员额法官。庞艺，广西壮族自治区高级人民法院民四庭员额法官。

后，云峰公司由永杏公司及张某彩接管，但双方并未办理股权变更登记。双方因对案涉《股权转让协议书》的效力分歧而成讼，永杏公司向一审法院起诉请求判令云峰公司、海某清、海某继续履行《股权转让协议书》并办理工商变更登记及移交相关财产、资料；海某则反诉请求确认案涉《股权转让协议书》无效。一审庭审后，永杏公司变更了企业工商登记，其企业法人类型由港澳台法人独资变更为自然人投资或控股。

【裁判结果】

一审判决：(1)驳回永杏公司的诉讼请求；(2)海某、海某清与永杏公司于2010年9月6日签订的《股权转让协议书》无效。

二审判决：驳回上诉，维持原判。

生效裁判认为：

首先，关于云峰公司经营范围的问题。经营范围是指国家允许商业主体生产、经营的商品类别、品种及服务项目，是企业业务活动范围的法律界限。经查明，云峰公司的经营范围包括中药饮片（含毒性中药材炮制）（净制、切制、炙制、煅制、蒸制、炒制）。案涉《股权转让协议书》签订时施行的《外商投资产业指导目录（2007年修订）》中禁止外商投资产业目录下第3条第2款第2项明确规定包括“中药饮片的蒸、炒、炙、煅等炮制技术的应用及中成药保密处方产品的生产”。此后多次修订的《外商投资产业指导目录》及现行的负面清单（2020年版）均将中药饮片的蒸、炒、炙、煅等炮制技术的应用作为外商禁止投资范围。故应认定云峰公司经营范围涉及负面清单的禁止投资领域。

其次，案涉《股权转让协议书》是否违反法律、行政法规的强制性规定的问题。前文已述及，云峰公司经营范围涉及负面清单禁止投资领域，且案涉《股权转让协议书》签订时，永杏公司系港澳台法人独资企业，故永杏公司签订的案涉《股权转让协议书》已违反《外商投资法》第28条第1款“外商投资准入负面清单规定禁止投资的领域，外国投资者不得投资”的规定，符合《合同法》第52条第5款“违反法律、行政法规的强制性规定”的情形，应属无效。

最后，永杏公司将企业类型由港澳台法人独资变更为自然人投资或控股对合同效力影响的问题。永杏公司在2020年1月16日之前属于台港澳法人独资企业，其受让云峰公司股权行为属于外商投资企业在我国境内进行二级再投资的行为，其变更公司性质并不影响依据《最高人民法院关于适用〈中华人民共和国外商投资法〉若干问题的解释》第3、5条认定案涉《股权转让协议书》自始无效。

【裁判评析】

外商投资企业进行负面清单领域的行为效力如何认定是本案审理的关键,下文主要从负面清单现行模式、法理基础、现实意义以及相关法律适用进行分析。

一、负面清单的现行模式

外商投资负面清单是国务院以清单方式明确列出在外商投资者在我国境内禁止和限制投资经营的行业、领域、业务等,各级政府依法采取相应管理措施的一系列制度安排。一般来说,负面清单涉及的领域主要包括关系到国家安全、金融稳定、民族产业、环境保护以及影响国家基础或具有战略意义的行业等。外商投资负面清单以外的行业、领域、业务等,各类市场主体皆可依法平等进入。

在外商投资准入问题上,我国从"外商投资产业指导目录"模式嬗变到"外商投资准入特别管理措施(负面清单)"模式,所禁止或限制的领域逐步缩小,这无疑是我国推进国家治理体系和治理能力现代化建设的重要体现。我国现行的负面清单是国务院负责制定发布,包括《外商投资准入特别管理措施(负面清单)》和《自由贸易试验区外商投资准入特别管理措施(负面清单)》。上述两份负面清单均设定了限制性投资领域和禁止性投资领域,负面清单规定禁止投资的领域,外商投资者不得投资。负面清单规定限制投资的领域,外商投资者进行投资应当符合负面清单规定的股权要求、高级管理人员要求等限制性准入特别管理措施。上述两份负面清单在适用地域、规范范围、准入深度等方面存在差异。总体而言,《自由贸易试验区外商投资准入特别管理措施(负面清单)》的方向是实施更大范围、更宽领域、更深层次的全面开放,以高水平开放推动经济高质量发展。具体到我区而言,2019年,中国(广西)自由贸易试验区正式设立,涵盖南宁片区、钦州港片区、崇左片区三个片区,自由贸易试验区内设立的外商投资企业适用《自由贸易试验区外商投资准入特别管理措施(负面清单)》;非自贸试验区的外商投资企业适用《外商投资准入特别管理措施(负面清单)》。

二、负面清单的法理基础

根据经济发展的形势及需求,我国对负面清单的范围不断进行摸索及调整,其调整的法理基础包括以下两个方面。

1.法无禁止即自由。负面清单非禁即入的内涵,源于法无禁止即自由的法理基础。市场主体在法定范围内,依法享有充分的行为自由,产生、变更和消灭民事法律关系。法无禁止即自由与负面清单的内在联系,一方面,体现在保障市场主体的行为自由,减少公权力对私权利的过度干预,使市场主体的意思自由能在法定范围内充分行使;另一方面,体现在认同规制市场主体行为主要依靠法律的方式。

2. 法律效率价值。经济分析法学主张价值最优是效率实现的目的,法律制度以及法律制度保障下的主体活动最终价值体现在更高效率地利用资源创造更高的社会价值,从而获取充足的法律和社会效率价值。外商投资负面清单的效率价值,表现在外商投资者可根据负面清单对其投资活动应达到状态以及经济效果进行合理预期,促进积极投资;亦表现在从审批制到备案制政府模式的转化带来节省时间成本、行政成本以及优化营商环境,带来社会效益。

三、负面清单的现实意义

负面清单的制定致力于激发市场活力及提高社会效率,对我国经济社会发展具有重大意义。

(一)优化资源配置

负面清单的本质为非歧视、市场化及促进贸易投资自由化,其目的是建立一个统一的公平、开放、透明的市场。通过实施外商投资负面清单,赋予外商投资企业更多的主动权,有利于落实市场主体自主权和激发市场活力;有利于形成各类市场主体依法平等使用生产要素,公开、公平、公正参与竞争的市场环境;有利于形成统一开放、竞争有序的现代市场体系。

(二)明确市场与政府边界

通过施行外商投资负面清单,明确政府发挥作用的职能边界,有利于进一步深化行政审判制度改革,大幅收缩政府审批范围、创新政府监管方式,促进投资贸易便利化,不断提供行政管理的效率和效能;有利于促进政府运用法治思维和法治方式加强市场监管,推进市场监管制度化、规范化、程序化,从根本上促进政府职能转变。

(三)助力构建开放型经济新体制

实施外商投资负面清单,有利于加快建立与国际通行规则接轨的现代市场体系;有利于营造法治化的营商环境,促进国际国内要素有序自由流动、资源高效配置、市场深度融合,不断提升我国国际竞争力,是以开放促改革、建设更高水平市场经济营商环境的有效途径。

四、与负面清单相关的法律适用问题

设置负面清单禁止投资领域是国家和政府对在国内经济和民族产业当中的关键性产业和脆弱性产业所提供的坚实有力的政策性倾斜与保护，事关我们的产业安全、公共利益与国家安全。如何准确适用上述法律规定不仅涉及开放性法治化的营商环境，还影响保护民族产业安全的可持续发展。与负面清单相关的法律集中在《外商投资法》第 4、28、36 条以及《最高人民法院关于适用〈中华人民共和国外商投资法〉若干问题的解释》第 2 ~5 条。

（一）外商投资法适用主体的问题

根据《外商投资法》第 2 条“在中华人民共和国境内（以下简称中国境内）的外商投资，适用本法。本法所称外商投资，是指外国的自然人、企业或者其他组织（以下称外国投资者）直接或者间接在中国境内进行的投资活动，包括下列情形：（一）外国投资者单独或者与其他投资者共同在中国境内设立外商投资企业；（二）外国投资者取得中国境内企业的股份、股权、财产份额或者其他类似权益；（三）外国投资者单独或者与其他投资者共同在中国境内投资新建项目；（四）法律、行政法规或者国务院规定的其他方式的投资。本法所称外商投资企业，是指全部或者部分由外国投资者投资，依照中国法律在中国境内经登记注册设立的企业”的规定，外商企业投资法适用调整的主体为外商投资者。需要明确的是，如我国签署的双多边协议（协定）另有规定的，按照相关协议（协定）的规定执行。

根据《最高人民法院关于适用〈中华人民共和国外商投资法〉若干问题的解释》第 6 条“人民法院审理香港特别行政区、澳门特别行政区投资者、定居在国外的中国公民在内地、台湾地区投资者在大陆投资产生的相关纠纷案件，可以参照适用本解释”的规定，香港特别行政区、澳门特别行政区投资者在内地投资，应该根据港澳特区与内地所签订的投资协议对其投资行为效力进行认定，如无规定可以参照《外商投资法》执行；台湾地区投资者在大陆投资，适用台湾同胞保护法及其实施细则的规定，未规定的事项参照《外商投资法》执行；定居在国外的中国公民在中国投资因其投资的资金来源于境外，亦受上述法律规定的调整。

（二）企业性质变更对投资合同效力影响问题

《外商投资法》第 28 条明确规定：“外商投资准入负面清单规定禁止投资的领域，外国投资者不得投资。外商投资准入负面清单规定限制投资的领域，外国投资者进行投资应当符合负面清单规定的条件。外商投资准入负面清单以外的领域，按照内外资一致的原则实施管理。”现实中，存在外商投资企业的投资合同因企业性质不符合要求而认定无效后，外商投资企业将企业性质变更得符合负面清单要求的行为救济效力如何认定的问题。上述问题需从外商投资企业所涉负面清单具体领域进行分析。

1. 涉及负面清单禁止性领域。根据《最高人民法院关于适用〈中华人民共和国外商投资法〉若干问题的解释》第3条“外国投资者投资外商投资准入负面清单规定禁止投资的领域，当事人主张投资合同无效的，人民法院应予支持”以及该法第5条“在生效裁判作出前，因外商投资准入负面清单调整，外国投资者投资不再属于禁止或者限制投资的领域，当事人主张投资合同有效的，人民法院应予支持”的规定，涉及负面清单禁止投资领域的投资合同效力瑕疵补正仅以负面清单调整作为唯一合法事由，则外商投资企业将其企业类型变更为自然人投资或控股对合同效力并无影响，投资合同属自始无效。案例中的永杏公司即便将其公司主体变更为符合负面清单要求的企业类型，亦无法补充案涉《股权转让协议书》的效力。

2. 投资合同涉及负面清单限制性领域。根据《最高人民法院关于适用〈中华人民共和国外商投资法〉若干问题的解释》第4条“外国投资者投资外商投资准入负面清单规定限制投资的领域，当事人以违反限制性准入特别管理措施为由，主张投资合同无效的，人民法院应予支持。人民法院作出生效裁判前，当事人采取必要措施满足准入特别管理措施的要求，当事人主张前款规定的投资合同有效的，应予支持”的规定，在生效判决前，涉及负面清单限制性领域投资合同的效力可以通过变更企业性质进行补救。外商投资企业性质变更为国内法人后，不再适用负面清单调整，其所签订的投资合同自始有效。

【案例备注】

二审合议庭成员：莫宗艳、王华妍、李萍萍

厘清租约中的仲裁条款有效并入提单的审查标准

——中国人民财产保险股份有限公司南宁市分公司诉亚特兰大博世船务有限公司(ATLANTIC BOSS SHIPPING LIMITED)海上货物运输合同纠纷案

徐　玫*

【裁判要旨】

1. 我国系《承认及执行外国仲裁裁决公约》(以下简称《纽约公约》)缔约国,在受理诉讼时应根据《纽约公约》第2条之规定认定仲裁协议是否无效、失效或不能实行,以此判断法院对该争议是否具有管辖权。

2. 租约中的仲裁条款对提单持有人产生约束力,要以租约中的仲裁条款已有效并入提单作为事实基础,有效并入的标准是当事人知道或者应当知道存在仲裁协议。

3. 租约中的仲裁条款应当以明示的方式并入提单,以提示可能接受提单的主体存在仲裁条款并有机会选择是否接受该仲裁条款约束。

4. 并入提单的租约应当明确,提单中不仅要载明租约名称、签订时间、签订主体等,还应当有证据证明租约随提单一并流转。

【基本案情】

北海海事法院于2021年9月1日受理原告中国人民财产保险股份

* 徐玫,广西壮族自治区高级人民法院民四庭四级高级法官。

有限公司南宁市分公司(以下简称人保财险南宁分公司)与被告亚特兰大博世船务有限公司(以下简称博世公司)保险人代位求偿权纠纷案。人保财险南宁分公司诉称,2020年8月30日,博世公司所属"雪绒花"轮(MV. EDELWEISS)从巴西桑托斯港装运大豆运抵钦州港,卸货前发现货损,导致收货人广西港青油脂有限公司(以下简称港青公司)遭受损失和费用合计1598817.32元。因港青公司就案涉货物向人保财险南宁分公司投保了海上货物运输保险一切险,货损发生后,人保财险南宁分公司已向港青公司支付相应保险赔偿金及检验费,依法取得保险人代位求偿权。本案货物发生在承运人责任期间内,博世公司应负赔偿责任,故起诉请求:(1)博世公司赔偿人保财险南宁分公司损失1598817.32元及利息(利息自2021年8月25日起按同期贷款市场报价利率计至被告清偿之日止);(2)本案诉讼费用由博世公司承担。在答辩期内,博世公司对本案管辖权提出异议,认为人保财险南宁分公司声称系编号为EWSBS-01、EWSBS-02、EWSBS-03、EWSBS-04、EWSBS-05、EWSBS-06、EWSBS-07、EWSBS-08和EWSBS-09号提单(以下简称案涉提单)的合法持有人,并据此向法院提起诉讼,要求被告赔偿相关货物损失,但博世公司已将"雪绒花"轮(MV. EDELWEISS)期租给案外人ELEMENT MARITIME SA,后者又与ADMIntermare就案涉货物运输签订日期为2020年4月30日的航次租船合同。案涉提单系依据案涉航次租船合同签发,案涉提单已有效并入上述航次租船合同中的英国伦敦仲裁条款。因此,双方在案涉提单下所生纠纷应提交英国伦敦仲裁解决,北海海事法院对本案无管辖权。

【裁判结果】

北海海事法院经审查认为,博世公司所提的管辖权异议不成立。本案是人保财险南宁分公司作为保险人取得代位求偿权后提起的海上货物运输合同纠纷。案涉提单虽同时载明"北美谷物提单与1973年北美谷物租船合同并用""2020年4月30日租约中所有条款、豁免和除外,包括法律和仲裁条款,及'保赔协会加油绕航条款',均并入此提单"等字样,但没有证据证明有租约随案涉提单一并流转,仅凭提单的上述记载无法知晓仲裁条款的具体约定内容,人保财险南宁分公司作为保险人依法取得代位求偿权后,有权以自己的名义提起本案诉讼,故博世公司依据提单并入条款对本案管辖权提出的异议不能成立。海上货物运输合同属于海事法院专属管辖,案涉货物运输目的港位于广西钦州市,在北海海事法院管辖区域内,依据我国《民事诉讼法》第28条的规定,北海海事法院依法对本案具有管辖权。

北海海事法院于 2022 年 9 月 14 日作出北海海事法院(2021)桂 72 民初 428 号民事裁定:驳回被告博世公司对本案管辖权提出的异议。

博世公司不服一审裁定,向广西高级法院提起上诉。广西高级法院于 2023 年 3 月 21 日作出(2023)桂民辖终 7 号民事裁定:驳回上诉,维持原裁定。

【裁判评析】

本案是一起典型的涉外仲裁协议效力认定的案件,涉及租约中的仲裁条款是否有效并入提单以及保险人行使保险代位求偿权时是否受仲裁条款约束的争议问题。本案为租约中的仲裁条款有效并入提单问题厘清了审查思路。

首先,本案涉及涉外仲裁协议是否有效的问题。我国系《纽约公约》缔约国。《纽约公约》于 1958 年 6 月 10 日在纽约签订,我国政府于 1987 年 1 月 22 日交存加入书,该公约于 1987 年 4 月 22 日对我国生效。《纽约公约》第 2 条第 3 款规定:"当事人就诉讼事项订有本条所称之协定者,缔约国法院受理诉讼时应依当事人一造之请求,命当事人提交仲裁,但前述协定经法院认定无效、失效或不能实行者不在此限。"本案中,涉外当事人之间争议系应法院诉讼还是仲裁,应当由受诉法院依据《纽约公约》对涉外仲裁协议的有效性进行审查,如该涉外仲裁协议符合《纽约公约》的规定,基于"条约应当信守"的国际法义务及当事人达成的仲裁合意,该争议应当提交仲裁,法院并无管辖权。《纽约公约》第 2 条第 2 款规定"称'书面协定'者,谓当事人所签订或在互换函电中所载明之契约仲裁条款或协定"。即《纽约公约》规定了仲裁协议应以书面形式所订立。而租约中的仲裁条款是否并入提单,则会引起对仲裁协议有效性的书面要求的挑战。《纽约公约》对租约中的仲裁条款并入提单的方式是否符合第 2 条第 2 款规定之"书面协定"未作规定,应由受诉法院对此进行审查。

其次,租船合同中的仲裁条款对提单持有人产生约束力,要以租船合同及其仲裁条款已有效并入提单为事实基础。仲裁的基石是仲裁合意。仲裁是当事人选择适用的一种争端解决方式,仲裁的前提是当事人达成仲裁合意,即仲裁意思表示一致。回到租约中的仲裁条款是否有效并入提单继而约束提单持有人的问题上,基于当事人必须达成仲裁合意,有效并入的标准是当事人知道或者应当知道存在仲裁协议。为达到该标准,法院要从以下两个方面进行审查:其一,审查被并入的租约是否明确。为了让提单接收方在选择是否接受租约约束时应当有机会明确知晓该租约内容,不仅要明确载明租约名称、签订时间以及签订主体等,还应当包括有证据证明租约随提单一并流转。提单未明确载明航次租约当事人名称,也未有证据证明有租船合同随提单一并流转,提单持有人受让提单时不知悉提单所并入的租船合同及其仲裁条款,则不能认定租约及其中的仲裁条款有效并入提单并约束提单持有人。其二,审查租约中的仲裁条款是否以明示的方式并入提单。租约并入提单时,应当以明示的方式载明租约中存在仲裁协议,以提示可能接受提单的主体明确知晓仲裁条款的存在,提单接收人故而有机会选择是否接受该仲裁条款约束,这与仲裁意思自治的原则相吻合。回到本案中,虽然案涉提单正面载明"北美谷物提单与1973年北美谷物租船合同并用""2020年4月30日租约中所有条款、豁免和除外,包括法律和仲裁条款,及'保赔协会加油绕航条款',均并入此提单"、在运费支付一栏注明"根据租船合同支付运费"等内容,案涉提单虽载明租约的名称及签订时间,但案涉提单未写明仲裁条款内容以及租约的当事人,而且并无证据证明案涉租约已经随案涉提单一并流转。仅凭提单的上述记载,提单接收人无法知晓仲裁条款的具体约定内容,故法院审查认定租约中的仲裁条款并未有效并入提单,提单持有人不受租约中的仲裁条款约束。

当然,如果在租约中的仲裁条款已有效并入提单的情况下,法院还应当进一步审查保险人依据保险代位求偿权受让提单持有人(被保险人)在提单项下的权利时保险人是否受仲裁协议约束的问题。对于保险人作为非仲裁协议的签订方能否成为仲裁协议当事人的问题,国内仲裁与涉外仲裁之间存在不同的识别路径。对于国内仲裁,根据《最高人民法院关于适用〈中华人民共和国仲裁法〉若干问题的解释》第9条"债权债务全部或者部分转让的,仲裁协议对受让人有效,但当事人另有约定、在受让债权债务时受让人明确反对或者不知有单独仲裁协议的除外"之规定,保险合同关系下的保险代位求偿问题属于法定的债权转让,可以适用上述司法解释之规定,在无除外之情形下应认定保险人受仲裁协议约束。《全国法院民商事审判工作会议纪要》(法〔2019〕254号)第98条对此有相应阐述,即"被保险人和第三者在保险事故发生前达成的仲裁协议,对行使保险代位求偿权的保险人是否具有约束力,实务中存在争议。保险代位求偿权是一种法定债权转让,保险人在向被保险人赔偿保险金后,有权行使被保险人对第三者请求赔偿的权利。被保险人和第三者在保险事故发生前达成的仲裁协议,对保险人具有约束力"。然而,对于涉外仲裁,应当根据《纽约公约》第2条之规定审查仲裁协议的主体范围。《纽约公约》第2条第3款暗含应当由审查法院确定仲裁协议的主体之义。对于审查所依据的准据法,应根据《纽约公约》第5条第1款(甲)项之规定,按照仲裁协议的准据法来处理,或未约定仲裁协议准据法时按照法院法确认。

外国企业在中国境内设立代表机构的法律性质、地位及责任认定

——南宁某建设投资集团有限责任公司与韩国某株式会社南宁代表处、某株式会社房屋租赁合同纠纷案*

黄秋燕　汪智婷**

【裁判要旨】

外国企业常驻代表机构是指外国企业依法在我国境内设立的从事与该外国企业业务有关的非盈利性活动的办事机构。在外国企业代表机构为履行其市场调查、展示、宣传及联络等代表事务的过程中，不免与其他商事主体越发频繁地产生各种关系。当发生法律纠纷时，因外国企业代表机构不是经依法登记并领取营业执照的外国企业的分支机构或职能部门，也不拥有自身财产、不具备法人资格，故其对外代表外国企业在我国境内的一切业务活动，应由其所代表的外国企业承担法律责任。

【基本案情】

上诉人（原审被告）：韩国某株式会社南宁代表处（以下简称某南宁代表处）。

被上诉人（原审原告）：南宁某建设投资集团有限责任公司（以下简

---

* 案号：(2023)桂民终543号。

** 黄秋燕，广西壮族自治区高级人民法院民事审判第四庭四级高级法官。汪智婷，广西壮族自治区高级人民法院民事审判第四庭四级法官助理。

称城投公司)。

原审被告:某株式会社。

某南宁代表处是某株式会社在我国设立的常驻代表机构。2010年,城投公司与某南宁代表处签订一份《房屋租赁合同》,约定某南宁代表处租赁城投公司钻石广场15层B1、B2号房用于办公,月租1500元,租期从2011年1月1日至2020年12月31日止。2016年7月11日,城投公司向各租户发出一份通知,告知国有房屋出租全部引入市场竞争机制,凡合同到期的租户,若继续租赁房屋可通过到南宁市公共资源交易中心参与竞价承租的方式进行。双方在合同租赁期届满前就开始协商续租事宜,某南宁代表处向城投公司发函要求按原租金再续租10年,未能得到城投公司的同意。此后至2021年5月,双方一直在通过微信、函件往来协商续租事宜,均未能达成一致。某南宁代表处在租赁期限届满后仍一直占有并使用租赁房屋至今。城投公司因此诉至一审法院,请求某南宁代表处腾空并返还房屋,并支付尚欠租金及房屋占用费、水电费、物业管理费等,同时请求某株式会社对某南宁代表处的上述义务承担连带支付责任。

【裁判结果】

一审法院认为,某株式会社为在韩国注册的企业法人,案涉房屋坐落在我国境内,根据我国《涉外民事关系法律适用法》第41条关于最密切联系原则的规定,本案应适用中华人民共和国法律审理。案涉《房屋租赁合同》主体适格,意思表示真实,且未违反法律、行政法规的强制性规定,应有效合同,双方均应全面履行各自义务。首先,某南宁代表处尚欠租期内租金未支付,应向城投公司支付尚欠租金。其次,租赁期间届满后,某南宁代表处继续使用租赁房屋,城投公司虽然一直与之协商续租事宜,但未提交证据证实其对某南宁代表处继续使用租赁房屋提出异议,故原《房屋租赁合同》继续有效,但租赁期限为不定期。根据我国《合同法》第232条之规定,对于不定期租赁合同,当事人均可随时解除合同,故城投公司请求某南宁代表处腾空并返还房屋,于法有据。再次,根据合同约定,支付水电及物业管理费是某南宁代表处的合同义务,故其应向城投公司支付其所代为垫付的部分费用。最后,鉴于某南宁代表处是某株式会社的外国企业常驻代表机构,即某南宁代表处依照我国法律在我国境内设立的不具有法人资格的营业机构,故某株式会社与某南宁代表处在性质上属于总公司与分公司之间的关系。根据我国《民法总则》(已废止)第74条"法人可以依法设立分支机构。法律、行政法规规定分支机构应当登记的,依照其规定。分支机构以自己的名义从事民事活动,产生的民事责任由法人承担;也可以先以该分支机构管理的财产承担，不足以承担的，由法人承担”的规定，某南宁代表处在本案中的民事责任应先由某南宁代表处的财产承担，不足以承担的部分，由某株式会社承担。

二审法院认为，根据我国2021年《民事诉讼法》第274条“人民法院对在中华人民共和国领域内没有住所的当事人送达诉讼文书，可以采用下列方式……（五）向受送达人在中华人民共和国领域内设立的代表机构或者有权接受送达的分支机构、业务代办人送达……”的规定，一审法院向某南宁代表处送达相关诉讼文书，具有法律依据。某南宁代表处以一审法院存在程序违法并请求二审法院通过邮件向某株式会社送达诉讼文书，二审法院不予支持。关于欠付租金及房屋占用费的问题，因某南宁代表处提交证据证明其在往返中国与韩国期间确其因新冠疫情原因，导致对案涉租赁房屋的正常使用造成一定影响，此情况不可归责于双方，根据公平合理、等价有偿原则，二审法院酌情确定减免5个月租金。根据《外国企业常驻代表机构登记管理条例》第2条“本条例所称外国企业常驻代表机构，是指外国企业依照本条例规定，在中国境内设立的从事与该外国企业业务有关的非盈利性活动的办事机构，代表机构不具有法人资格”的规定，某南宁代表处是某株式会社在中华人民共和国内依法登记设立的常驻代表机构，其不具有法人资格，也不具有独立的财产，因此某南宁代表处在业务活动中为代表事宜所签订合同的法律责任就应当由某株式会社承担。一审判决将某南宁代表处认定为某株式会社的分支机构并由某南宁代表处承担责任，适用法律不当，二审法院予以纠正。

【裁判评析】

随着“一带一路”建设的不断深入，我国已经成为一百四十多个国家和地区的主要贸易伙伴，货物贸易总额居世界第一，吸引外资和对外投资也居世界前列。外国企业、外国资本纷纷涌入中国市场，最常见为中外合资企业、中外合作经营企业、外国投资企业（独资）等形式，此外也广泛存在外国企业在我国境内设立代表机构、分支机构等形式。我国《公司法》第十三章专门就“外国公司的分支机构”作出专门章节规定，《外国企业常驻代表机构登记管理条例》也为外国企业代表机构的设立及其业务活动提供法律依据。但在外国企业代表机构实施代表事务中所产生的法律纠纷，全国各地司法审判实践存在不同的裁判尺度。本案的审理，明晰和厘清了现有法律框架下外国企业代表机构的法律性质、地位及责任承担。

首先，关于外国代表机构的法律性质。为了促进国际经济贸易交往，管理外国公司、企业和其他经济组织常驻中国的代表机构，国务院早在1980年即出台了《关于管理外国企业常驻代表机构的暂行规定》，但是该规定中并未对代表机构的定义进行明确，直到《外国企业常驻代表机构登记管理条例》才明确外国企业常驻代表机构的法律性质。根据该规定，外国企业代表机构是指外国企业在中国境内设立的从事与该外国企业业务有关的非营利性活动的办事机构。《最高人民法院关于对外国企业派驻我国的代表处以代表处名义出具的担保是否有效及外国企业对该担保行为应承担何种民事责任的请示的复函》［2003 年 6 月 12 日 （2002）民四他字第 6 号］中，其答复认为，外国企业派驻我国的代表处不是该外国企业的分支机构或者职能部门，而是该外国企业的代表机构，对外代表该外国企业。即外国企业代表机构与外国公司的分支机构有所不同。根据我国《公司法》的规定，外国公司的分支机构是指外国公司在我国境内设立的以自己名义从事活动的机构，分支机构需要向中国主管机关提出申请登记并领取营业执照，从事经营活动，外国公司应向该分支机构拨付与其所从事的经营活动相适应的资金，但是分支机构不具备独立的法人资格。虽然外国企业代表机构也应按照规定取得《外国（地区）企业常驻代表机构登记证》和《组织机构代码证》，但是其没有领取营业执照，不能从事营利性的活动，此为其与外国公司分支机构最主要的区别所在。本案中，一审法院将某南宁代表处与某株式会社的性质认定为总公司与分公司之间的关系，将某南宁代表处认定为某株式会社的分支机构，法律性质认定错误。

其次，关于外国企业代表机构的法律地位。虽然《外国企业常驻代表机构登记管理条例》明确规定了外国企业代表机构不具有法人资格，但是对于外国企业代表机构是否具有诉讼主体资格并未进行明确。司法实践中，已经出现许多以外国企业代表机构作为当事人的裁判文书，但也有不少裁判文书认为外国企业代表机构不具备诉讼主体而驳回起诉。我国《民事诉讼法》第 51 条规定："公民、法人和其他组织可以作为民事诉讼的当事人。法人由其法定代表人进行诉讼。其他组织由其主要负责人进行诉讼。"《最高人民法院关于适用〈中华人民共和国民事诉讼法〉的解释》第 52 条规定："民事诉讼法第五十一条规定的其他组织是指合法成立、有一定的组织机构和财产，但又不具备法人资格的组织……（八）其他符合本条规定条件的组织。"根据以上法律规定，认定外国企业代表机构是否属于具备诉讼主体资格的"其他组织"的要件为其是否具备"合法成立""有一定组织机构和财产""不具备法人资格"的要件。根据《外国企业常驻代表机构登记管理条例》的规定，外国企业代表机构的设立需要经过市场监督管理部门和行业主管单位的审批、登记，符合"合法成立"的外观特点。外国企业代表机构具有特定的办公场所，有外国公司派驻的首席代表及负责代表处各项事务的工作人员，也领取组织机构代码，同时外国企业还拨付了代表机构所从事代表活动相适应的资金，外观上亦符合"有一定的组织结构和财产"的构成要件。同时，

《外国企业常驻代表机构登记管理条例》还明确规定了外国企业代表机构不具有法人资格。综上所述，外国企业代表机构可认定为符合我国民事诉讼法规定的具有诉讼主体地位的“其他组织”。而且，从审判实务的角度出发，外国企业代表机构作为因代表事务所所产生的当事人，其作为诉讼主体参与诉讼，更有利于纠纷事实的查明和一次性实质性解决纠纷。本案中，一审法院在通过外交途径向某株式会社送达不成的情形下，曾进行邮寄送达，但韩国作为《海牙送达公约》成员国明确反对使用邮寄送达。后一审法院根据我国 2021 年《民事诉讼法》第 283 条规定直接向某南宁代表处送达相关文书，并将该代表处列为被告，极大提供了纠纷的处理效率，也更便于案件事实的查明和纠纷的实质性化解。

最后，关于外国企业代表机构的责任承担。《外国企业常驻代表机构登记管理条例》明确规定外国企业代表机构不具有法人资格。最高人民法院在《关于对外国企业派驻我国的代表处以代表处名义出具的担保是否有效及外国企业对该担保行为应承担何种民事责任的请示的复函》中同样明确，外国企业代表机构在我国境内的一切业务活动，应对由其所代表的外国企业承担法律责任。因此，外国企业代表处的法律责任承担应以外国企业的全部承担为最终落脚点。但是，在司法审判实践中，全国各地法院的裁判文书中仍然存在直接判决由外国企业代表机构自行承担民事责任或是借鉴《民法典》第 74 条第 2 款“分支机构以自己的名义从事民事活动，产生的民事责任由法人承担；也可以先以该分支机构管理的财产承担，不足以承担的，由法人承担”的规定，由外国企业代表机构先行承担责任，外国企业承担补充责任或是连带责任的情形。虽然有的外国企业代表机构在履行代表事务中设立了自己的银行账户，也有部分外国企业拨付的从事代表事务的资金，甚至在代表事务中积累了自己的资产，判决外国企业代表机构独自承担责任或是连带承担责任，可以尽快地定分止争，便于生效裁判的执行。但是正如前文所述，外国企业代表机构明显不同于外国公司的分支机构，判决其承担民事责任缺乏明确的法律依据。正如本案中一审法院判决先由某南宁代表处的财产承担，不足以承担的部分由某株式会社承担，混淆了外国企业代表机构和外国公司分支机构的法律责任，适用法律不当。与外国企业代表机构发生交易或是法律关系的商事主体、劳务人员，应当更多关注代表机构的行为是否超过其职权范围，以此防范纠纷发生后的被动局面。

【案例备注】

合议庭成员：兰曲、徐玫、黄秋燕

调研报告

广西边境法院边贸纠纷多元化解专题调研报告

兰　曲　庞　艺　封温馨*

摘要：广西与越南陆地边境线长达 1020 公里，贸易往来频繁，经济市场活跃，同时也带来较为频繁的摩擦纠纷，如何妥善处理好边贸纠纷，对促进边贸繁荣、稳固国家边境线具有重要意义。习近平总书记强调"坚持把非诉讼纠纷解决机制挺在前面"，本次考察调研以"边境、边贸、边民"为导向，采用深入实地走访与座谈交流相结合的形式，了解当前各边境地区富有特色非诉化解纠纷方式，包括特邀涉外调解员机制、多部门联动调解机制等，也发现当前边境地区存在多元解纷机制构建衔接不畅、仲裁机构缺失、涉越南司法协助机制不够便捷、调解组织功能因投入不足被弱化等问题。下一步，我区边境边贸多元解纷工作应从优化整合非诉解纷、法律服务资源，积极展开中越司法协助探索，加大互访成果转换力度，增强国内边贸经营者法律风险防范意识等方面着手展开。

广西与越南陆地边境线长达 1020 公里，包括 8 个县（市、区），毗邻越南的 4 省 17 县，是实现边境社会和谐稳定和边疆巩固的重要保障。

---

* 兰曲，广西壮族自治区高级人民法院民四庭，庭长，三级高级法官。庞艺，广西壮族自治区高级人民法院民四庭，四级高级法官。封温馨，广西壮族自治区高级人民法院民四庭，四级法官助理。

2023 年 6 月 29 日，广西高级法院与越南谅山省、广宁省法院签署合作备忘录，双方对于加强司法合作、推动两国边界地区经贸交流发展与社会和谐稳定都具有强烈的意愿。为进一步掌握中越边境地区边贸非诉讼纠纷化解情况，加快建立健全相关体制机制，形成边贸纠纷“可投诉、有人管、能处理、有保障”的新局面，调研考察组赴 8 个边境法院开展边贸纠纷多元化解专题调研。考察组通过座谈交流和实地走访外贸企业、边贸监管中心、边贸口岸等形式开展调研，现将本次调研情况报告如下。

一、边境法院开展涉边贸纠纷多元化解基本情况

1. 东兴市法院。东兴市拥有一个国家一类口岸东兴公路口岸及广西规模最大的边民互市贸易区——东兴边民互市贸易区。2023 年上半年互市贸易区交易额达 119.05 亿元，同比增长 316.3%。2011 年 12 月东兴市法院设立驻边民互市贸易调解室，专门负责调解中越边民贸易纠纷。后于 2014 年 3 月正式挂牌成立中越商事纠纷特别巡回法庭，下设“东兴市人民法院驻边民互市贸易区调解室”江平镇、巫头村、万尾村办案点。2023 年为了提前适应一审涉外民商事案件集中管辖的新要求，专门成立调解、诉讼配套的涉外民商事审判团队。巡回法庭自成立以来，先后处理各类纠纷 247 件，标的额 1078 万余元。

2. 凭祥市法院。凭祥市是中国（广西）自由贸易试验区崇左片区所在地，凭祥市法院积极构建与友谊关边境派出所、司法局、市场监督管理局等职能部门联动调解大格局，在浦寨边民互市点、卡凤监管中心、南山物流园分别设立联合调解室。2020 年以来，凭祥市法院共诉前调解边民边贸纠纷 150 余件，主要纠纷类型为买卖合同纠纷、运输合同纠纷、委托合同纠纷等。调解主要模式为：纠纷当事人第一时间联系友谊关边境派出所进行调解；派出所不能调解的，再联系凭祥市法院保税区人民法庭法官进行调解。启动边境派出所 + 法院联合调解以来，调解成功率达 70%。

3. 靖西市法院。为了服务边民边贸，靖西市法院设立了边境巡回法庭、旅游巡回法庭，通过巡回办案、设立办案点等积极打造“枫桥式”国门法庭，化解大量纠纷。边境巡回法庭以地州法庭为中心，在 6 个边防乡镇及龙邦口岸设巡回办案点以及驻村法官工作室等，积极开展“家门口”审案，让庭审变成群众身边的普法课堂。在边境壬庄乡积极打造多元解纷示范点，通过“诉前调解 + 司法确认”积极化解边民纠纷，开展“党建 + 法治宣传服务”，帮助边民远离走私、毒品、偷渡等犯罪，促进边疆和谐稳定。

4. 那坡县法院。那坡县与越南两省 5 县接壤，边境线长达 207 公里。那坡县法

院创设具有边境司法特色的边境女子巡回法庭，整合资源疏通渠道，将案件纠纷快速分流至归口的解纷机构，减少当事人的维权成本，提高纠纷化解率，2018 年至今，该庭诉前化解涉外纠纷 212 件，立案受理涉外案件 8 件。

5. 宁明县法院。宁明县爱店人民法庭辖区三个乡镇均属边境乡镇，其中爱店镇设有国家一类口岸——爱店口岸，边境贸易较为活跃。2018 年以来，爱店人民法庭依托联合调解平台，与爱店边境派出所等部门共同联合调解涉外纠纷共 13 件，全部诉前化解成功。2021 年，在边境贸易巡回法庭的基础上，宁明法院联合县市场监督管理局、边境管理局、司法局、外事和商务口岸管理局在爱店法庭正式挂牌成立驻爱店联合调解室。联合调解室成立以来，共接待群众 100 余人次，到口岸、货场等地开展现场走访、调解 20 余次，保障了边境贸易活动的稳定发展。

6. 大新县法院。大新县有硕龙、宝圩、下雷 3 个乡镇与越南接壤，有国家一类双边性口岸——硕龙口岸以及德天、硕龙、岩应等 3 个边民互市贸易点。为有效化解边境贸易纠纷，快速调处涉及旅游企业、中外游客等主体的民商事纠纷案件，大新县法院在德天旅游景区挂牌成立旅游巡回法庭。大新县法院注重加强前端普法教育，在景区、边民互市贸易点开展普法活动。2018 年以来，共开展普法宣传 50 次，发放资料 7000 余份，提供法律咨询 500 人次，开展讲座培训 6 次。

7. 龙州县法院。龙州县有 1 个国家级一级口岸水口口岸，1 个国家级二级口岸科甲口岸，有水口、那花、布局、科甲、横罗等 5 个边贸互市点。龙州法院有水口和金龙两个边境巡回法庭，在水口、那花、布局、科甲、横罗等 5 个边境贸易互市点均设立巡回法庭联络站，定期派出巡回办案工作组到边贸点巡回办案。与县市场监督管理局在水口口岸挂牌联合成立“跨境纠纷联合调解室”，共同调处涉外经济贸易纠纷。2018 年以来共处理涉边纠纷 26 件，到涉边贸企业开展法律服务 50 余次，惠及企业 30 多家。

8. 防城区法院。防城区法院为把纠纷化解在当地，打造“无诉边境”，在辖区设立 4 个“调解联络站”辐射 15 个抵边村屯，聘请村干部为调解联络员，派驻联络法官，及时调处边民纠纷。2018 年以来，调解联络站诉前调解边民矛盾纠纷 80 件，成功化解涉外民商事纠纷 18 件。

二、边境法院开展涉边贸纠纷多元化解经验

1. 特邀涉外调解员机制。凭祥市法院与市司法局共同合作，利用市司法局与越南文朗县人民委员会司法办公室合作解决边境地区民商事纠纷机制的优势，与越南

籍特邀调解员联合调解，强化共化涉外矛盾纠纷。2020年以来，越南籍调解员参与化解纠纷35件。

2. 完善法庭、工作站、调解室布局。那坡县法院在平孟人民法庭申请成立中国—东盟自由贸易区国际商事法庭涉外民商事纠纷诉仲调联动工作站，高效、便捷化解边贸纠纷。积极主动谋划工作，结合百色重点开发开放试验区总体思路及那坡县边境贸易的现状与发展趋势，那坡县法院向县党委政府、县政法委提出构建那坡县“百里边关法务区”的提议，以集聚最优质的法律资源为那坡县的边境贸易提供法律服务，营造优良的边境贸易营商环境，该提议得到当地高度认可。靖西市法院联合多部门成立金融纠纷调解中心、婚姻家庭纠纷调解中心、行政争议调解中心，促进纠纷高效化解，减轻诉累，实现了政治效果、法律效果和社会效果的统一。凭祥市根据边境产业布局的变化，调整了法庭、工作站、调解室布局，积极构建边贸多元解纷“二庭二站三室”新格局。宁明县法院在爱店口岸与多部门成立驻爱店联合调解室，接待来访群众，到口岸、货场等地开展现场走访、调解，保障了边境贸易活动的稳定发展。

3. 强化“边境派出所＋法院”联合调解模式，做好宣传工作。凭祥市卡凤监管中心涉外法律服务工作站，将服务窗口设置在监管中心大厅明显的位置，并通过宣传小手册等方式对外宣传法律服务站工作内容、工作成效、工作亮点等，并在调解室内将调解完整流程、调解人员资料上墙，通过调解程序的规范性，强化纠纷当事人的信任。该调解室有多部门联动参与，其中派出所与法院的联动最为密切，纠纷发生第一时间往往由值班派出所民警进行调解，在无法调解的情况下再由民警联系法院进一步深入调解，增加了调解的成功率。

4. 因地制宜，推动建立、完善司法服务边贸网络。龙州县法院以全力推进“一站式多元解纷和诉讼服务体系建设”为契机，加强与相关部门以及人民调解、行政调解、行业调解等调解组织的工作衔接，与口岸经济委员会、边境乡镇司法所、海关等部门不定期召开联席会议，共同研讨预防、解决边贸纠纷的方法。那坡县人民法院以边境女子巡回法庭为抓手，创新平台“三创＋”（建平台创机制创方法创点位＋队伍党建＋特色宣传）的工作模式，因地制宜探索便民利民、高效和谐的审判模式开展边境司法工作。2023年3月，该法庭荣获全国巾帼文明岗和广西三八红旗先进集体。大新县法院坚持发展新时代“枫桥经验”，大力开展“一村一法官”活动，将50名法院民警分成5个工作小组，工作已覆盖全县15个乡镇、华侨经济管理区和147个村（社区），提供“家门口的司法服务”。

5. 构建“多方会商”，力争调解即时履行。东兴市法院通过建立双语法官、特约律师加上双方当事人、"生意中间人"组成的"2+3"调解模式,通过采取双语法官说法、生意伙伴说理的方式,找准双方当事人矛盾纠纷的中心点和平衡点,推动矛盾纠纷及时有效化解。考虑到边民流动大,存在的涉外因素在一定程度上极有可能影响财产执行,东兴市法院尽量引导当事人当场履行。

6. 智慧建设为支撑,跨国"云调""云审"高效解纷。东兴市法院结合两国边民生活习惯,在微信双语音视频调解的基础上,通过升级软硬件设备,加大宣传力度,引导国内外当事人运用人民法院调解平台、互联网法庭开展调解、庭审活动,采取在线调解、当庭确认、全程录制等方式全力贯彻"以调促和""以调促执"的工作理念。东兴市法院近半的案件都是通过"云调""云审"进行。

7. 建立"诚信账户",实现审执对接升级。东兴巡回法庭主动将失信中国公民列入失信被执行人名单并对外发布,针对失信越南人,巡回法庭则积极探索诚信建设新机制,联合商务局、商会等部门组织建立"诚信账户"工作制度,精准记录中越边民贸易守信、失信行为,为贸易双方建立"诚信账户"。同时,对于长期保持良好守信记录的中越边民,向政府建议对其提供税收、行政收费减免等奖励。2015 年 1 月,东兴巡回法庭通过上述举措为 30 名越南籍工人讨回欠薪 40 万元。

8. 灵活运用保全促调解。东兴市法院向来院当事人介绍诉前财产保全的法律规定和操作流程,积极引导当事人申请诉前财产保全。在调解过程中,以保全财产作为突破口,告知法律后果,积极引导双方当事人促成调解。

三、当前边境法院开展涉边贸纠纷多元化解存在的问题

1. "调解+仲裁+诉讼"的多元解纷机制构建存在衔接不畅、仲裁机构缺失的障碍。尽管多个边境地市都存在多部门联合联动解决纠纷的做法,有的已经出台了相关文件,但目前多部门联动多还仅停留在调解环节,存在诉调机制衔接不畅的问题,有的法院在调解案情简单或比较紧急的情况下,未能及时通过司法确认巩固调解成果,调解协议存在成为"一纸空文"的风险。"调解+仲裁+诉讼"模式构建的另一障碍在于仲裁机构的缺失,目前除了凭祥市有崇左仲裁委分支机构准备重启运作外,其他边境县市均无仲裁机构,因此,即便在自治区层面出台了诉仲调多元解纷机制,也难以在边境县市得到落实,但我国和越南都是《承认及执行外国仲裁裁决公约》的成员国,合法生效的仲裁裁决书能够得到越南法院承认与执行,所以仲裁在涉边多元解纷中的作用也应得到重视与发挥。

2. 缺乏便捷的涉越南司法协助机制。涉外案件送达难的问题。在涉外案件中,

翻译、送达、执行成为突出问题，多数外国人处于被告方地位，而在审判实践中，原告方无法提供涉外被告方准确的身份信息、送达地址等，案件进法院就存在困难，而即便有确切的身份信息、送达地址，“送达难”也是一大障碍，只能通过外交送达或公告送达，外交送达程序复杂，送达时间长，致使案件办理时间延长，无法及时保障原告方的权益。部分边境法院有过通过边境地区的民间组织或在越南从事法律业务的中国律师事务所越南分所，在越南当事人认可的前提下，向越南当事人送达的做法，该做法灵活便捷，但是出于合法性、规范性的考虑，后边境法院也停止了该做法。

3. 部分边境县市区基层治理投入不足，调解组织功能弱化。受疫情影响，边贸锐减，地方财政也吃紧，造成在基层社会治理方面的投入不足。同时，边贸纠纷案件也同步减少，投入不足也具有一定合理性。但长此以往，调解组织更难发展，有的边境乡镇虽然建立有基层调解组织，聘任了人民调解员，但往往因经费得不到保障而功能弱化，加上缺乏提升调解员技能培训机制，导致边境地区的基层调解组织基本处于功能瘫痪状态，如龙州县、大新县。

4. 面向企业宣传不到位，营商环境有待优化。通过走访企业我们发现，边境地区存在小额互市贸易、货物代理公司居中交易、外贸公司直接交易等多种交易模式，除了外贸公司直接交易模式中存在规范的合同文本，小额交易、货代交易模式中大多数情形不存在合同文本，发生纠纷时仅能通过微信聊天记录进行取证，“取证难”成为企业解决纠纷面对的一大难题，这其中也反映了部分边境法院面向企业的宣传工作不到位，没有通过普法宣教等活动为企业经营面临的风险点进行预警。除了取证难，涉边贸案件送达难、执行难，也损害了企业对于法院的信任，因此多数企业愿意通过调解的方式解决纠纷，但有的边境法院对已有调解组织的宣传不够到位，发生纠纷的企业甚至不知道能够通过多部门联动调解的方式解决纠纷。因此，让已有调解机制不成为摆设，真正发挥作用，宣传要迈出第一步。

5. 走私与合法边贸界限模糊，阻碍边贸繁荣发展。多个边境县市均存在“边民互助组 + 落地加工”的兴边富民、稳边固边的政策。以凭祥市为例，该模式需要满足主体要求，即记录在边民互市贸易合作社的互助小组名册中的边民互助小组；数额限制，不能超过每人每日 8000 元的限额；交易对象要求，仅能卖给凭祥市辖区内的落地加工企业或者其他海关允许的加工企业。只有同时符合上述三个条件，才能完全避免涉嫌走私风险，但现实中，部分边民出于对法律政策认知不足，没有完全达到以上条件，从而被认定构成走私罪。另外，以上做法也未能完全发挥边境贸易的优势，不能最大限度带动当地经济的发展，还存在同一批货物广西境内交易合法，买卖运输至广西区外被认定为非法的情形。除此之外,该模式还存在侵害边民利益的弊端,边民个人不具备通过自己的力量搭建稳定供销渠道的能力,在大部分时间里实际上享受不到优惠政策,于是只能将额度售出,大部分边民都面临这个问题,形成买方市场,售价过分低廉损害边民利益。

6. 缺乏专业涉外审判人员、专业涉外律师。边境法院内缺乏涉外审判专业人员,多数法官还停留在用国内法审理涉外案件的思维模式,对于涉外纠纷法律适用、越南法律均缺乏了解。对于企业而言,也难以找到精通涉外诉讼、越南法律的律师,边境县市该类法律服务匮乏,而委托北上广深涉外律师对于大多数边贸企业而言费用又过高。

四、关于推进边境边民边贸多元解纷工作方向与发展的思考

借鉴考察调研情况,结合广西实际,考察组在推进我区边境边民边贸多元解纷工作方面提出以下思考及工作意见建议。

1. 进一步健全边境边民边贸多元纠纷化解机制。一是展开多部门联动,始终坚持党的领导,充分发挥多元解纷政治优势,进一步形成党委统筹部署、各部门综治协调、社会广泛参与、司法提供保障的多元解纷格局,优化整合调解、仲裁、公证、鉴定等各类纠纷解决和法律服务资源,为解决中越边民纠纷提供综合性的"一站式"服务。加强基层综治中心、派出所、司法所、人民法庭等平台有效整合,吸纳社会各方力量,通过实现部门联动,实现诉与非诉的有效衔接,高效化解边贸纠纷。二是搭建诉仲调工作平台。在边贸经济活跃、有条件的边境县市设立涉外纠纷诉仲调联动工作站,邀请调解组织、仲裁机构进驻设置联系点,驻点开展工作,推动诉仲调工作协调、信息共享,积极引导当事人优先选择调解、仲裁方式解决纠纷,为当事人提供一站式多元解纷平台。

2. 在符合法律与政策的框架下积极展开中越司法协助。一是拓展涉外送达渠道,《民事诉讼法》第 283 条第 1 款对涉外送达的条件有所放开,尤其第 9 项、第 10 项规定,采用能够确认受送达人收悉的电子方式送达或受送达人同意的其他方式送达,但是受送达人所在国法律禁止的除外,均给予我国和越南可磋商的空间,涉外送达效率有望大幅度提高。还可以考虑积极与公安出入境管理部门、移民管理部门、海关等部门沟通配合,形成工作机制,由相关部门在当事人从口岸入境我国时予以通报并协助直接送达诉讼材料。二是打造全方位域外法查明体系。通过学习先进法院,制定系统的域外法查明规则,提高域外法查明的可操作性。积极拓宽查明渠道,构建包含

我国法院主导查明、越南法院协助查明、当事人提供或委托专业法律查明机构、中外法律专家查明等方式的域外法查明体系。三是强化当事人身份查明试点，参考中越—东兴芒街警务合作机制，在推动涉外司法协助上先行先试，力争建立中越民商事主体身份快速认证机制，由中越—东兴芒街两地法院在符合本国法律的前提下形成合法、便捷、高效的司法协助机制。

3. 进一步加强中越双方沟通交流，加大互访成果转换力度。加强与越南处理纠纷职能部门特别是与越南边境地区法院、律师事务所的沟通交流，建立良好的司法协作交流关系，增进对彼此法律制度的了解，积极探索构建边民纠纷化解机制，推动两国多部门联动协作，实现中越边民贸易纠纷多元解纷。在凭祥市、东兴市或越方边境口岸设立1～2个涉边民边贸纠纷联合调解合作试点，重点化解边境边民跨国婚姻家庭纠纷、劳务纠纷、经贸投资等纠纷。持续深化条件成熟的边境法院与越南法院的交流互访，定期交流通报互访机制，增进司法互信；编写涉越民商事纠纷案例，在合法合规的前提下通报对方法院，加大越南法院对中国司法的认同感。

4. 加强法治宣传，增强国内边贸经营者法律风险防范意识。提高边境贸易主体的法律意识，使边境贸易主体清楚认识到交易行为的法律效力，以及如何有效留存证据，最大限度减少纠纷产生，提升纠纷解决效率。重视宣传队伍培养，深入挖掘案例的典型意义，做好推广宣传，加强和区内外知名电视台、期刊、新闻媒体的合作，借助专业媒体平台的宣传手段，提升边境法院司法影响力。把“广告”打到国门，在入境口岸、边贸监管中心等地方加强多元解纷机制的宣传，让中越边民遇到纠纷第一时间找到解决路径。

5. 提升法院民警涉外法律专业能力，重视涉外法律人才培养。全区法院要加强涉外法治理论与司法实务培训，培养一批通晓国际法律规则、熟悉国家法律法规、掌握越南语使用、善于处理涉外事务的复合型审判人才。边境法院要设立涉外审判合议庭，负责审理涉外民商事案件，配齐配强审判力量。自治区高级人民法院民四庭、南宁铁路运输法院国商庭定期通过授课、调研、座谈等形式加强对边境法院涉外审判的监督指导。

6. 加强司法建议工作，促使有关部门优化管理。建议政府和有关法律部门在中越两国设立政府和民间法律服务、中介机构，为在越南经商办企业的单位和个人提供法律咨询、商务咨询，旅游导向，介绍商贸项目，帮助招聘工人，为在越南经商办企业的单位和个人排忧解难；重点协调各部门联动优化营商环境。着眼长远，建立健全边贸管理的各项规章制度，积极推动中越边境边民边贸纠纷多元化解，加强与口岸管理等部门的配合协作，探索设立“边关法务站”，有效的预防和减少边贸纠纷，从根本上保证良好边贸秩序的形成。针对困扰边民的合法边贸与走私界限模糊问题，可以向有关部门提出司法建议，成立外贸综合服务型企业，为边民互市贸易提供人员培训、贸易信息收集，以及提供物流、仓储、融资、保险、担保、法律咨询、争议解决等与贸易相关的服务。

涉东盟国家司法审判工作问题研究

——以 RCEP 背景下中国—东盟民商事司法合作机制为对象*

南宁市中级人民法院课题组**

自改革开放以来,中国—东盟合作实现了跨越式发展。随着经济往来的不断增多,彼此之间的民商事纠纷也不断增长。虽然近年来我国和东盟国家加强了民商事司法合作,国内外理论界对此也给予了很多关注,但已有的研究成果侧重于理论研究,较少从司法实践的角度出发,解决当前我国法院在审理涉东盟民商事案件中普遍存在的送达难、取证难、认证难、保全难、外国法查明难以及对外国民商事裁判承认与执行难等痛点、难点问题,使相关研究成果难以在实践中应用和转化,严重影响涉东盟民商事案件审判质效的提升。鉴于此,本课题以审判实践需求为导向,通过对 RCEP 落地实施后中国—东盟民商事司法合作机制产生的需求与影响进行分析和梳理,并结合当前广西法院审理涉东盟民商事案件的司法实践,分析存在的问题和成因,提出完善的对策建议,力求为进一步增强我国法院与东盟国家的民商事司法合作,提升我国在国际法律

* 本文为广西壮族自治区高级人民法院 2022 年度一般调研课题成果,结题验收获评“优秀课题”。

** 课题主持人:梁满红,南宁市中级人民法院副院长、三级高级法官。课题组成员:苏英明、高兰英、宋桂芬、蒙恪民、罗晖、覃斯、姚娟、陈玉洁。执笔人:罗晖,南宁市中级人民法院研究室副主任、一级法官;覃斯,南宁市中级人民法院民四庭员额法官、一级法官;姚娟,南宁市中级人民法院民四庭员额法官、一级法官;陈玉洁,南宁市青秀区人民法院民二庭员额法官、三级法官。

事务和国际治理上的话语权和影响力提供借鉴和参考。

一、RCEP 背景下的中国—东盟民商事司法合作

(一)民商事司法合作的背景和内涵

1961 年 7 月 31 日,马来西亚、菲律宾和泰国在曼谷成立东南亚联盟。1967 年 8 月,印度尼西亚、泰国、新加坡、菲律宾以及马来西亚在泰国首都曼谷共同发表了《曼谷宣言》,标志着东南亚国家联盟(The Association of South – East Asian Nations,以下简称东盟)正式成立。2020 年是中国与东盟建立对话关系 30 周年,"三十而立",中国—东盟合作实现了跨越式发展,已成为亚太地区合作最紧密、最具活力的典范。[1]双方战略伙伴关系内涵不断丰富和完善,政治、经济、人文等领域取得丰硕成果。[2]2021 年 11 月 22 日,习近平同志出席并主持中国—东盟建立对话关系 30 周年纪念峰会,发表了《命运与共　共建家园》的重要讲话,正式宣布建立中国—东盟全面战略伙伴关系,为彼此关系的未来发展指明了方向。

由于在中国与东盟国家的司法合作中,中国大陆是合作主体,由此而形成的相关条约、文件、备忘录等,也是以中国大陆的法律体系和制度作为主要考量。鉴于此,本文所称的"中国—东盟民商事司法合作"主要是指中国大陆地区与东盟国家之间基于国际公约、双边条约或互惠原则在民商事案件领域开展的司法合作,具体包括代为涉外送达、承认和执行外国判决和仲裁裁决,外国法的查明、涉外调查取证以及涉外财产保全和证据保全、法律人才的培养等。

(二)RCEP 的主要内容

2020 年 11 月 15 日,东盟 10 国与中国、日本、韩国、澳大利亚、新西兰签署了《区域全面经济伙伴关系协定》(Regional Comprehensive Economic Partnership,RCEP),旨在通过削减贸易壁垒,推进亚太地区的自由贸易与经济一体化进程。[3]从内容上看,RCEP 文本共 20 个章节,涉及领域尤为全面,多项承诺高于现行 WTO 标准,体现

---

〔1〕参见习近平:《命运与共　共建家园——习近平在中国—东盟建立对话关系 30 周年纪念峰会上的讲话》,载《人民日报》2021 年 11 月 23 日,第 2 版。

〔2〕参见王毅:《承前启后　再铸辉煌——王毅国务委员兼外长在中国—东盟建立对话关系 30 周年纪念研讨会开幕式上的致辞》,载中国外交部网,http://www.fmprc.gov.cn/web/wjbz_673089/zyjh_673099/202107/t20210729_9175533.shtml。

〔3〕参见《商务部国际司解读〈区域全面经济伙伴关系协定〉(RCEP)之一》,载中国政府网,http://www.gov.cn/xinwen/2020-11/15/content_5561731.htm。

了 RCEP 各成员国下一阶段在贸易领域的发展诉求。

1. 货物贸易

RCEP 关于货物贸易的议题主要是“关税减免”、部分“非关税壁垒”以及“区域原产地累积规则”。首先,“关税减免”即通过立即减免和 10 年内逐步降税的方式,实现区域内 90% 以上货物的零关税;[1] 其次,“非关税壁垒”,即除 WTO 所规定的权利义务外,RCEP 成员约定取消数量限制、市场准入等非关税措施,优化进口许可程序、简化进出口手续、降低相关费用,并就其他非关税壁垒展开进一步磋商;最后,“区域原产地累积规则”,即一国出口商品中区域价值成分达到一定比例(如原产材料达 40%),即可享受相应的关税减免。[2]

2. 服务贸易与投资

一方面,在服务贸易领域,日本、韩国、澳大利亚等 7 个国家采用负面清单承诺,中国等 8 个国家采用正面清单承诺。中国除已有的金融、海运等 37 个开放行业外,新增制造、客运服务相关的 22 个开放行业。另一方面,投资领域,15 个成员一致采用负面清单承诺,对制造业、农业、采矿业等 5 个生产性行业进一步扩大投资开放,并在投资保护、待遇等方面也作出了进一步要求。

3. 知识产权与电子商务

首先,RCEP 简化和统一了部分知识产权确立程序的规定,除著作权、商标权、专利权等传统知识产权议题外,还对数字环境下的技术保护、执法强度要求等作了更为严格的要求,对文化遗产、民间文学等争议性话题也有所涉及;其次,在电子商务方面,RCEP 构建了有利于电子商务发展的法律框架,促进无纸化贸易、推广电子认证和电子签名、保护电子商务用户个人信息、保护在线消费者权益等规则,并在国家间广泛开展电子商务合作;最后,各成员对电子传输商品免征关税、跨境数据流动中计算设施的位置设定等方面也作出了相应规定。[3]

总体而言,RCEP 继承了传统自贸协定的相关内容,但是在一些领域又有大的突破,有更为新颖、更高标准、更为灵活的要求,对中国—东盟民商事司法合作产生了深远而积极的影响。

---

〔1〕 参见张国庆:《RCEP 产业红利到来 航运业应该作何准备?》,载《中国航务周刊》2021 年第 2 期。

〔2〕 参见王孝松、周钰丁:《RCEP 生效对我国的经贸影响探究》,载《国际商务研究》2022 年第 3 期。

〔3〕 参见张进:《以 RCEP 实施为契机 推动数字服务贸易高质量发展》,载《中国外汇》2022 年第 5 期。

二、中国—东盟民商事司法合作的历程和现状

(一)中国—东盟民商事司法合作的历程

中国—东盟民商事司法合作经历了萌芽期、成长期和成熟期等三个阶段，具体如下：

第一阶段，萌芽期(1991—1996年)，中国与东盟建立了对话伙伴关系，双方此时的民商事司法合作进入萌芽期。在这一时期，我国有关中国—东盟民商事司法合作的立法规范较少，相关案件和研究成果也不多，各方面尚处于起步和摸索阶段。据统计，广西法院从1983年至1996年仅审结涉外、涉港澳经济纠纷案件146件。[1] 而且，由于缺乏司法合作的法律依据，域外文书送达、域外证据采信等存在很多困难，双方之间的交流方式也相对单一、内容有限、规模不大。

第二阶段，成长期(1997—2015年)，是中国与东盟民商事司法合作的成长期。这一时期，我国与东盟国家签署的民商事领域司法协助双边条约数量明显增多，我国也制定了配套的法规和指导意见(见表1)。彼此之间的民商事案件数量亦显著增长。据统计，从1998年至2004年5月，广西法院共受理涉外(含涉港澳台地区)一审案件1226件，其中涉东盟案件221件，占18.03%。[2] 在2003年至2010年，南宁市中级法院共计受理涉东盟民商事案件59件，其中，涉及越南、新加坡、马来西亚的商事纠纷最多，占总受案数的92%以上，案件类型涉及货物买卖合同、股权争议、旅游合同等十多种类型。而且，为了应对我国加入WTO后涉外民商事审判面临的新形势和新任务，最高人民法院对涉外民商事案件的管辖权进行了部分调整，主要由少数收案较多、审判力量较强的基层人民法院和中级人民法院相对集中管辖。[3] 广西法院对此也作出了很多有益的创新和尝试，在全区范围内首批确立了8个中级法院对涉东盟一审民商事案件进行集中管辖，在2010年又扩展至全区14个中级法院。[4] 2010年3月，北海海事法院设立了涉东盟国家海事海商案件专项合议庭。

---

〔1〕 参见广西壮族自治区地方志编纂委员会：《广西通志　审判志》，广西人民出版社2000年版，第292页。

〔2〕 参见《广西高院召开纪念海事法院成立二十周年暨涉外商事海事审判与司法为民座谈会》，载http://www.ccmt.org.cn/shownews.php?idz5260，2014年12月1日访问。

〔3〕 最高人民法院《关于涉外民商事案件诉讼管辖若干问题的规定》(法释〔2002〕5号)。

〔4〕 参见卢林峰：《为自贸区发展提供强有力的法律支持——广西法院涉外、涉东盟商事海事审判工作侧记》，载http://www.baisezfw.gov.cn/show.php?id=4901，2023年6月1日访问。

表1 中国—东盟司法合作成长期增加的法律依据

主要依据	时间	名称
国际条约	1997年7月3日加入	《关于从外国调取民事或商事证据的公约》(以下简称《海牙取证公约》)
	1999年1月25日签署,2001年12月15日生效	《中华人民共和国与老挝人民民主共和国关于民事和刑事司法协助的条约》(以下简称《中老民刑事司法协助条约》)
	1997年4月28日签署,1999年6月27日生效	《中华人民共和国和新加坡共和国关于民事和商事司法协助的条约》(以下简称《中新民商事司法协助条约》)
	1998年10月19日签署,1999年12月25日生效	《中华人民共和国和越南社会主义共和国关于民事和刑事司法协助的条约》(以下简称《中越民刑事司法协助条约》)
国内法规和指导意见	2010年12月8日发布	最高人民法院《关于进一步做好边境地区涉外民商事案件审判工作的指导意见》
	2013年4月7日发布	最高人民法院《关于依据国际公约和双边司法协助条约办理民商事案件司法文书送达和调查取证司法协助请求的规定》

第三阶段,成熟期(2015年至今),随着党的十八大以来我国高水平对外开放的持续推进,中国和东盟已互为第一大贸易伙伴,双方在民商事领域的司法合作也进入了成熟期,主要体现在:一是司法合作的法律依据明确增加(见表2)。二是民商事案件数量显著增长。从2013年至2021年,全国法院受理的一审涉外民商事案件从1.48万件增长至2.73万件。三是我国与东盟各国在司法合作方面的交流进一步深化。2014年9月至2022年7月,我国连续承办了三届中国—东盟大法官论坛,并通过两次《南宁声明》。2018年8月,最高人民法院首倡国际商事专家委员会,聘任来自22个国家和中国港澳台地区的47名国际商事专家委员,承担案件调解、外国法查明、就涉外司法解释和司法政策的制定提供意见和建议等多项职责。广西制定了《中国(广西)自由贸易试验区条例》,并在南宁、崇左和钦州设立自贸区巡回法庭。2022年9月16日,南宁国际商事法庭在南宁铁路运输中级法院正式挂牌设立。

表 2　中国—东盟司法合作成熟期增加的法律依据

国际/国内	时间	名　　称
国际	2017 年 6 月 8 日	第二届中国—东盟大法官论坛《南宁声明》
	2018 年 8 月 31 日	《中华人民共和国最高人民法院和新加坡共和国最高法院关于承认和执行商事案件金钱判决的指导备忘录》(以下简称《中新承认和执行金钱判决备忘录》)
	2022 年 7 月 20 日	第三届中国—东盟大法官论坛《南宁声明》
国内	2015 年 6 月 16 日	最高人民法院《关于人民法院为"一带一路"建设提供司法服务和保障的若干意见》

(二)RCEP 背景下中国—东盟民商事司法合作机制的现状

1. 涉东盟民商事案件审理情况

据调研了解,2017 年至 2022 年广西法院审理涉东盟国家民商案件数量总体呈波动上涨的趋势,其中,2017 年至 2018 年小幅下降,2018 年至 2019 年却大幅上升,2019 年至 2022 年平稳增长(见表 3)。

表 3　2017—2022 年广西法院审理涉东盟民商事案件类型和数量(单位:件)

年份＼类型	合同类纠纷	公司类纠纷	民间借贷纠纷	其他纠纷	合计
2017 年	19	2	2	16	39
2018 年	18	3	1	12	34
2019 年	47	8	4	11	70
2020 年	35	6	4	35	80
2021 年	34	2	7	43	86
2022 年	40	5	3	44	92
总计	193	26	21	161	401

在这些民商事案件中,合同纠纷总数为 193 件,占民商事案件总数的 41.9%。各年度案件数量从 2017 年的 19 件波动增长至 2019 年的 47 件,而后在 2020 年又大幅下降至 35 件,直到 2022 年才又上升至 40 件。与公司有关的纠纷总数为 26 件,占民商事案件总数的 5.6%。各年度案件数量从 2017 年的 2 件快速增长至 2019 年的 8 件,但随后又快速下降至 2021 年的 2 件,直到 2022 年才又增长至 5 件。民间借贷纠

纷总数占民商事案件总数的4.6%，与合同纠纷、公司类纠纷不同，各年度民间借贷占民商事案件的比重呈现有规律的波动，即“下降—增长—下降—增长—下降”。其他类型案件总数占民商事案件总数的47.9%，其中各年度案件数量占民商事案件总体数量的比重经历了由2017年至2019年逐年下降，到2020年倍增，之后逐年下降的阶段。

表4 2017—2022年广西法院审理涉东盟民商事案件标的额(单位:元)

年份	标的额
2017年	141402529.10
2018年	24501872.69
2019年	97671574.70
2020年	223473241.40
2021年	79600822.57
2022年	165887470.10
总标的额	732537510.56

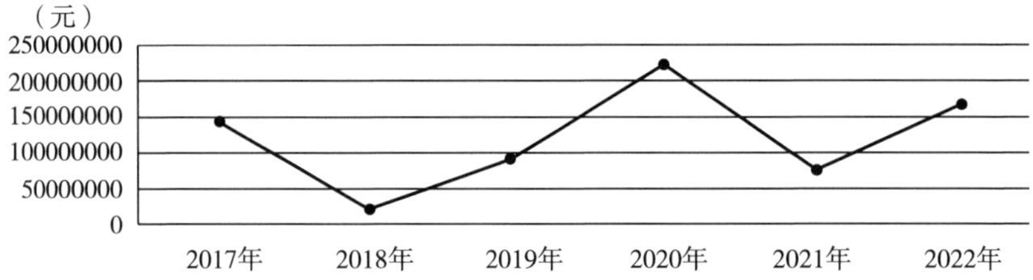

图1 2017—2022年广西法院审理涉东盟民商事纠案件标的额变化趋势

从表4和图1来看，2017年至2022年广西法院审理涉东盟国家民商事案件标的额经历了“倍减—倍增—倍增—倍减—倍增”的阶段，但与案件总数变化并不完全呈现正相关的关系，与表3中各类案件的所占比例亦无明显相关。

表5 2017—2022年广西法院审理涉东盟民商事案件分布情况(单位:件)

国家/年度	新加坡	越南	马来西亚	泰国	缅甸	印度尼西亚	老挝	柬埔寨	菲律宾	文莱
2017年	12	11	7	2	1	1	1	1	1	2
2018年	6	12	10	0	1	2	2	0	1	0

续表

国家 年度	新加坡	越南	马来西亚	泰国	缅甸	印度尼西亚	老挝	柬埔寨	菲律宾	文莱
2019 年	9	23	23	7	0	3	2	3	0	0
2020 年	17	30	13	9	3	5	1	2	0	0
2021 年	7	36	14	10	11	5	0	2	1	0
2022 年	17	47	11	4	3	5	2	2	1	0
总计	68	159	78	32	19	21	8	10	4	2

从表 5 来看,2017 年至 2022 年,广西法院受理的涉东盟民商事案件主要集中在越南、马来西亚、新加坡和泰国,分别为 159 件、78 件、68 件和 32 件,占比为 39.65%、19.45%、16.96% 和 7.98%。2017 年,涉新加坡案件数量为 12 件,位居第一。但从 2018 年起,涉越南案件后来居上,排名第一,所占比例也最高。这主要是由于我国与越南接壤,更缘于越南近几年经济的高速增长。越南国家统计局公布的数据显示,该国 2022 年的 GDP 增长率为 8.02%,创下了 25 年来的最快年度增速。[1] 相比之下,虽然缅甸和老挝亦与我国接壤,但据国际货币基金组织公布的数据,缅甸 2022 年的 GDP 增长率仅为 2%,老挝更低,均不如越南。因此,无论从总数还是从年度来看,广西法院受理的缅甸、老挝民商事案件数量和所占比例均远低于越南,这也反映出涉东盟民商事案件数量与东盟国家的经济实力和经济增长速度紧密相关。

表 6　2017—2022 年广西法院审理涉东盟民商事案件审理方式(单位:件)

方式 年度	判决	调解	撤诉	移送其他法院管辖	驳回起诉
2017 年	24	3	9	2	1
2018 年	25	4	3	1	1
2019 年	49	5	13	1	2
2020 年	51	4	10	0	7
2021 年	50	7	15	1	3
2022 年	36	10	15	2	4
总计	235	33	65	7	18

[1] 参见崔璞玉:《越南收获 25 年来最快经济增速,海外需求疲软严重制约明年空间》,载 https://www.jiemian.com/article/8669939.html,2023 年 4 月 25 日访问。

从表 6 来看,2017 年至 2022 年,广西法院对涉东盟民商事案件的审理方式主要以判决为主,调解、撤诉、移送管辖、驳回起诉等其他方式为辅。因为我国尚未就承认和执行外国调解书的效力与任何东盟国家签署双边条约,故以调解方式解决纠纷有赖于当事人对于调解书内容的自觉履行。若案件涉及域外承认和执行,以调解方式解决纠纷将可能导致当事人的权利无法实现。另外,以撤诉方式结案的占比较大,主要是因为域外送达的时间成本和经济成本高昂,甚至远高于因胜诉带来的经济利益。鉴于此,在建立健全与东盟国家的司法合作机制时,应将司法效率、司法成本作为重要的因素进行考量。

表 7　2017—2022 年广西法院审理涉东盟民商事案件审理周期(单位:天)

周期 年度	案件平均审理周期	
	被告为中方的案件	被告为外方的案件
2017 年	409	421
2018 年	193	228
2019 年	199	205
2020 年	380	385
2021 年	218	238
2022 年	160	164

表 8　2017—2022 年广西法院审理涉东盟民商事案件司法协助送达情况(单位:件)

年度	2017 年	2018 年	2019 年	2020 年	2021 年	2022 年
案件数量	1	1	8	8	6	8

从表 7、表 8 来看,2017 年至 2022 年广西法院审理的涉东盟案件中,被告为外方的案件比被告为中方的审理周期更长,这是因为被告为外方的情况下,通常需要域外送达,不但送达的程序烦琐,而且耗费时间更长,从而延长了整个审理周期。结合表 3 和表 8,广西法院在 2017 年和 2018 年受理的涉东盟国家民商事案件数量差别不大,涉及司法协助送达的案件数量相同,但 2018 年涉东盟民商事案件的平均审理周期却比 2018 年明显缩短近 50%。之所以出现这样的情况,主要是因为在司法实践中,可能存在申请司法协助送达与其他送达方式同时进行的情况。在其他送达方式送达成功的情况下,送达法院却未及时向广西高级法院报备并申请以司法协助送达方式结案,从而导致案件平均审理周期延长。从 2019 年的情况来看,表 3 显示 2019 年广西

法院审理涉东盟民商事案件数量由2018年的34件增加至70件,而表8则显示司法协助送达的案件数由2018年的1件增加到8件,但被告为外方的案件平均审理周期却同比降低;而从2022年的情况来看,表3显示2022年广西法院审理涉东盟民商事案件数量为92件,系近年来最多。但表8显示的2022年被告为外方的案件平均审理周期却仅为164天,系近年来最低。从这两组数据的对比来看,广西法院的涉外案件审理质量和效率均有较大提升,体现了广西法院创新涉外审理机制所作出的努力。

2. 涉东盟民商事案件司法协助情况

(1)涉外送达情况。如图1所示,从2017年至2022年,除涉文莱、菲律宾的民商事案件数量较少外,各年度均有受理涉越南、新加坡、马来西亚、印度尼西亚的民商事案件,且受理的涉缅甸、老挝和柬埔寨在涉东盟国家案件占比也相对较多,但并非所有涉东盟国家的民商事案件均可通过司法协助送达。目前,我国仅与越南、老挝、新加坡和泰国签订了司法协助条约,具体协助范围如表9所示。

表9　与我国签订司法协助条约的东盟国家及司法协助范围

司法协助范围类型＼国家	越南	老挝	新加坡	泰国
是否包括送达	√	√	√	√
是否包含调查取证	√	√	√	√
是否包含财产保全	×	×	×	×
是否包含证据保全	×	×	×	×
是否包含承认和执行外国民事裁决	√	√	×	×
是否包含承认和执行外国仲裁裁决	√	√	√	√
是否涉及域外法查明	×	×	√	√

(2)涉外调查取证认证情况。在2017年至2022年广西法院受理的涉东盟民商事案件中,没有涉外调查取证认证的案件。但在国内其他省市,有类似的案件发生,例如,在审理越南VINAPACK股份公司与我国XINYUHUAMEIMINING公司商事纠纷一案中,由于越南平定省法院无法查明信用证是否已经兑付,故委托上海市浦东新区人民法院送达文书并对相关问题进行调查核实。上海市浦东新区人民法院遂根据《中越民刑事司法协助条约》和我国《民事诉讼法》的相关规定,由承办法官前往南洋商业银行(中国)有限公司依法送达文书并进行调查取证,根据平定省法院在委托函

件中列明的调查问题一一进行了询问核实，并记录在卷，由被调查人签字确认。[1]

（3）财产保全及证据保全情况。2017 年至 2022 年，广西法院受理的涉东盟民商事案件中，中方当事人申请对外国当事人进行财产保全的案件仅有 2 件，且全部为海事案件，包括涉新加坡 1 件、涉越南 1 件，均为申请扣押邮轮，但并无证据保全案件。

（4）承认和执行外国判决和仲裁裁决的情况。2017 年至 2022 年，广西法院尚无申请承认和执行涉东盟国家民商事判决的案例。南宁国际商事法庭成立后，于 2023 年受理了首例申请承认和执行涉泰国判决的案件。为了解全国其他法院的情况，课题组以“民事案件”为案件类型，分别以“申请承认和执行外国仲裁裁决”“申请承认和执行外国民事裁决”（过滤掉“承认和执行外国离婚判决”）为案由，搜索中国裁判文书网自 2017 年 1 月 1 日至 2022 年 12 月 30 日的案件，筛选出以下案例，详见表 10、表 11。

表 10　2017 年至 2022 年东盟国家当事人向我国法院申请承认和执行外国仲裁裁决的案件情况

案号	裁判法院	申请人国籍	裁定结果	理由
（2021）津 03 协外认 2 号之一	天津市第三中级人民法院	新加坡	承认和执行	不构成《承认和执行外国仲裁裁决公约》所规定的拒绝承认和执行的情形
（2020）鲁 02 协外认 5 号	山东省青岛市中级人民法院	新加坡	承认和执行	同上，外加“不违反我国加入该公约时所作出的保留性声明条款”
（2019）沪 01 协外认 5 号之一	上海市第一中级人民法院	新加坡	承认和执行	不构成《承认和执行外国仲裁裁决公约》所规定的拒绝承认和执行的情形
（2019）津 72 协外认 1 号之一	天津海事法院	新加坡	承认和执行	所涉裁决事项不属于我国法律所禁止采用仲裁方式解决的事项，对其承认和执行也不违反公共政策

〔1〕 参见《上海市浦东区人民法院发布涉外商事审判十大典型案例之六：越南社会主义共和国平定省法院司法协助调查案——积极开展国际司法协助合作　认真办理涉“一带一路”沿线国家司法协助调查取证请求》。

续表

案号	裁判法院	申请人国籍	裁定结果	理由
(2019)沪01协外认5号	上海市第一中级人民法院	新加坡	冻结被申请人林某某银行存款人民币2000万元或查封、扣押其等值财产	申请符合有关法律规定,可予准许
(2016)辽02协外认2号	辽宁省大连市中级人民法院	新加坡	承认和执行	不构成《承认和执行外国仲裁裁决公约》所规定的拒绝承认和执行的情形
(2018)沪01协外认4号	上海市第一中级人民法院	新加坡	承认和执行	不构成《承认和执行外国仲裁裁决公约》所规定的拒绝承认和执行的情形

如表10所示,2017年至2022年东盟国家当事人申请我国承认和执行的7件外国仲裁裁决均被我国法院受理,且作出了积极性的裁定,予以承认并执行。

表11　2017年至2022年东盟国家当事人向我国法院申请承认和执行外国民商事裁决的案件情况

案号	裁定法院	申请承认和执行所涉国家	裁定结果	裁定理由
(2020)湘10协外认1号	湖南省郴州市中级人民法院	缅甸	驳回申请	未能提供外国法院作出的发生法律效力的判决正本或者经证明无误的副本

如表11所示,2017年至2022年东盟国家当事人申请我国法院承认和执行外国民商事裁决的案件仅有1件,但被湖南省郴州市中级法院依法驳回,驳回理由是“未能提供外国法院作出的发生法律效力的判决正本或者经证明无误的副本”。

3. 司法合作与人才培养情况

2017年6月,第二届中国—东盟大法官论坛在广西南宁成功举办,与会各国通过《南宁声明》。2022年7月,广西南宁再次承办了第三届中国—东盟大法官论坛。2022年8月16日,以“同享机遇共创繁荣——RCEP背景下中国—东盟国际仲裁的革新与发展”为主题的RCEP及东盟国际仲裁高峰论坛亦在广西南宁成功举办。

2022年9月16日，中国—东盟商事法律合作研讨会在南宁成功举办，主题为“新发展·新格局：深化RCEP知识产权保护与国际合作”。2022年12月17日，第四届中国—东盟法治论坛在重庆举行，主题为“法治合作推动共建‘一带一路’高质量发展”。2022年12月30日，12名来自东盟国家的法官、检察官及高校教师在西南政法大学中国—东盟法律研究中心参加了2022届东盟高端法治人才博士学位论文答辩，为中国高校率先创办的东盟高端法治人才博士班项目交上了满意的答卷，为中国以及东盟各国架设各方沟通的“法治人才桥梁”。

三、中国—东盟民商事司法合作机制存在的问题和原因

（一）中国—东盟民商事司法合作机制存在的问题

1. 涉外送达制度存在的问题

其一，送达周期较长。广西法院涉外送达所需平均时间为375天，通常从一审立案到结案再到裁判文书送达，要历时18～30个月。其中，在域外进行司法协助送达所花费的时间通常需要18个月左右，国内各部门之间转递审批通常需要2个月左右，涉外送达完成后部门间的结果反馈通常也需要2个月左右。对于案情简单且当事人无须涉外送达的涉外案件，审理期限可以缩短到12个月左右。其二，涉外送达操作难度大、专业性强。因受送达人所在国籍不同，各国对于涉外送达需要提交的材料、是否需要交纳送达费用、是否应当提供委托书和翻译文本等问题均有不同的要求，严重影响了涉外送达的成功率。

2. 涉外调查取证认证制度存在的问题

其一，取证用时长、成功率不高。据统计，在接收、转递外国提出的取证请求方面，2008年1月至2018年9月，司法部共接收取证请求324件、处理取证请求430件次，年均处理取证请求39件次。但是，我国司法部收到外国取证请求中有156件被退回，且外国请求机关还主动撤回了3件。[1] 而且，在2008—2018年，我国法院共执行涉外取证请求66件，在6个月内完成取证的有19件，用时6～12个月完成取证的有16件，用时超过12个月的有26件，分别占比28.8%、24.2%、39.4%。其二，认证程序烦琐。当前，我国在司法实践中对于涉外公文书认证实行“双认证”制度，即对于一国政府部门、法院及其他组织等出具且拟在另一国使用的公文书，需要先在该国办

---

[1] 参见刘桂强：《我国民商事涉外取证的司法实践：现状、问题与对策》，载《武大国际法评论》2021年第1期。

理公证手续，并到另一国驻该国使领馆办理领事认证，这就导致认证手续烦琐且认证费用较高，例如，中国驻外使领馆认证一般需要 4 个工作日。至于认证的费用，以中国驻新加坡大使馆为例，财产商业类认证每份约 291 元，民事类认证每份约 145 元，给公文书使用者带来较大的时间和经济负担。[1]

3. 涉外保全制度存在的问题

其一，对国外财产和证据申请保全难。由于各国均享有独立的司法主权，如果我国法院在办案过程中直接到东盟国家查封保全财产，势必会引发他国境内司法执法权竞合问题，属于变相地干涉他国内政，与国际法相悖。其二，保全担保措施执行难。根据我国现行立法，涉外财产保全和证据保全与涉内规定一致，即一般应有当事人的申请，而法院一般不主动依职权进行，而且申请保全时要提供担保。因此，在对外国人采取“人保”作为担保措施时，通常采取扣押护照的方式限制外国人出境。这在一定程度上限制了当事人的活动自由，导致他国的抗议，易于造成不利的政治影响。而且，对于被限制出境的外国人，是否也应当限制其在我国境内的活动自由，在实践中亦无定论，亟须予以明确。

4. 外国法查明制度存在的问题

其一，查明成本高，当事人和法院均缺乏积极性。虽然在涉外民商事案件中，当事人对于自己的主张有责任提交证据证明，但受限于当事人的文化程度和经济水平，所提交的外国法相关资料往往并不准确。而且，部分法院因“人案矛盾”突出，秉承“多一事不如少一事”的态度，亦不积极主动查明外国法。其二，查明程序不完善，缺乏配套规定和操作指引。对于当事人如何发起申请、提交哪些材料、申请的流程和费用、查明机构的准入及资质审查等，我国当前的法律法规缺乏配套规定，使当事人常常感到无所适从。而各级法院面对当事人的申请，往往也只能依据以往的经验对当事人进行个案指导，无法形成具有普遍性的操作指引。

5. 承认和执行外国民商事裁判制度存在的问题

其一，条约缺乏依据。我国仅和越南、老挝两国签署了双边条约，明确在一定条件下可以相互承认和执行对方的民商事判决。但是，对于其他东盟国家，通常需要根据互惠原则和各国的内国法进行逐案审查。而这些东盟国家的相关法律规定却较为笼统、可操作性较低，故在无形中提高了承认和执行外国判决的门槛。其二，互惠原

---

[1] 参见连俊雅：《“一带一路”背景下中国与沿线国家间简化认证要求问题研究——以〈海牙取消认证公约〉和欧盟第 2016/1191 号条例为参考》，载《国际法研究》2017 年第 3 期。

则适用难。在司法实践中认定互惠关系时,我国对个案审查较为严格,在无形中加大了认定互惠原则的难度,降低了认定效率。而且,我国各地法院对“事实互惠”适用标准亦有所不同。比如,武汉市中级人民法院受理的刘利案以及南昌市中级人民法院2017 年受理的赫伯特·楚西、玛丽艾伦·楚西申请承认和执行外国法院民事判决、裁定案,援引的是同样的先例,但两个法院对互惠关系的认定却得出了不同的结论。[1]

6. 涉外司法合作保障制度存在的问题

其一,信息化建设仍有待加强。当前我国智慧法院建设仍然存在信息壁垒难以打通、信息化功能发挥不够、服务便捷度有待加强等“老大难”问题,一些欠发达地区往往由于经济水平有限,导致相关信息化设备投入不足,不仅未能实现“让数据多跑路、百姓少跑腿”,反而引发了当事人、律师乃至法院民警的不满。其二,涉外民商事多元解纷机制尚不完善。虽然近年来,南宁法院坚持和创新发展新时代“枫桥经验”,搭建了“法院 + 工会 + 人社 + N”平台。但是,我国目前尚未能建立“诉讼、调解、仲裁”相互衔接有序的涉外民商事纠纷多元解决顶层机制,切实打通三种不同程序之间的阻隔和障碍,与最高人民法院提出的高质量共建“一带一路”提供有力司法服务和保障要求不相匹配。其三,涉外民商事人才培养机制不健全。涉外法官对于国内法和国际法掌握不全面,对外语不精通,更没有国外学习、生活经历,缺少涉外实践,而长期脱离法律实务和实践而进行的纯粹性理论培养,又引发了涉外法治人才高分低能的风险和后果。[2]

(二)中国—东盟民商事司法合作机制存在问题的原因分析

1. 各国的政治体制、经济发展、法律传统和法律文化差异大

我国的政体是人民代表大会制度,印度尼西亚、菲律宾为总统共和制,新加坡为议会共和制,泰国、马来西亚、柬埔寨则为君主立宪制。我国的经济体制是社会主义市场经济体制,但东盟各国则为资本主义经济体制。在法律传统和法律文化上,我国属于中华法系国家,而印度尼西亚、泰国、老挝等国家为大陆法系国家,新加坡、马来西亚、文莱则为英美法系国家。各国之间常常因政治体制、经济发展、法律传统和语言文化等差异而在民商事司法合作上存在分歧,这也在一定程度上影响了中国与东

---

〔1〕 参见王雅菡:《外国法院判决承认和执行中互惠的认定标准》,载《武大国际法评论》2019 年第 4 期。

〔2〕 参见张春良、魏瑛婕:《涉外法治人才培养的当前困境与未来举措——西南政法大学经验谈》,载中国法学创新网,http://www.fxcxw.org.cn/dyna/contentM.php?id=26877,2023 年 12 月 16 日访问。

盟国家民商事司法合作的稳步开展。

2. 缺乏统一的民商事司法协助国际条约

迄今，中国与东盟国家之间尚未签署任何一项司法协助领域的国际公约。而且，我国仅与泰国、老挝、新加坡、越南分别签署了《中泰民商事司法协助和仲裁合作协定》《中挝民刑事司法协助条约》《中新民商事司法协助条约》《中新承认和执行金钱判决备忘录》《中越民刑事司法协助条约》等双边条约，但尚有6个东盟国家与我国未签订有民商事司法协助条约。在上述双边条约中，仅有越南对我国的民商事裁决完全予以承认和执行。老挝对于我国的民商事裁决仅限于承认和执行关于民事损害赔偿、诉讼费用的裁决。

3. 现有合作协议可操作性不强，缺乏配套规定

当前中国与东盟部分成员国已签署的双边司法合作协议中具体程序和实施细节的内容非常少，且绝大多数都是原则性、概括性的规定，不能直接在跨国民商事审判中适用。例如，我国和东盟于2004年11月29日签署的《中国—东盟争端解决机制协议》(2005年1月1日起生效)也仅就适用争端的范围、磋商程序、调解或调停等问题进行了规定，但由于仲裁程序仅具有准司法的性质，故该协议并不完全适用于涉东盟民商事案件的审判。而且，尽管在"第二届中国—东盟大法官论坛"《南宁声明》中，与会各国达成了共识，即在充分尊重和保障当事人诉讼模式选择权和程序利益处分权的情况下，各国将积极考虑推进跨境民商事案件在线诉讼方式的运用，提升司法服务现代化水平。[1] 但由于东盟各国经济发展与信息技术水平参差不齐，导致"电子法院"建设进度不一致，在线诉讼推进缓慢。

4. 信息技术基础设施建设发展不平衡

联合国经济和社会事务部发布的《2022年联合国电子政务调查报告(中文版)》明确指出，中国、新加坡、马来西亚、印度尼西亚、泰国电子政务指数位于"非常高水平"；菲律宾、越南、文莱位于"高水平"；缅甸、老挝、柬埔寨处于"中等水平"。但是，同样是处于"非常高水平"，各国电子政务指数排名也大不相同。其中，新加坡排名第12位，中国排名第43位，泰国排名第55位，印度尼西亚排名第77位。[2] 但因中国与东盟各国的信息技术基础设施建设发展不平衡，无法充分发挥信息技术便捷高效

---

〔1〕 参见《第三届中国—东盟大法官论坛南宁声明》，载中国法院网，https://www.chinacourt.org/article/detail/2022/07/id/6803706.shtml，2023年3月5日访问。

〔2〕 参见《〈2022联合国电子政务调查报告(中文版)〉发布，我国电子政务排名升至全球第43位》，载中国电子政务网，http://www.egovernment.gov.cn/art/2022/12/26/art_476_6605.html。

的优势进行跨境司法协助,不利于推进中国—东盟民商事司法合作信息化水平的整体提升。

5. 对互惠原则的适用相对保守

在司法实践中,我国与东盟国家在承认和执行外国民商事判决时,对于互惠原则认定上的分歧主要基于对事实互惠、法律互惠和推定互惠等认定标准的不同理解。比如,依据我国与东盟与会各国在第二届"中国—东盟大法官论坛"达成的《南宁声明》第7条规定,两国互惠原则的推定成立需以对方国家不曾拒绝承认和执行过己国的民商事判决且己国法律允许为前提。然而,我国法院曾以与马来西亚之间没有确立互惠原则为由,不予承认和执行马来西亚法院作出的判决。[1] 该否定性先例有可能导致将来马来西亚以我国法院曾经拒绝承认和执行马来西亚法院的判决为由而不予认定中马之间存在互惠原则,进而拒绝承认和执行我国法院作出的判决,损害我国当事人的利益。

6. 缺乏东盟国家法律资料和法律人才

由于东盟国家使用的语言普遍是小语种,相关法律翻译资料数量不多。因此,即使与我国签署民商事司法协助条约的越南、泰国、老挝等东盟国家,国内也难获取经过官方或权威法学专家翻译的法律文献资料,导致法官在司法实践中难以对于东盟国家法律条文进行准确的理解和适用。而且,在司法实践中,我国公、检、法机关普遍缺乏精通中文、英文以及东盟各国语言的复合型法律人才,亟须与东盟国家共同携手培养。

四、RCEP背景下中国—东盟民商事司法合作机制的完善

RCEP的落地实施,不仅标志着全球规模最大、人口最多、经济结构最多元的区域贸易协定在亚太地区形成,还意味着全球约三成的经济体量将形成一体化大市场,降低了贸易投资壁垒,为我国在新时期经济社会的全面发展创造了良好的外部环境。鉴于此,课题组建议从以下方面进一步深化中国—东盟司法合作机制。

(一)确立中国—东盟民商事司法合作的原则

1. 尊重主权原则

"条约必须信守"也被称为条约神圣原则,指的是一个合法缔结的条约在其有效

---

〔1〕 参见宁波市中级人民法院民事裁定书,(2014)宁民认字第13号。

期间内,当事国有依约善意履行的义务。[1] 因此,在我国与东盟国家之间的民商事司法合作中,如相关国家已经参与或缔结了相关国际公约、双边或多边条约,各国必须严格恪守履行条约中所承诺的权利或义务。当然,在必要时也应对本国利益进行特殊保护。由于"公共秩序保留"往往被作为拒绝请求权国请求的最后一道防线,特别是对于某些司法协助请求,虽然在形式上可能符合国际条约的约定,但在实质内容上会影响和损害我国的国家利益,因此,应当直接予以拒绝。

2. 平等互惠原则

我国《民事诉讼法》第 283 条、第 284 条对于"平等互惠原则"作出了明确规定。因此,在我国与东盟各国的民商事司法合作中,应相互尊重、平等互惠,遵循国际公约和国际惯例,既不允许只享有权利,不承担义务,或者只承担义务,而不享有权利,也不允许在享有权利或承担义务上厚此薄彼,甚至损害他国的利益,否则,应当坚决予以拒绝,不予协助。

3. 合作共赢原则

2017 年 2 月 10 日,习近平同志提出的"构建人类命运共同体"的理念首次被写入联合国决议,意味着该理念得到了联合国广大会员国的普遍认同,特别是广大发展中国家的普遍认可和支持。[2] 因此,在 RCEP 落地实施后,我国和东盟的民商事司法合作要充分利用现代化科技手段,进一步统一标准、简化流程、畅通渠道、促进信息共享,不断扩大彼此之间的利益交汇点,减少双方合作阻碍,提升合作效率,依法保障当事人的合法权益高效便捷的实现。

(二)完善中国—东盟民商事司法合作的各项制度

无论是从政治层面上还是从技术层面上看,中国—东盟民商事司法合作都是一个庞大而复杂的系统性工程。在 RCEP 落地实施后,我国和东盟国家之间的民商事司法合作也迈入了新阶段。结合司法实践,课题组认为应当重点对涉外送达制度、承认和执行外国民商事判决制度、外国法查明制度、涉外调查取证和认证制度以及涉外保全制度等进行完善。

1. 完善涉外送达制度

其一,在 RCEP 框架下制定中国—东盟国家之间统一的司法协助公约,并在公约

---

〔1〕 参见李浩培:《论条约必须信守原则》,载《法学杂志》1985 年第 1 期。

〔2〕 参见龚云:《弘扬全人类共同价值,推动构建人类命运共同体》,载人民网,http://theory.people.com.cn/n1/2022/1031/c40531-32555572.html?eqid=874614a20015af490000000564745951。

中对于民商事案件的送达中央机关、送达方式、送达流程、送达费用承担、送达时间要求等进行明确约定,从而提升涉外民商事案件送达的可操作性和送达效率。其二,创新合作方式,构建差异化的送达机制。依托国际互联网,实现条约双方国家中央机关官网的互联互通,方便当事人知悉司法协助的申请流程,简化查询手续开展创新试点;还可以充分利用边境地区司法实践的特点设计适用于边境地区的跨境司法协助送达制度。其三,探索涉外电子送达,进一步提升送达效率。基于我国已借助全国四级法院联网的国际司法协助信息化管理平台,与东盟国家进行司法协助合作时,可以推动形成"电子送达"的共识,对于适用主体、送达方式、适用条件等方面进行明确约定,共同推动电子送达的适用和完善。

2. 完善涉外调查取证认证制度

其一,推动签署涉外调查取证公约或双边条约,建立健全规则具体、程序简便、机制完善的民商事案件取证认证规范。[1] 其二,推动中国与东盟国家法院之间建立直接协助调查取证机制。借鉴《欧盟取证规则》的规定,推动建立请求国与被请求国法院间直接协助进行证据调查制度,并赋予我国有权管辖涉外案件的中级人民法院及基层人民法院涉外证据调查取证请求权,在必要时可以直接向被请求国的法院请求协助调查取证。其三,顺应信息化潮流,适度拓展调查取证方式。建议在不违反被请求国利益并损害被请求国司法主权的情况下,增加当事人或诉讼代理人自行取证和电子调查取证方式。其四,简化证据认证程序,提高证据认证效率。充分利用《取消外国公文书认证要求的公约》,大幅降低文书跨国流转的时间和经济成本,进一步简化与东盟各国在涉外公文书方面的认证手续,提高认证质效。

3. 完善涉外保全制度

其一,适当放宽申请财产保全条件。建议对提供被保全财产信息或者被保全财产线索的具体条件适当放宽,尤其在申请人穷尽手段仍无法提供相关线索时,应明确被请求国的法院有协助查找的义务和责任。其二,由被请求国法院根据案件的具体情况、本着合法、合理、便利的原则对证据保全担保的具体内容进行确定。被请求国法院对于证据保全担保有自由裁量权,但在行使时应当严格审查,特别是对于担保金额要合理有效,防止申请人滥用证据保全的权利。其三,规范行为保全的申请。建议参考我国现行《民事诉讼法》第 103 条的规定,对行为保全的申请、内容、程序和担保

---

〔1〕 参见刘桂强:《我国民商事涉外取证的司法实践:现状、问题与对策》,载《武大国际法评论》2021 年第 1 期。

措施等明确规范，进一步厘清行为保全与财产保全、先予执行以及人身安全保护令的关系问题，从而进一步提高行为保全，维护和保障各国当事人的合法权益。

4. 完善外国法查明制度

其一，增加东盟国家的法律数据。目前，最高人民法院域外法查明平台上的外国法律法规资料偏少，亦缺乏东盟国家的相关法律规定和案例数据，亟须完善。其二，规范外国法查明费用的标准和负担，厘清当事人和法院负担费用的范围及责任。其三，明确外国法的查明标准。所查明的外国法应当资料完备，与该涉外民商事案件之间存在实质性联系。而且，只有在当事人在法院规定的期限内穷尽一切手段仍不能查明外国法，才应认定为查明不能。

5. 完善承认和执行外国民商事裁判制度

其一，建议推动我国尽快与东盟国家缔结关于承认与执行外国法院判决的公约或双边条约，并在公约或条约中明确外国法院在各国中承认和执行的条件，尽可能地"让判决流通起来"，更好的服务 RCEP。其二，对于未参加《纽约公约》的东盟国家，建议推动我国与东盟国家尽快缔结双边条约，尽快在区域内形成统一而明确的标准和具有可操作性的程序，推动判决的承认和执行。其三，加大推定互惠原则的适用。建议在《南宁声明》的基础上进一步明确推定互惠原则的适用范围。

6. 完善涉外司法合作的保障制度

其一，构建中国—东盟民商事司法合作的信息化平台。2020 年 12 月，最高人民法院将设立于广西法官学院的"中国—东盟国家法官交流培训基地"和"中国—东盟国家法律与司法信息中心"整合为"最高人民法院法官国际交流中心广西基地"。截至 2022 年 10 月，司法信息中心网站已有中国法律 1049 部（现行有效 468 部），外国法律 3360 部，涉及东盟国际条约 634 部，涉外典型案例 2001 个，累计浏览量和点击量为 730011 次。〔1〕 建议以此为基础司法大数据信息共享、开放平台，并在 RCEP 的框架下加强与东盟各国的民商事司法互助合作，共同推动区域内国际司法合作机制迈上更高台阶。〔2〕 其二，完善中国—东盟民商事司法合作的多元解纷机制，建立健全符合 RCEP 实际发展需要并包括诉讼、调解、仲裁有效衔接的多元化纠纷解决机制，充分利用"斡旋""调解""调停""合作""磋商""专家组审查"等 RCEP 的争端主要解

---

〔1〕 参见广西壮族自治区高级人民法院：《峥嵘岁月整十载，扬帆起航铸华章》，载头条网，https://www.toutiao.com/article/7157903327446073891，2023 年 2 月 8 日访问。

〔2〕 参见邓凯：《试论中国司法信息化的演进及其技术路径》，载《决策与探索（下）》2021 年第 1 期。

决方式,妥善化解涉东盟民商事纠纷,营造法治化营商环境。其三,高度重视中国—东盟民商事法律人才的引进与培养,加强与科研机构、高等院校合作,着力打造一支既通晓东盟国家语言,又熟悉东盟法律法规的"一专多能"型的高素质复合型涉外审判队伍。

五、结语

随着 RCEP 的落地实施,我国迎来了前所未有的发展战略机遇期。近年来,我国法院积极与东盟各国法院开展国际司法交流、司法协助、司法合作,为推动我国和东盟开放合作、抢抓 RCEP 机遇、共建"一带一路"提供了强有力的司法服务和保障。下一步,我们要坚持以习近平新时代中国特色社会主义思想为指导,深入贯彻习近平法治思想和党的二十大精神,不断健全和完善中国—东盟民商事司法合作机制,着力破解涉东盟民商事案件审判难题,为自贸区经济的共同发展提供强有力的法律支持,不辜负时代赋予的使命和担当!

提升广西法院涉外民商事法治服务水平路径调研报告

——赴四川、重庆法院学习考察有关情况

赴川渝法院学习考察组*

摘要：打造国内国际双循环市场经营便利地，是党中央着眼国内国际两个大局，从构建新发展格局的高度赋予广西的使命任务，既是方向指引也是战略任务。近年来，广西法院在服务保障新发展、新格局上也见行见效，出台多项服务保障措施，在三个自由贸易试验片区设立自贸区巡回法庭，以“集约化、专业化、信息化、国际化”为标准打造的中国—东盟自由贸易区南宁国际商事法庭，旨在打造面向东盟的国际商事纠纷解决优选地。但相较于东部沿海地区以及成渝经济圈的涉外法治服务水平，广西法院在涉外审判机制、案例培育、法治人才培养、涉外法治服务融合等方面还存在局限。调研组通过对区内法院以及与广西区位相似的成渝经济圈的法院、高校、自贸试验功能区的多方位调研，学习两地党委、政府、法院、高校等合力在涉外法治服务上诸多有益、可借鉴的经验做法。结合广西法院实际，提出四个方面切实可行的工作举措，在统筹推进国内法治和涉外法治上，充分发挥人民法院职能作用，提供更高

* 考察组成员：兰曲，广西壮族自治区高级人民法院民事审判第四庭庭长；王华妍，南宁铁路运输中级法院中国—东盟自由贸易区南宁国际商事法庭副庭长；苏维琳，北海海事法院党组成员、副院长；黎杰，凭祥市人民法院党组书记、院长；张敏，南宁市江南区人民法院立案庭庭长；覃斯，南宁市中级人民法院民事审判第四庭法官；封温馨，广西壮族自治区高级人民法院民事审判法官助理。执笔人：王华妍、封温馨。

质量司法服务和保障。

川渝地区双城经济圈位于“一带一路”和长江经济带交会处，是西部陆海新通道的起点，具有连接西南西北，沟通东亚与东南亚、南亚的独特优势，与广西的区位、经济发展特点有相似之处。近年来，四川天府中央法务区建设兼采政府功用与市场自治之长，成都国际商事法庭、成渝金融法院在涉外司法跨区域供给理念上走在前列，重庆自由贸易试验区人民法院在涉外案例打造、参与经贸规则创设上独树一帜，在涉外司法服务上也有许多值得广西法院参考借鉴的经验做法。调研组先后走访川渝5家法院及其下辖的如重庆知识产权法庭、“司法赋能进自贸”驻园团队工作室等6个涉外司法服务派出机构进行座谈调研，走进四川省天府中央法务区、重庆国际物流枢纽园区、长江上游法律服务中心等3家自贸试验功能区实地考察涉外司法服务，参观西南政法大学中国—东盟法律研究中心并就推进下一步开展框架合作进行研讨。此次调研形成了较为完整的西南地区法院在服务保障对外开放大局上的探索和经验参考，并为广西法院更好服务国内国际两个大局指出广西路径。

一、川渝两地法院服务国内国际两个大局基本情况

（一）涉外审判的基本情况

1. 四川法院。2019年至2023年四川全省法院共受理涉外、涉港澳台地区案件2224件，其中涉外案件1444件（不含知识产权案件）。涉外案件类型占前三位的是金融借款合同纠纷、股权转让纠纷、买卖合同纠纷。四川法院涉外案件超过70%集中在成都地区，此前虽然已经形成天府自贸区法院——成都中级法院（成都国际商事法庭）、成渝金融法院（部分涉外金融案件）——四川高级法院的管辖格局，但自2023年1月第一审涉外民商事案件变更为基层人民法院管辖后，成都国际商事法庭的涉外案件管辖范围未及时报请变更，导致现在四川法院涉外案件数量不多但管辖分散、条线指导困难的局面。

2. 重庆法院。重庆法院自2018年年底两江自贸区法院成立后就基本形成“1+6+1”涉外审判体系（“1”是重庆高级法院，“6”是五个中级法院和成渝金融法院，“1”两江自贸区法院）。2023年重庆全市法院共受理涉外、涉港澳台地区民商事案件688件，涵盖53个共建“一带一路”国家和地区。自2018年12月两江自贸区法院设立以来，共受理涉外、涉港澳台地区一审民商事案件1100余件。

（二）国际商事法庭建设运行情况

1. 成都国际商事法庭。成都国际商事法庭于 2022 年 4 月挂牌设立，是中国西部首个、全国第三个在地方设立的国际商事法庭，也是全国第一个跨域集中管辖全省涉外一审民商事案件的国际商事法庭。法庭配备有员额法官 16 名、法官助理 7 名以及其他聘任制审判辅助人员共计 60 人左右，具有研究生以上学历的高素质人才占比近 80%，有较高外语水平人员占 70%。成都国际商事法庭主要管辖四川省范围内应由中级法院管辖的一审 8 类“涉外”民商事案件，其中包括涉及外商独资企业以及外商投资企业设立、出资、确认股东资格等与公司有关的案件、仲裁司法审查案件。2023 年，成都国际商事法庭共受理案件 6555 件，其中与公司有关纠纷和合同纠纷占近 90%，真正涉外案件和仲裁司法审查案件仅占案件总数约 10%。成都国际商事法庭运行近两年来，逐步形成成都市“一庭两中心多点”[1]的国际商事法治工作格局。成都国际商事法庭致力于建设国际商事争端解决首选地、新高地。制定《关于全面提升国际商事纠纷化解能级　高质量服务保障成都国际门户枢纽建设的实施意见》《关于构建成都大司法区服务保障企业“全生命周期”工作体系的实施意见》《优化法治化营商环境　企业经营法律风险提示 100 条》等，为成都深化改革开放、产业创新发展注入法治动力。

成都国际商事法庭充分发挥集中管辖优势，制定四项规程，包括民商事案件涉外因素认定规程、域外法查明规程、域外法适用、域外送达规程，完善和规范涉外案件审判流程。两年来初步成型服务发展、功能丰富、开放互动的国际商事审判“三三”工作模式，即三个机制：健全国际商事审判一站式多元解纷机制、智慧型决策参考机制、改革创新领航机制；三项工程：推进国际商事精品案例工程、规则指引工程、企业护航工程；三大平台：搭建国际商事高效解纷平台、国际法治人才培育平台、国际司法交流平台。成都中级法院分别与四川大学、四川天府“一带一路”商事调解中心签订了《共建涉外法治人才协同培养创新基地合作协议》《民商事纠纷诉调对接合作协议》，拓宽涉外民商事“一站式”多元解纷渠道，加大涉外民商事审判人才引培力度。

2. 重庆国际商事纠纷解决机构的筹备。重庆虽未设立国际商事法庭，但重庆高级法院已经向最高人民法院提交报告，拟在重庆第一中级法院设立国际商事法庭，还未获得批准。重庆第一中级法院民三庭及 2021 年 6 月 16 日设立的重庆知识产权法

---

〔1〕 一庭：成都中院内设的成都国际商事法庭；两中心：天府中央法务区和成都国际铁路港的两个涉外商事一站式多元解纷中心；多点：成都市各基层法院的涉外商事审判点。

庭，自设立以来共受理涉外、涉港澳台地区案件422件（包含涉外知识产权），其中涉港175件、涉澳21件、涉台37件，其余涉泰国、新加坡、德国等十几个国家和地区。在优化涉外民商事案件管辖机制方面，重庆第一中级法院作为两江自贸区法院的上级法院，切实加强上下法院统筹联动，以“加法”联动实现“乘法”效应。在队伍建设方面，涉外审判队伍中拥有多位通过英语专业八级、具有国际法专业背景以及荣获“人民法院涉外商事海事审判工作先进个人”等荣誉称号的涉外法治专业人才。在硬件设施方面，重庆第一中级法院已建成国际一流的国际商事法庭，配备国际一流的同声传译设备、远程庭审系统等平台。

（三）川渝两地自贸试验区法院基本运行情况

1. 天府自贸区法院。天府自贸区法院于2018年7月12日根据最高人民法院的批复正式挂牌成立，2019年1月1日正式受案运行，是全国首家以省域自由贸易试验区全域冠名的法院。天府自贸区法院虽然是“两块牌子、一套人马”，但“两块牌子”实则完全独立运行。[1] 两家法院各负不同职责，案件管理及院务工作采用两套办公和办案系统，法官需配备两台电脑适用不同的办案系统和办公系统。因此，天府自贸区法院是全省受理案件数最多的基层法院。2023年，共受案46266件，其中天府新区直管区范围内受案18838件，四川自贸区范围内受案27428件，法官人均受案953件、结案768件。

（1）在提升司法质效方面，天府自贸区法院针对案件多、类型复杂的特点，搭建繁简分流和专业化审判为核心的“1+N”审判工作制度框架。推动审限变更“关口前移”，实现程序变更、审限变更管理的刚性运行。强化法官月结案任务目标管理，实现均衡结案。成都市两级法院构建“三维一体”执法办案监管模式，即一维是院局领导垂管，两级法院之间从指导到“实”管；二维是业务条线协管，两级法院业务条线庭长协助分管院长对基层法院进行条线管理；三维是审管办专管，两级法院审管办对诉前调、诉中审、执行调撤流转等间隙时间进行精准专项管理。2022年至今，成都两级法院逐年实现案件审理周期、纠纷在院时间双指标双提速，纠纷在院平均时间下降近60%。（2）在保障大局发展方面，该院加强协同创新机制，与重庆两江自贸区法院签

---

〔1〕 管辖规则：天府自贸区法院中的四川天府新区人民法院管辖四川天府新区成都直管区范围内的各类案件，而四川自由贸易试验区人民法院管辖四川自贸区除川南临港片区以外区域的民商事案件、国务院部门或省政府因复议行为与省级部门作为共同被告的案件和龙泉、双流、简阳、蒲江区域内的知识产权民事案件。

署《服务保障西部陆海新通道建设司法协作协议》，统一司法理念，协调司法尺度，共同发布涉外典型案例，共同助推提升对外开放水平。主动融入天府中央法务区建设，持续加强“三中心 e 法亭”建设，依托天府中央法务区资源集聚优势，分步设立商事争议调解中心、民事财产保全中心、司法确认中心“三大中心”与移动智慧法庭“天府智法院 · e 法亭”，移动智慧法庭入选法治日报“2023 年智慧法院创新案例”。(3)在完善涉外商事争端多元解纷机制方面，创建“保全 + 调解 + 确认 + 解保”纠纷联动化解链条，为国际商事调解、仲裁提供支撑保障，推动涉外民商事纠纷“一站式”实质性化解。着力加强专业化商事调解组织的培育和支持，聘任商事投资领域 15 家专业调解组织和商事调解专家 142 人。着力培养专业化商事调解组织，完善涉外商事纠纷诉前先行调解和诉中委托调解机制。推行“公益化 + 市场化”的双轨并进的调解运行方式，允许涉外商事调解组织适当收费，激发调解活力。在天府中央法务区设置涉外商事一站式多元解纷中心，整合调解、仲裁、诉讼解纷资源，加强公证、翻译等配套服务供给，引导当事人选择适宜解决途径，实现纠纷一站式化解。

2. 两江自贸区法院。两江自贸区法院〔1〕是经重庆市委专门决定并报请最高人民法院批复同意设立的全国首家覆盖自贸区全域的人民法院，于 2018 年 12 月 24 日正式挂牌成立并对外办公。成立五年多以来，共受理各类涉自贸区民商事案件 64300 多件。

(1)在探索创新陆上国际贸易规则方面，重庆是中欧班列(渝新欧)始发站、西部陆海新通道的物流和运营组织中心，2020 年 6 月，两江自贸区法院对全国首例涉及铁路提单纠纷案件作出一审判决，支持其确认货物所有权归属提单持有人以及提取货物的诉求。两江自贸区法院以该案例为契机参与探索陆上贸易新规则，助力国家参与联合国国际贸易法委员会《关于可转让多式联运运输凭证物权化》的讨论，助推国际贸易新规则创制。(2)在探索“一站式”多元解纷机制方面，两江自贸区法院于 2019 年与中国国际经济贸易仲裁委员会西南分会(以下简称贸仲西南分会)、“一带一路”国际商事调解中心三方签署了《重庆自由贸易试验区诉讼、仲裁与调解一站式

〔1〕 根据职能定位要求，两江自贸区法院现集中管辖：(1)全市范围内诉讼标的额为人民币 4000 万元以下的第一审涉外、涉港澳台地区商事案件(严格限制在商事案件范围内，不包括婚姻家庭、继承、劳务、人事、房地产、侵权、破产、环境污染等纠纷案件)；(2)自贸区全域内企业间的投资、贸易、金融等第一审国内商事案件；(3)重庆第一中级法院辖区内诉讼标的额为 500 万元以下的第一审知识产权民事、行政案件；(4)2023 年 5 月 5 日起原重庆铁路运输法院受理的重庆市江北区、渝北区、沙坪坝区内发生的运输合同纠纷、挂靠经营合同纠纷第一审民事案件。

纠纷解决机制合作协议》,将贸仲西南分会、中国(重庆)自由贸易试验区商事调解中心等机构的国内外仲裁员、调解员引入纠纷解决,开启诉讼、仲裁与调解三位一体的涉外商事纠纷解决机制建设。该院还推进实施了“内地 + 港澳台 + 外籍”调解员“1 + X”工作模式,依托合作机构资源优势,为当事人提供具有多个领域专业知识背景的中外调解员名册,满足不同主体解纷需求。由诉讼转为仲裁或者调解,解决好诉讼费用的损失是关键,两江自贸区法院探索建立了诉讼费、仲裁费与调解费的转付衔接机制,解决了当事人的后顾之忧。截至目前,“一站式”纠纷解决平台已陆续吸纳十余家调解机构、仲裁机构进入。2022 年 8 月,重庆市高级法院联合多家单位共建的重庆国际商事“一站式”多元解纷中心在长江上游法律服务中心正式揭牌,标志着两江自贸区法院创建的涉外商事“一站式”纠纷解决机制正式转入实体运行。(3)在高质量聚合和培养涉外法治人才方面,该院探索出一套专业化、机制化的人才培养模式,突破传统“师傅带徒弟”的老路子,帮助法官快速成长。制定《涉外商事案件裁判规则提炼及转化规程》《涉外商事审判庭案件办理手册》等一系列工作手册,细化审判团队工作方法,提高案件办理规范化,以便“新手法官”可以快速掌握涉外商事案件审理的所有要点。两江自贸区法院依托重庆高院牵头建设、该院负责运行的内陆开放法律研究中心,开展涉共建“一带一路”、自由贸易、扩大开放法律问题研究,为完善涉外经贸法律和规则体系贡献司法智慧。

(四)西南政法大学中国—东盟法律研究中心基本情况

中国—东盟法律研究中心依托西南政法大学于 2010 年经中国法学会批准设立。中心整合中国与东盟法律法学资源,开展对东盟等“一带一路”沿线国家及区域的法律政策研究、法治人才培养、国际传播和社会服务,积极推动法治交流合作,服务以法治方式共建“一带一路”,服务构建更为紧密的中国—东盟命运共同体。

中国—东盟法律研究中心系首批中国法学会法治研究基地、中国法学会中国—东盟高端法律人才培养基地、教育部区域与国别研究基地备案中心、最高人民法院民四庭东盟国家法律研究基地及东盟国家适用中国法律咨询中心。中国—东盟法律研究中心拥有国内层次最高、覆盖最广的东盟国家法律法学资源。中心聘请有东盟国家咨询委员和客座研究员,建设有中国东盟法律专家库,与柬埔寨司法部、老挝司法部、缅甸法律事务部、东盟法律协会、泰国司法学院、东盟国家律师事务所及高校等法律法学组织签署有合作交流协议,订单式培养高端法治人才如“东盟英才班”,合作共建“法律咨询中心”;举办五届中国—东盟法治论坛,积极为中国—东盟法治交流合作搭建桥梁与纽带;出版《中国—东盟法律评论》定位为中国与东盟立法与实践研究成果交流的重大平台，由中国和东盟国家共同参与编辑工作；开发建设“一带一路”沿线国家和地区法律数据库及查明服务平台，且该平台已进入试运行阶段，深度参与最高人民法院国际商事法庭域外法查明平台建设，为社会各界提供法律查明及适用的咨询服务。

二、川渝两地法院服务国内国际两个大局亮点举措

（一）中央法务区助力打造一流法治化营商环境

“法务区”作为全新的概念，国内此前都只在区级行政范围内开展法律服务集聚区的探索，如广州南沙法律服务集聚区、青岛上合示范区、西安法律服务示范区等。四川成都天府中央法务区是全国首个省级层面推动建设的现代法务集聚区，于2021年2月正式启动运行，对标学习伦敦、纽约、新加坡、上海等国际一流城市，聚集法务资源，将打造出立足四川、辐射西部、影响全国、面向世界的一流法律服务高地。根据规划，天府中央法务区北区将落实“一心两片”的功能要求，做强产业优势，打造宜居宜业的公园城市生活场景。

“一心”即公共法律服务中心。依托省高级法院、成都中级法院、天府新区法院、检察院等司法机关及司法行政资源，积极争取国家布局知识产权法院、长江生态保护法院等专业法院，联动建设“一带一路”国际法律学院、天府法律创新研究院等教育研究机构，打造具有国际影响力的“政学研”法律服务创新策源平台和法律智库中心。经过两年的发展，如今已吸引超过280家律所、税务、审计、会计、知识产权等涉法务机构入驻，业务覆盖金融证券、知识产权、国际贸易、并购重组等各个领域。成渝金融法院、成都国际商事法庭、成都知识产权法庭等入驻形成“一点、六院、六庭”[1]全层级司法审判矩阵，构筑起了全国类型最为齐全、中西部数量最多、功能最全的司法机构集聚地。此次考察中，考察组着重在天府中央法务区综合服务中心参观了“天府中央法务区诉讼服务中心”，该中心实行全省三级法院“共同入驻、一体运行”，通过创新一站办理、一网通办、一体共享机制，全面打造以“非接触式”为核心的智慧诉讼服务新模式。在该诉讼服务中心，天府自贸区法院打造“三中心e法亭”。一是商事争议调解中心，确立商事案件市场化调解原则，并提供风险评估、服务咨询、跨域立

[1] 一点：最高人民法院第五巡回法庭成都审判点；六院：四川省高级法院、成都市中级法院、成都铁路运输第一、第二法院、天府自贸区法院、成渝金融法院；六庭：成都国际商事法庭、成都知识产权法庭、成都金融法庭、成都破产法庭、成都互联网法庭、四川大熊猫公园生态法庭。

案等公共法律服务,双轨调解机制入选“人民法院服务保障自由贸易试验区建设典型案例和亮点举措”。二是民事财产保全中心,构建受理、审查、实施、处突“一站式”模式,通过以保促调、法保协作、诉保联动等机制,办理周期缩短至 14.86 天。三是司法确认中心,聚焦商事、知识产权、金融等重点领域,主要办理当事人双方通过特邀调解组织、特邀调解员达成协议后向法院申请赋予调解协议强制执行效力的外部司法确认案件。2022 年 12 月在来普顿中心投放全国首个户外“24 小时自助法院”——e 法亭,借助 5G、大数据等现代信息技术,打造规范化远程参审空间,精准对接“融 e 诉”电子诉讼平台完成在线庭审、调解等诉讼活动。

“两片”即为“综合法律服务片区、延伸配套服务片区”两大片区。“沈阳路站 + 青岛路站综合法律服务片区”将协同“政商学研企”公共法律服务与智库中心,做强国际司法鉴定与公证业,形成综合法律服务片区“昌公堰站延伸配套服务片区”,依托区域共享办公空间承接培训等产业外溢功能,同步配套居住、商业等综合服务功能,形成延伸配套服务片区。

（二）创新审判管理机制助力公正高效司法

2022 年,四川省高级法院工作报告删除“结案率”,取而代之的是“平均审理天数”和“法定审限内结案率”。2023 年,新指标“纠纷在院时间”被写入四川省高级法院工作报告。指标的变化,体现的是审判管理视角的变化。数据显示,近年来,四川法院各类案件的平均审理天数约为 50 天,平均在院审理天数约为 133 天,都不算长。但具体来看,部分地区法院案件从收案到归档(或送达完毕)平均时长达到 500 多天。进一步分析发现,大部分案件把时间耗在了“弹性环节”和“间隙时间”上,如和解、鉴定等历时普遍过长,诉前调解时间也未纳入统计,诉讼法规则之内各种延期、扣减不计入审限。同时,案件四成左右的时间并非用于法官办案,而是耗费在了案件流转上,造成了法院与群众在案件审理时长方面的认知沟壑。

2022 年 5 月,四川省高级法院推出《关于建立“纠纷在院时间”评价机制的意见(试行)》,探索建立“案件审理期间”与“纠纷在院时间”双向考评机制,并选取成都等 8 个地区法院先行试点。“案件审理期间”是一个微观概念,以狭义上的案件审理为对象,考评法院法官办案的效率情况,指的是立案后法官接到分案到审结案件的实际时长;“纠纷在院时间”则是宏观概念,以“纠纷”为对象,评估整个地区两级法院甚至涉及全省三级法院的解纷效率,指当事人向一审法院首次递交诉状之日起,至纠纷最终实质性化解的总时长,包括一审、二审、申请再审、执行等诉讼程序的办理、送达时长以及各诉讼程序间、不同法院间流转的总时长。双向考评改革的关键词是“司法全周期管理”,核心在“全”,落脚点在“管理”。改革之下,法院管理的方式、范围、责任主体都发生变化,从“考评案件”转变为“评价解纷”,从“一院一评”转变为“全域一体”,从“单轨问责”转变为“双轨问责”。双向考评改革立足人民群众视角,更有利于发现并及时解决司法运行过程中的权利救济难点、审判执行堵点、监督管理盲点、司法服务痛点,使每一个纠纷得以更加高效的实质性解决。同时,改革打破法院本位,将以往对单个法院的独立考核,转变为对市域两级法院,乃至省域三级法院的一体捆绑、整体考核,重点督促上级法院牵头管理好以往没有人管的真空地带,形成区域司法的整体解纷合力。

(三)深入推进涉外司法精品战略

川渝两地法院受理的涉外案件虽然数量不多,但在践行最高人民法院涉外审判精品战略、打造精品案例上做足功夫,成绩斐然,特别是川渝两家自贸区法院以及成都国际商事法庭在涉外案例培育上都各有所长,真正做到以精品个案传递市场经济法治规则,发挥司法引领作用。考察组将两地法院培育涉外典型案例的创新性归纳为以下三个方面:

1. 案例紧跟热点。2023 年 11 月 7 日《取消外国公文书认证要求的公约》正式在我国生效。成都国际商事法庭于生效首日审结承认外国法院离婚判决案件,在审理中第一时间适用公约,认可该案当事人提交的另一缔约国公文书已按要求签发附加证明书,展现我国法院全面履行国际公约义务的司法担当。该案不仅入选 2023 年度最高人民法院涉外民商事案件适用国际条约和国际惯例典型案例,还通过案例发布对公约的核心内容进行普法宣传,以生动案例实践提升法治化营商环境。

2. 注重首例典型。成都和重庆两地法院特别重视涉外案件审理中首次遇到的新问题、新类型,如涉外独立保函止付、驳回“不方便管辖”申请、涉外送达、适用外国法律的查明程序、承认外国仲裁裁决等,发挥涉外商事审判“首案效应”,将首案案例的典型意义及时提炼发布,一是可以作为涉外审判人员提升审判水平、积累经验的重要途径;二是有助于提升涉外民商事裁判的公信力和影响力,维护国家司法主权等树立示范导向。

3. 以案例促规则。两江自贸区法院对全国首例涉及铁路提单纠纷案件作出一审判决,确认货物所有权归属提单持有人以及提取货物的诉求。法院以生动的司法案例践行 2019 年 8 月国家发展改革委在《西部陆海新通道总体规划》中“铁路提单”概念,并推动重庆市高级法院与相关单位联合印发《关于推进运单融资促进重庆陆上贸易发展的指导意见》《关于加快多式联运“一单制”发展的指导意见》,参与推动重庆铁路提单信用证融资结算案例，入选全国自贸试验区第三批最佳实践案例，也助力国家直接参与联合国国际贸易法委员会关于可转让多式联运运输凭证物权化的讨论，助推国际贸易新规则创制。

（四）川渝两地法院的司法协同合作开创新局面

早在 2021 年 10 月中共中央、国务院印发《成渝地区双城经济圈建设规划纲要》之前，重庆市高级法院与四川省高级法院已于 2020 年 4 月签署了《川渝地区人民法院知识产权司法保护交流合作协议》，随即在 5 月又联合签署《成渝地区双城经济圈司法协作框架协议》，川渝两地法院在诉讼服务、跨流域跨区域生态司法保护、执行联动、纠纷解决机制、司法体制综合配套改革、智慧法院建设、法律适用统一、人才培养交流等方面深化协作，共推跨区域协同发展，推动两地平台共建、全面提升司法水平、提高司法效率、促进司法公正，为成渝地区双城经济圈建设提供有力司法服务和保障。2021 年 3 月，最高人民法院发布《关于为成渝地区双城经济圈建设提供司法服务和保障的意见》，肯定了两地框架协议的做法，为两地法院唱好区域司法协作“双城记”提出路线图，要求成渝地区法院合力打造区域司法协作的高水平样本。

在最高人民法院出台意见后，两地法院的司法协同合作模式不断创新，主要表现在：(1)多层级对接。在两地高级法院签订框架协议的基础上，川渝多家中级法院、基层法院相互签订司法协作协议，如川渝两地自贸区法院签订的《川渝自贸区法院合作共建协议》《川渝自贸区知识产权司法保护合作备忘录》。2022 年 3 月成渝金融法院的设立更是在司法协作领域促进成渝地区双城经济圈建设健康发展的重大举措。(2)多领域合作。一是共签类案指引。2022 年 12 月川渝两地高级法院通过云签约方式共同发布《关于审理建设工程施工合同纠纷案件若干问题的解答》，是两地法院在共同专门调研的基础上建立问题发现、协同研判、意见反馈等工作机制，并对两地建设工程领域司法实践中普遍性法律适用问题进行规范和统一。二是共推典型案例。两江自贸区法院与天府自贸区法院联合发布了川渝自贸区投资领域风险提示典型案例、知识产权司法保护典型案例；成都市中级法院与重庆第一中级法院针对涉公司案件纠纷审理情况，各选取 5 件涉公司商事典型案例进行联合发布，发挥商事裁判规则指引作用，引导和规范川渝两地商事主体的商事行为，助力两地法院深入司法协作，促进区域内商事类案司法裁判标准统一。三是联合业务培训。从 2021 年开始，川渝两地三级法院已连续三年联合开展线下知识产权和涉外商事审判培训，疫情期间还联合两地检察院以线上方式举办培训班，联合业务培训是川渝两地司法协作不断落地落细、走深走实的表现。

三、广西法院服务国内国际两个大局工作举措的思考

2024年，广西站在构建新发展格局的战略高度，积极提出将持续深化对内对外开放，致力于打造国内国际双循环市场经营便利地，奋力培育新时代壮美广西建设新动能、新优势。在此过程中，广西法院强调要以高站位、高起点为基准，紧密对标国际高标准经贸规则，司法服务保障提升投资便利化、贸易便利化、消费便利化、资金流动便利化、人员往来便利化、物流畅通便利化水平，在全国统一大市场中发挥更大作用，为服务建设中国—东盟命运共同体作出更大贡献。此次考察学习的四川省和重庆市经济基础好、法治环境优、人员整体素质高，审判资源优势明显，在服务保障自贸区建设、西部陆海新通道建设等方面司法举措成效显著，具有重要借鉴作用。综合本次和去年苏闽两地考察调研情况，结合广西实际，考察组在我区法院服务国内国际两个大局工作方面提出以下思考及工作意见建议。

(一)多措并举推动一站式多元解纷实质运行

四川依托天府中央法务区诉讼服务中心，通过商事争议调解中心、民事财产保全中心、司法确认中心的有效衔接，真正实现了"一站式"多元解纷，调解纠纷成效显著，有效缓解案件压力。厦门的海丝中央法务区引入国际商事争端预防与解决组织(厦门)代表处，致力于打造国际商事海事争端解决优选地。四川法院的"张凤调解工作室""豌豆荚调解室"、重庆法院的"老马工作室"亦通过品牌效应，增进民众对调解解纷的信任，提升了调解成功率。2023年7月，广西高级法院与自治区检察院、自治区司法厅、广西贸促会会签《关于构建广西涉外民商事纠纷联动解决机制的意见》，为广西涉外民商事纠纷一站式多元化解工作提供了制度保障。但在落实并推进实质化运行方面，还可借鉴先进经验。其一，推行"双轨并行"调解模式。当前区内传统调解力量分散且专业度不高，为满足涉外、涉港澳台当事人对高效、专业、权威性调解的需求，应借鉴"法务区"做法，聚合司法服务资源，探索涉外诉前调解公益化、市场化"双轨并行"，即在政府部门主导下，人民调解、行政调解和司法调解的基础上，加强诉前调解市场供给侧结构性改革，探索市场化调解。市场化调解由法院审核准入相关调解组织或机构，允许各方在法院适用简易程序审理案件受理费范围内进行协商定价，并协商签订调解服务合同，推动市场化调解发展。引入外籍、港澳台调解员，实施"国内+港澳台+外籍"纠纷调解员模式，更好满足当事人多元司法需求。其二，打造涉外调解品牌效应。建立"连锁式"品牌涉外调解驻点。在涉外、涉港澳台商务园区、工业园区内及基层人民法院设立涉外调解驻点，树立涉外调解品牌。注重诚信体系维

护。在民事调解书、司法确认民事裁定书中列明文书生效后负有履行义务的当事人应当按期履行,以及未按期履行的惩罚性措施表述,督促涉外诉前调解自动履行,提升调解公信度,树立调解权威性。其三,优化涉外法律服务供给。涉外调解驻点可通过座谈会、沙龙等方式直接与企业建立顺畅的联系机制,引导企业优先选择调解,深入了解企业法律服务需求,以精准高效的调解服务持续推动打造市场化、法治化、国际化营商环境。其四,落实涉外民商事诉仲调联动解纠机制。打破诉讼、仲裁、调解组织之间的工作对接壁垒,真正实现多元解纷一盘棋。通过搭建法院、仲裁机构、调解组织的多元解纷联动平台,引导涉外民商事纠纷当事人根据自身需求,选择并导入诉讼、仲裁、调解相应程序,并在程序中确保当事人实现不同程序之间的流转。其五,探索涉外民商事诉仲调联动一体化网络平台建设。法院、仲裁机构、调解组织进行线上平台融合、资源互补,并支持引导公证机关、翻译机构进驻提供相应配套服务,构建覆盖涉外民商事纠纷全过程的"诉仲调+"网络服务一体化中心,积极回应涉外民商事当事人全方位解纷需求。其六,探索建立保全中心。构建受理、审查、实施"一站式"保全模式,通过以保促调、法保协作、诉保联动等机制,增强当事人对非诉解纷方式的信心,实质化解纠纷。

(二)加强管理促进涉外民商事审判提质增效

以数据会商研判强化审判质效管理,促进审判工作提质增效是最高人民法院2023年部署的重要工作。2023年广西涉外民商事条线各项指标表现不佳,居于全国中后水平,而本次所考察的川渝法院在审判质效管理方面具有突出亮点,尤其是效率指标"平均审理天数"、质量指标"发改率"表现优秀。全区法院要借鉴先进经验,以最高人民法院考察的26个审判质效指标为导向,疏通审判管理中的堵点难点痛点问题,狠抓工作的贯彻落实,确保审判质效稳步提升。具体而言,其一,加强条线审判管理指导。建立健全条线审判态势通报制度,对审判指标进行常态化分析研判,及时发现问题、马上落实整改。加大调研力度,上级法院到涉外民商事案件集中管辖法院、绩效指标不佳的法院督导,针对性解决问题。建立常态化业务指导机制,用好微信业务讨论群、法答网等工具,打通上中下涉外业务交流沟通渠道。加大审判业务培训力度,开展案例分析活动,充分利用案例库、涉东盟案例研究基地、中国—东盟国家法律和司法信息中心等平台,统一裁判尺度。其二,压实院庭长监管职责。严格落实阅核制,注重从涉外程序和法律适用方面进行审核把关。对重大疑难敏感新型涉外民商事案件,应逐案逐级请示报告,善用法官会议、审委会等机制提升案件质量。参考四川省高级法院设立民事审判专业法官会议,由分管领导召集,跨部门开会研究疑难复杂案件。建立发改案件通报机制和发改案件沟通交流机制。参考重庆两江自贸区法院做法，强化审判流程管理，探索按照国内民商事案件的审限要求加强对涉外民商事案件的审限管理，除非因查明涉外当事人身份证明、办理涉外当事人授权委托手续、涉外送达等客观情况，不得扣除或延长审限。其三，多管齐下促进审判效率提升。创新方式方法提升审判效率，如探索诉讼前在调解、仲裁阶段查明涉外当事人身份证明、办理授权委托手续、查明域外法律等，缩短纠纷进入诉讼后的审理周期。探索学习四川法院“司法全周期管理”模式，评估纠纷实质性化解的总时长。其四，强化涉外审判思维，提高法官业务能力。从事涉外民商事审判的法官要树立涉外审判思维，把握好案件中关于涉外当事人身份证明、授权委托手续、送达等特别程序规定，避免案件因程序问题被发改；要准确适用准据法，避免因适用法律错误被改判。加强发改案件质量把关，原则上对被发改的案件均应提交法官会议讨论。

（三）挖掘培优精品案例发挥引领示范作用

四川、重庆法院涉外、涉港澳台地区民商事案件基数并不大，但是屡创全国“首案”，办出具有国内、国际影响力的案件，这离不开法官对案例的敏锐挖掘、法院培育案例的重视。我区法院应借鉴落实好案例培育工作和精品化战略：其一，精准识别，靠前标记。强化对新类型、疑难复杂且能形成裁判规则的案件靠前识别和标记。院庭领导善用“阅核制”“案例库”等制度，落实好“一岗双责”责任制，对典型案例进行筛选标记，做案例培优第一责任人。其二，夯实审理，打磨文书。对纳入培优视野的案件，要充分发挥部门法官会议、专业法官联席会、审判委员会三级研讨机制，争取上级法院对口业务部门的指导，确保案件事实认定清楚，适用法律正确。承办法官要加强裁判文书说理，融入中华优秀传统文化和社会主义核心价值观，对具有案例价值的重点部分充分论证，为提炼裁判规则夯实基础。其三，紧跟热点，抓住风向。对上级法院的决策部署、阶段性社会问题具有敏锐性，既要把握服务大局的大要案，也要关注与民生密切相关的案件。注重结合新法新规出台培育打造典型案例；注重结合审判实践当中的难点问题创新裁判规则。其四，建立机制，激发热情。将典型案例工作纳入法官和法官助理业绩考核，与评先评优、入额遴选、提拔任用等挂钩，引导法官及时总结办案经验，积极发现、撰写、申报典型案例，全面提升典型案例数量与质量。同时加强表彰奖励，对典型案例成果突出个人予以表彰通报，召开案例培育经验交流会，互学互进，引导形成“比学赶超”良好氛围。

（四）共建桂川渝法院司法合作机制服务保障大局

川渝两地法院近年来通过多层级全方位的合作机制提升了两地司法质效和全国

影响力，共同培育了一批涉外法治人才。重庆作为西部陆海新通道的运营组织中心，重庆市高级法院正在筹划“13+2”省区市框架协议，共推西部陆海新通道建设的司法服务协同保障机制。广西法院要积极加入川渝法院的司法合作中来，共同承担司法服务保障西部陆海新通道建设和打造国内国际双循环市场经营便利地的职责和使命。其一，加强桂川渝三地法院跨域司法协作机制。在重庆市高级法院与四川省高级法院签订框架协议的基础上，广西高级法院与该两地高级法院会签司法协作协议，在跨域立案、跨域重大案件一体处理、审判执行领域相互协助和委托执行等务实举措中达成共识，积极履行司法职能。创新涉外条线审判人才交叉培养协作机制，互派业务骨干到对方法院交流锻炼，相互参观考察学习，实现人才资源互通互融。实现资源共享、优势互补，共同为西部陆海新通道和国际陆海贸易新通道高质量发展提供更加有力的司法服务和保障。其二，推动召开服务西部陆海新通道法治论坛，聚合涉外解纷共识。基于重庆市高级法院和西南政法大学的倡议，可以考虑在凭祥市组织召开服务西部陆海新通道法治论坛，共商服务保障西部陆海新通道建设的重点、难点、热点议题，并就相关涉外、涉边境纠纷裁判规则、诉讼机制、司法治理、跨境协作等方面问题达成共识，产出一批高质量司法研究成果并向制度转化，推动涉外法治工作新突破。其三，创新院校协同合作机制。联合三地法院与西南政法大学、广西民族大学等具有法学和东盟小语种培养优势的学校，打造院校合作新模式，共同培养一批政治立场坚定、熟练掌握外语、善于运用国内法与外国法的复合型涉外法治人才。与西南政法大学合作完善域外法查明咨询服务平台，加强外国法律与司法信息网络平台建设，助推建立涉东盟国家案例库和西部陆海新通道相关国际规则库。加强学术研究和实务研讨。加强国际司法交流，桂川渝三地法院可以轮流与西南政法大学合作承办中国—东盟法治论坛分论坛，积极组织法官参加论坛，对区域性法治经验和实务前沿问题进行交流。

广西边境地区外贸纠纷案件调研

——以凭祥市法院受理案件为样本

凭祥市人民法院课题组*

摘要:随着时代发展,广西边境地区外贸产业优势凸显。边境地区外贸额已占全区外贸总额较大比重,提升边境地区外贸司法水平有助于外贸产业高质量发展和边疆繁荣稳定。广西边境地区外贸纠纷案件包括国际贸易纠纷和边境贸易纠纷,因边境地区外贸模式多样化,外贸纠纷案件呈现新形态。有必要对现有外贸纠纷案件进行梳理,掌握外贸纠纷案件动向,促进外贸纠纷化解。边境地区外贸纠纷案件可以归为买卖合同纠纷、委托合同纠纷、运输合同纠纷等几个主要类型,每个类型下可以划分多个子类型。复杂的合同纠纷类型源于当事人灵活开展外贸业务的需要。外贸纠纷整体表现出国际纠纷国内化、口头合同纠纷为主、小额贸易纠纷占多数等趋势。外贸纠纷案件审理难点包括涉外送达产生审期风险、无书面合同造成审理障碍、诉前解纷效能待提升等。根据外贸纠纷案件类型和案件趋势,针对审理难点,提出以下建议:一是不断优化涉外送达机制,减少送达用时;二是开展外贸规范化治理,改变当事人口头贸易习惯;三是构建统一高效的外贸解纷体系。

* 课题主持人:吴桂陵,凭祥市人民法院党组成员、副院长。课题组成员:郑锦墨、黄学晓、何密蓉。执笔人:郑锦墨,凭祥市人民法院保税区人民法庭庭长,一级法官;何密蓉,凭祥市人民法院保税区人民法庭,三级法官。

一、调研边境地区外贸纠纷案件的必要性

广西与越南有1020公里的陆地边境线，是中国与东盟国家产品进出口的陆路必经地。2023年广西外贸进出口额6936.5亿元，同比增长7.3%，排名全国第14位，超过地方GDP排名;[1]其中，崇左、百色、防城港三个边境地区外贸进出口总额3722.8亿元，占比53.67%。边境地区外贸额占据全区外贸较大比重，边境外贸产业更是落实兴边富民战略的支柱。随着"一带一路"建设深入推进、中国(广西)自由贸易试验区的设立与发展及《区域全面经济伙伴关系协定》(Regional Comprehensive Economic Partnership，RCEP)的生效，广西与东盟国家经济往来更为便利，边境外贸优势更为凸显。相对实务需要，当下对外贸纠纷案件的研究并不充分，由于外贸模式的发展，边境地区外贸纠纷案件逐渐复杂多样，部分案件类型超出传统认识，亟待梳理和归纳。开展边境地区外贸纠纷案件调研，有利于掌握外贸纠纷案件现状，促进边境地区外贸纠纷化解，为外贸产业高质量发展和边疆地区繁荣稳定提供更有力的司法服务和保障。

(一)外贸纠纷案件的界定

调研外贸纠纷案件必须先明确外贸的范围。外贸包括一般国际贸易和边境贸易。一般国际贸易(以下简称国贸)是指《对外贸易法》规定的货物进出口、技术进出口和国际服务贸易。根据1996年国务院《关于边境贸易有关问题的通知》及相关管理规定，边境贸易是相邻两国边境产生的特有贸易类型，包括边境小额贸易、边民互市贸易和边境地区对外经济技术合作。在当下广西边境，边民互市贸易和边境小额贸易占边贸主流。边境小额贸易是指边境地区经批准有边境小额贸易经营权的企业，通过国家指定的陆地边境口岸，与毗邻国家边境地区的企业或其他贸易机构之间进行的贸易活动。边民互市贸易则是指边境地区边民在边境线20公里以内、经政府批准的开放点或指定的集市上，在不超过规定的金额或者数量范围内进行的商品交换活动。与内陆及沿海地区相比，边贸在边境地区外贸中占有突出位置，边境地区外贸纠纷案件包含国贸纠纷案件和边贸纠纷案件两类，既包括直接在国贸、边贸过程中发生的纠纷案件，也包括与上述过程紧密相连的纠纷案件，如与国贸、边贸相关的委托、运输合同纠纷案件等。将后一类型案件纳入外贸纠纷案件，是因为该类案件虽非外贸行为直接产生，但与外贸的运作有密切关系，将其作为外贸纠纷案件并无不当。

---

[1] 2023年，广西GDP全国排名第19位。参见《31省份2023年GDP数据出炉，你的家乡排第几?》，载中国经济网，http://bgimg.ce.cn/xwzx/gnsz/gdxw/202402/02/t20240202_38890662.shtml。

(二)调研样本的选择

调研以广西凭祥市人民法院受理的外贸纠纷案件为样本。凭祥市西南两面与越南接壤,边境线长 97 公里,素有“中国南大门”之称,是中国通往越南乃至东盟最大、最便捷的陆路通道。全市有 2 个国家一类口岸、1 个国家二类口岸,分别为友谊关公路口岸、凭祥铁路口岸和平而关公路口岸,有弄尧(浦寨、弄怀)、叫隘、平而、油隘 4 个互市点,陆路口岸数占广西现有陆路口岸的 1/4。凭祥市所属的崇左市外贸进出口总额连续 14 年排名广西第一,连续 8 年入围“中国外贸百强城市”,而凭祥市外贸进出口总值常年占据崇左外贸额的 70% 以上,是广西名副其实的外贸重镇。2022 年,凭祥市外贸进出口总额 1637.83 亿元,占广西全年外贸进出口总值的 24.8%,位居广西基层县市首位。因外贸流量出超,凭祥法院受理的外贸纠纷案件也位居广西前列,案件资源丰富。此外,广西各边境县市实施统一的国贸和边贸制度,纠纷发生的背景类似,确保调研样本的可靠性和代表性。

调研报告根据外贸纠纷案件定义,梳理凭祥法院 2018 年至 2023 年受理的外贸纠纷案件,归纳该类案件的主要类型、趋势和审理难点,并结合实际提出化解外贸纠纷案件的建议。

二、边境地区外贸纠纷案件的主要类型

2018 年至 2023 年,凭祥市法院每年审理的外贸纠纷案件数如表 1 所示。

表 1 凭祥市法院 2018 年至 2023 年审理外贸纠纷案件统计

项目 年份	审结外贸纠纷案件数	占一审民商事案件比重
2018 年	58 件	4.15%
2019 年	102 件	5.30%
2020 年	132 件	6.75%
2021 年	145 件	7.96%
2022 年	168 件	9.24%
2023 年	285 件	11.10%

凭祥市法院受理的外贸纠纷占全院案件的比重逐渐上升,与年度外贸额成正比,具体如表 2 所示(统计口径含一般国际贸易、边境小额贸易、边民互市贸易)。

表 2 广西部分法院所在地历年外贸进出口总额(单位:万元)

年份 法院所在地	2018 年	2019 年	2020 年	2021 年	2022 年	2023 年
凭祥市	8906604	12190560	12383523	15857182	16378300	18451400
靖西市	1330821	1608577	1969608	2605492	2752521	2027600
东兴市	2549816	3317157	2487900	1984065	1178207	1964000

从纵向来看,法院审结的外贸纠纷案件数随外贸额上升而上升。凭祥市外贸额从 2018 年的 8906604 万元增长到 2022 年的 16378300 万元,增长近 1 倍;凭祥市法院审结的外贸纠纷案件数从 2018 年的 58 件增长到 2022 年的 168 件,增长近 2 倍。机电产品、高新技术产品、农产品常年位居凭祥市进出口产品货值榜前三,涉水果、建材、机械设备案件也是凭祥市法院受理数量最多的外贸纠纷案件,约占外贸案件总数的 40%。从横向来看,同为县级口岸城市,凭祥市的外贸总额为靖西市、东兴市的 5～6 倍,凭祥市法院受理的外贸纠纷数量也大大超过其余两市,如东兴市法院 2018 年受理外贸纠纷案件 32 件,已为 5 年间受理案件数量最多的一年。

传统印象的外贸纠纷应发生在买方和卖方之间,无论是国贸还是外贸,均由分属相邻两国的买方和买方直接订立合同,最多加入运输方作为第三方。但现实发展出复杂多样的外贸模式,丰富了外贸纠纷内容。买卖合同、运输合同、委托合同纠纷成为外贸纠纷的三大主要类型。2018 年至 2023 年,凭祥市法院共审结外贸纠纷 890 件,其中买卖合同纠纷 723 件、委托合同纠纷 156 件、运输合同纠纷 110 件、其他类型纠纷 26 件,占比分别为 81.23%、17.53%、12.36%、2.9%。

(一)买卖合同纠纷

凭祥市发生的外贸买卖合同纠纷不限于当事人直接交易场合,具体包括一般买卖纠纷、代理买卖纠纷、合伙买卖纠纷三种。(1)一般买卖纠纷。即发生在两国当事人直接买卖过程中的纠纷,如潘某荣(越南人)诉黄某买卖合同纠纷案[1]。黄某多次在凭祥市浦寨边民互市点向潘某荣购买火龙果,累欠货款人民币 540000 元,导致纠纷。(2)代理买卖纠纷。当下代买/代卖合同纠纷成为凭祥市法院审理的外贸买卖纠纷主要类型,即国内买卖方向位于边境的当事人购买越南产品或出卖产品,由该当事人向越方采购或转卖产品过程中发生的纠纷。该类合同标的虽为贸易产品,但当

〔1〕 参见凭祥市人民法院民事判决书,(2019)桂 1481 民初 398 号。

事方均在中国境内,实质属于代理买卖合同。如广西某进出口有限公司诉杨某买卖合同纠纷案。2020 年 10 月 18 日,某进出口公司与某甲公司签订销售合同约定,由某甲公司向某进出口公司供应货物越南铁精粉 1 万吨,杨某对债务提供担保,后因某甲公司未依约履行交货义务,双方发生纠纷。代理买卖纠纷还可能发生在通过边民互市贸易代买代卖货物过程中,如广西凭祥市某物流有限公司诉凭祥市某边贸专业合作社买卖合同纠纷案〔1〕。某合作社专门集中收购边民互市贸易货物并转卖企业。2016 年 7 月 6 日,某合作社与某物流公司签订《农产品购销合同》,约定某物流公司向某合作社购买辣椒干 96.78 吨,含税金额 150 万元;2016 年 7 月 8 日,某物流公司依约向某合作社转账支付 150 万元。因某合作社未交货,某物流公司向法院起诉请求返还货款。(3)合伙买卖纠纷。即合作开展买卖业务过程中发生的纠纷。如凭祥市法院受理的农某诉农某成合伙合同纠纷。〔2〕 2021 年 12 月,农某与农某成约定共同出资从越南采购一个货柜的波罗蜜水果进行销售,进口报关手续及支付相关费用等事项由农某负责。农某已出资 97500 元用于购买及进口菠萝蜜,经结算,农某成应向农某支付欠款 67500 元,因该笔费用迟迟未支付导致成讼。

(二)委托合同纠纷

委托合同纠纷,即一方委托另一方完成外贸过程中的一定业务,在此期间发生的纠纷。委托业务以货物清关〔3〕为主但不限于此,具体事项可在法律许可范围内增减。委托合同广泛存在于边境地区外贸过程中,根据常见纠纷内容,可将委托合同纠纷分为以下几类。(1)委托清关纠纷。此类纠纷为外贸领域典型的委托合同纠纷,如广西某通公司诉江苏某友工程设备有限公司委托合同纠纷案〔4〕。某通公司接受某友公司的委托提供货物出口报关服务,根据委托合同约定及履行情况,产生的报关代理费共计 451870 元,某友公司只支付 365495 元,因追索代理费发生纠纷。也有委托国内公司国外清关的案件,如广西某达公司诉黄某、林某委托合同纠纷案〔5〕。2020 年 4 月,黄某从越南购买 7 柜火龙果,口头委托林某负责该批水果的运输、清关业务,林某又将该批水果的运输、清关业务委托给某达公司,某达公司在越南完成清关手

〔1〕 参见凭祥市人民法院民事判决书,(2023)桂 1481 民初 969 号。

〔2〕 参见凭祥市人民法院民事判决书,(2022)桂 1481 民初 548 号。

〔3〕 “清关”为经济学术语,是指进出口或转运货物出入一国关境时,依照各项法律法规和规定应当履行的手续。一般包括办理海关申报、查验、征税、放行等手续。

〔4〕 参见凭祥市人民法院民事判决书,(2022)桂 1481 民初 644 号。

〔5〕 参见凭祥市人民法院民事判决书,(2021)桂 1481 民初 387 号。

续,并将该批火龙果从越南运输至凭祥市。(2)委托代收货款纠纷,如夏某诉谢某委托合同纠纷案[1]。夏某与谢某协商一致达成口头委托协议,由夏某委托谢某在中国代收越南客户的货款,再将货款转给夏某。协议达成后,谢某即开展代收货款事务,后因谢某未按时转交代收货款成讼。(3)综合委托纠纷,如凭祥市某甲贸易有限公司、杨某诉郑某委托合同纠纷案[2]。某甲公司是一家经营涉及货物进出口和技术进出口的公司,杨某为公司的法定代表人。2017 年,郑某从内地采购货物销往越南,多次委托杨某(某甲公司)对接、代办、垫付货物销往越南客商的运费等相关手续和费用,本案被委托人就承担了货物销售、报关、运输等业务。

(三)运输合同纠纷

运输合同纠纷是指货物买卖方与运输方在履行运输合同过程中发生的纠纷,外贸业务的实际发展增加了运输合同纠纷的类型,具体包括:(1)一般运输合同纠纷,如凭祥市某邦公司诉王某、潘某运输合同纠纷案[3]。本案潘某、王某、某邦公司通过签订协议合作经营水果贸易,王某负责从东南亚国家进货,某邦公司为水果外贸合作提供物流运输服务,并保证货物安全到达市场。后因王某拖欠费用过多,引发纠纷。(2)结合其他业务的运输合同纠纷。如广西某货运代理公司诉上海某供应链公司委托合同纠纷案[4]。2021 年 6 月,某货运代理公司与某供应链公司在网上签订一份协议,委托某供应链公司将某货运代理公司货物从惠州运送到泰国 MaeSot 口岸,同时,某供应链公司还要完成货物过境越南、老挝、泰国的出口报关手续,双方还约定了压车费的起算和计算标准。本案中某供应链公司不仅承接运输还负责组织运输与货物报关。(3)运输事件纠纷。即运输过程中发生事件导致的纠纷。货物运输过程中发生事故、司机与雇佣方产生报酬争议、通关过程受阻都可能妨碍运输合同履行,造成纠纷,典型的如桂林某农业公司诉苏州某供应链公司、潘某等运输合同纠纷案[5]。某农业公司有一批货物生鲜菠萝蜜需从广西凭祥运至上海西郊国际,公司通过中介委托潘某运送。2021 年 3 月 29 日,同日,潘某将货车信息发送给某供应链公司,并将货物起运前往上海西郊市场。2021 年 3 月 31 日 12 时 53 分许,货车与他人驾驶的货车发生追尾交通事故,造成司机潘某死亡、所驾车辆严重损坏、车载货物全部损毁,当

---

〔1〕 参见凭祥市人民法院民事判决书,(2019)桂 1481 民初 1453 号。

〔2〕 参见凭祥市人民法院民事判决书,(2019)桂 1481 民初 766 号。

〔3〕 参见凭祥市人民法院民事判决书,(2019)桂 1481 民初 939 号。

〔4〕 参见凭祥市人民法院民事判决书,(2021)桂 1481 民初 1475 号。

〔5〕 参见凭祥市人民法院民事判决书,(2021)桂 1481 民初 1035 号。

事方因货物损害赔偿发生纠纷。

（四）其他纠纷

在上述类型纠纷外，存在数量较少的其他类型外贸纠纷，如中介合同、行纪合同纠纷，典型如蒙某诉任某、田某买卖合同纠纷案〔1〕。蒙某经与任某联系，于2017年12月10日至12月15日，与其朋友陆某在任某的陪同下，一起进入越南选定购买越南商家“阿庄”的酸枝沙发十件套，任某还代蒙某向越方支付货物订金，蒙某又通过任某与越南商家订立购买酸枝鞋柜合同并支付押金。后因未得订货，蒙某要求任某返还前期支付货款构讼。纠纷也可能在当事人从事与外贸相关活动的过程中发生，如潘某诉阮某（越南人）不当得利纠纷案〔2〕。潘某通过手机银行向越南卖方转账时操作失误，将10万元货款转入阮某的中国农业银行账户，因无法协商退款，潘某向法院提起诉讼。

外贸模式的多样化赋予外贸发展活力。当事人将外贸涉及的各个环节业务予以拆解，根据需要分工并安排在不同合同名目下实施，丰富外贸领域合同的形式和内涵。灵活多样的外贸模式帮助边民、客商、企业克服时空阻碍，最大限度地利用现有资源开展外贸业务，外贸纠纷的复杂化是这一趋势的当然结果。

三、边境地区外贸纠纷案件的主要趋势

梳理2018年至2023年凭祥市法院受理的外贸纠纷案件，可以发现以下趋势。

（一）国际纠纷“国内化”

从传统认识来看，外贸纠纷案件应发生于国内当事人与国外当事人之间，属于典型的涉外纠纷，现实是作为涉外案件的外贸纠纷仅占少数。凭祥市法院审结的890件外贸纠纷案件中，涉外案件仅11件，占比0.9%，包括买卖合同纠纷5件、运输合同纠纷2件、委托合同纠纷1件、其他合同纠纷3件。

非涉外的外贸纠纷案件大致存在以下两种情况：一是国内当事人直接到国外购买货物并委托国内一方清关及运输至国内，类似安排同样适用于国内当事人向国外卖出货物情形，期间分工可具体调整。二是国内当事人委托国内中间人对外采购或卖出货物。根据最高人民法院《关于明确第一审涉外民商事案件级别管辖标准以及归口办理有关问题的通知》（法〔2017〕359号）规定，当事人一方或双方非中国籍或经

〔1〕 参见凭祥市人民法院民事判决书，(2021)桂1481民初588号。

〔2〕 参见东兴市人民法院民事判决书，(2020)桂0681民初907号。

常居住地在中国境外以及产生、变更或者消灭民事关系的法律事实发生在中国境外或者标的物在境外的案件属于涉外民商事案件。第一种情况虽然涉及货物国外清关，但货主和受托人均为中国人且经常居住地在国内，主要义务——交货与结算——履行地也在国内。第二种情况交易双方均在国内，交货与结算行为也发生在国内。案件在两种情况下均具备作为国内案件处理的基础。外贸当事人倾向通过代理方式将交易限定在国内人员之间并尽量向国内责任方起诉，让外贸纠纷案件以国内案件形式出现，避免案件因涉及国外人员发起涉外送达造成诉讼拖延。受案法院从审判绩效和司法成本考虑，也倾向将此类案件作为国内案件立案。虽然案件形式上未出现涉外因素，但实际上无不牵涉对外交易。在第一种情况下，外贸交易由买方在境外完成；在第二种情况下，外贸交易由中间人另行完成，一旦出现问题，首先由中间人向国内买方或卖方负责，再由其向境外一方追责。中间人一般在越南有产业和广泛的业务联系，可以通过适当方式维护权益。可见，外贸纠纷案件的涉外性并未消失，而是被遮掩。每件外贸纠纷案件背后都有实质的外贸交易发生，外贸纠纷数量承载着相应的外贸额度。

多种条件使以国内案件形式处理大量外贸纠纷成为可能，除了当事人和法院的共同需要，还包括以下现实需要：一是边贸权力全面下放。1978 年改革开放后，外贸经营权的下放成为外贸管理体制市场化改革的核心。2004 年修订的《对外贸易法》将对外贸易经营权赋予所有企业和个人，极大地扩大了外贸主体范围，为多种外贸模式的出现提供基础。二是中越边境人员经济交往频繁，形成与双方都有联系的中间人群体，可以代理大量外贸业务，通过与代理人国内交易完成外贸行为成为可能。典型例子就是与中国商人、越南商人均有联系的中间人代理越方或中方与另一方完成贸易；也存在中越双方都通过代理人交易的情形，个别案件甚至有中越双方在越南业务都由各自中国代理人对接办理的情形。

(二)以口头合同纠纷为主

从法院受理的外贸纠纷来看，多数纠纷当事人没有签订书面合同的习惯。虽然书面合同是外贸关系的有效证明，但当事人为图方便，往往使用微信等即时通信软件约定甚至口头约定合同。如果业务过程需要多方合作、周期较长就建立微信群，所有沟通在微信群进行并留痕。如陈某诉余某等买卖合同纠纷案中[1]，陈某及其代理人、向越方进口小米辣的中间人余某等均在“小米辣项目群”的微信聊天群，法官通

---

〔1〕 参见凭祥市人民法院民事判决书，(2022)桂 1481 民初 664 号。

过聊天记录判断各当事方关系及买卖合同内容。凭祥市法院统计年份内受理的外贸纠纷案件中,签订书面合同的仅58件,占比6.51%。通过口头方式订立合同虽然便于贸易操作,但一旦发生纠纷则给查明事实造成困难,法官必须根据微信聊天记录并结合交易习惯确定合同内容,费时费力。

(三)小额贸易纠纷占多数

五年来,凭祥市法院审理的外贸纠纷以小额纠纷为主。标的额10万元以内有440件,占比61.3%;10万元以上50万元以下的有206件,占比28.7%;50万元以上的有72件,占比10%;出现上述现象的原因在于外贸产品的结构,农产品始终是凭祥口岸外贸货物的大项。2021年、2022年,凭祥进口农产品1300594万元,货值位居进口产品第三。农产品附加值较低,进出口业务成本相对不高,从事农产品贸易的多为自然人,自然人间的农产品贸易纠纷又占据外贸纠纷的相当部分,导致纠纷标的额整体偏低。小额边贸纠纷要求短平快解决,尽量保证边贸顺畅。

四、边境地区外贸纠纷案件的审理难点

(一)涉外送达产生审期风险

外贸纠纷一旦进入诉讼且当事人位于外国(包括中国人常居外国),一般需要发起涉外司法协助送达(以下简称涉外送达)。根据我国现有的涉外送达制度,无论是根据《海牙关于向国外送达民事或商事司法文书和司法外文书公约》(以下简称《海牙送达公约》)还是双边条约、外交途径进行涉外送达,都必须经过高级人民法院、最高人民法院和司法部或外交部的层层审批和转递,即使送达材料移交外国,一般也要经过其本国机构的层层审批和转递。一件司法文书从发起涉外送达申请到收到外国反馈,一般需要6~8个月且不保证送达成功,而一件案件从立案到审结,至少需要发起2次甚至3次司法文书送达,极大地延长审限。涉外送达程序不但增加当事人负担,更与外贸纠纷及时化解的要求相悖,纠纷当事人因此不愿发起涉外诉讼,影响外贸纠纷案件格局。为避免涉外送达造成的程序风险,当事人加强对贸易环节的掌控,尽量选择与中国人合作完成外贸流程,发生纠纷后尽量向中方当事人起诉,使外贸纠纷案件作为国内案件处理。这一做法便于划清中国当事人之间责任、便于结案,但当案件纠纷源头在国外,法院可能不能彻底化解纠纷,留下隐患。既然涉外送达制度影响外贸纠纷案件格局,涉外送达制度简化也将影响涉外外贸纠纷案件比重。假设涉外送达案件用时与一般案件近似,外贸交易对代理人的需要将降低,当事人将有更大动力起诉外国交易方,以涉外案件受理的外贸纠纷案件会明显增加。

(二)缺少书面合同影响外贸纠纷化解

边境外贸多以小额贸易居多,长期发展形成固定的交易习惯,双方一般不签订书面合同,多以口头达成合意。近几年,随着微信的普及,商人间逐渐形成通过微信进行外贸交易的习惯。因交易缺少书面合同,造成多种负面后果。首先,缺少合同规定助长当事人投机心理。当事人在履约过程中更易变卦反悔,增加纠纷发生概率。案件进入诉讼程序后,一方当事人可能任意提出法律关系抗辩——如本人不是买卖合同当事人而是买方代理人或主张其仅受托办理买卖业务并将责任推给货主,打乱审判节奏。法官需要审阅双方提交的几十页甚至上百页微信聊天记录,推测双方的真实意思、认定合同内容并进而确定案件当事人的基本法律关系。如在广西某达公司诉黄某、林某委托合同纠纷案中,林某接受黄某委托运输、清关业务后,又自行将该批水果的运输、清关业务委托给某达公司,发生纠纷后辩称其不是委托合同中的当事人,仅是某达公司与黄某达成委托合同关系的中间人。法官经审查认定其与黄某的委托关系。还有法定代表人以自己名义从事受托事宜,但是在案件审理过程中又抗辩是法人从事受托事宜;甚至有部分案件已进入诉讼阶段,当事人仍无法得知交易方的真实身份,以致无法联系上对方,即使联系上对方,因微信聊天记录事实证明作用有限,纠纷难以调解。

其次,缺少合同导致书面证据匮乏,增加审判难度。合同不仅是双方法律关系成立的主要证据,还是形成外贸纠纷案件证据链的关键一环。双方围绕合同开展业务,收集证明材料。缺少合同造成当事方提交的证据零散破碎,导致事实认定困难。从传统来看,贸易纠纷案件应基于书面证据进行简易审判,[1] 事实上,因为缺少书面合同保障及体系化的书面证据,外贸纠纷审判在某种程度上成为"聊天记录审判"。以前文提到的蒙某诉任某、田某买卖合同纠纷案为例,蒙某主张其向任某、田某订购酸枝沙发十件套、一批红木家具,并就前者支付 30000 元货款、就后者支付 2000 元订金,因二人未交货,请求返还上述款项,蒙某为证明其主张提交收条、转账记录、本人护照和出入境记录复印件、陆某(蒙某朋友)护照和出入境记录复印件、与越南商家微信聊天记录等证据。任某、田某则主张其为蒙某与越南商家订立合同提供居间服务,所支付的货款系蒙某补偿其向越南商家垫付货款,2000 元订金已代蒙某转交越南商家订制鞋柜。二人提交的证据包括代蒙某在越南兑换越南盾的支出凭证、蒙某与越南商家的聊天记录、越南出纳的证言等。一件简单的买卖纠纷因缺少必要的书

---

〔1〕 参见何勤华主编:《外国法制史》(第 6 版),法律出版社 2016 年版,第 137 页。

面证据在基本法律关系认定上发生争议，法官最终通过审查聊天记录和支付凭证，认定双方成立居间关系，驳回蒙某诉求。

（三）诉前多元解纷效能待进一步提升

外贸纠纷关系货物的流通和资金的周转，每拖延一刻都造成当事人财产的损失。解纷及时性对其他纠纷来说是衡量工作的标准，对外贸纠纷来说则是内在要求，再考虑到边境外贸交易数额不大及纠纷进入诉讼程序可能引发涉外送达，应将外贸纠纷化解在诉前作为第一选择。凭祥市法院以法庭、工作站、调解室为支点，进行边贸解纷布局。2019 年，中国（广西）自由贸易试验区崇左片区成立。2020 年，为妥善化解自贸区崇左片区跨境贸易、跨境物流纠纷，将保税区人民法庭由浦寨边民互市点移至自贸区崇左片区内，同时保留浦寨边境贸易巡回法庭，主要化解浦寨、弄怀边民互市贸易区纠纷。2023 年，将旅游巡回法庭由南山经济开发区的红木第一城前移至友谊关景区内，为中越旅客提供一线法律咨询、纠纷化解服务并负责化解友谊关口岸范围内的外贸纠纷；分别在红木第一城、电商产业园设立司法服务站，联合市公安局、市司法局等在浦寨边民互市点、卡凤监管中心、南山物流园设立联合调解室，形成“二庭二站三室”格局，一线化解外贸纠纷。法院还与边境派出所、司法局、市场监管局建立边贸纠纷联调机制，汇聚解纷合力。2021 年，凭祥市法院审结民商事案件 1627 件，诉前调解民商事纠纷 723 件，诉前调解案件占比 44%；审结外贸纠纷案件 145 件，诉前调解外贸纠纷 66 件，诉前调解案件占比 45%。2022 年审结民商事案件 1657 件，诉前调解民商事纠纷 696 件，诉前调解案件占比 42%；同年审结外贸纠纷案件 168 件，诉前调解外贸纠纷 73 件，诉前调解案件占比 43%。外贸纠纷诉前化解比重相比一般民商事纠纷略高，法院已经履行诉前化解外贸纠纷的职能。

然而，仅此并不能说明诉前解纷效能已经充分发挥。其一，外贸纠纷多元化解工作存在各自为战局面。如在凭祥浦寨，法院设立的边贸巡回法庭、市公安局和司法局各自设立的涉外调解室均负责化解边贸纠纷，机构职能重叠。部分联调部门积极性不高，多以其他理由推托联调工作，法院对此难以约束。其二，联动解纷部门需要进一步扩展。仲裁灵活性大、裁决一次生效，仲裁裁决更易得到外国承认和执行，非常适合处理外贸纠纷，但目前还没有将仲裁委纳入联动化解机制。边境地区客商往来频繁，地方商会成员熟悉贸易规则且与行业人员存在广泛联系，适宜调处外贸纠纷，但目前商会参与纠纷化解程度不够。其三，司法确认与其他解纷方式衔接机制有待完善。相比其他纠纷，外贸纠纷化解结果更需要法律确认巩固。目前各类解纷途径解纷成果与司法确认衔接机制没有全面确立，影响多元解纷效果。

另外,实务已对诉前解纷提出更高要求。凭祥市法院审结的外贸纠纷案件已从 2018 年的 58 件上升到 2023 年的 285 件,增长近 4 倍。伴随案件上升的是法院受案范围的扩大。最高人民法院《关于调整中级人民法院管辖第一审民事案件标准的通知》(法发〔2021〕27 号)规定,中级法院管辖当事人住所地均在或者均不在受理法院所处省级行政辖区的诉讼标的额 5 亿元以上的第一审民事案件;最高人民法院《关于涉外民商事案件管辖若干问题的规定》(法释〔2022〕18 号)第 2 条规定,基层法院管辖诉讼标的额 2000 万元以下的涉外民商事案件。上述规定赋予基层法院对绝大多数外贸纠纷案件管辖权。在人员编制条件有限的前提下,为应对外贸纠纷案件持续上升压力,必须克服短板,进一步提升诉前解纷效能。

五、加强边境地区外贸纠纷案件审理的建议

外贸纠纷化解是法治化营商环境的重要内容。针对当下外贸纠纷案件审理存在的问题,为加强外贸纠纷案件审理,提出以下建议。

(一)优化涉外送达机制

诉讼文书涉外送达周期对外贸案件审理影响极大,应尽可能缩短涉外送达时间,保障外贸纠纷案件审判效能。具体可以通过以下途径实行。

1. 减少官方司法协助送达用时

请求外国官方司法协助送达是涉外送达的主要途径。因官方司法协助国内国外机关层层转递,缩短转递环节可以减少用时。最高人民法院《关于依据国际公约和双边司法协助条约办理民商事案件司法文书送达和调查取证司法协助请求的规定》(法释〔2013〕11 号)第 9 条规定:“经最高人民法院授权的高级人民法院,可以依据海牙送达公约、海牙取证公约直接对外发出本辖区各级人民法院提出的民商事案件司法文书送达和调查取证请求。”在上述文件的基础上,最高人民法院《关于指定福建省、江西省、山东省、广西壮族自治区、海南省高级人民法院依据海牙送达公约和海牙取证公约直接向外国司法机关提出和转递司法协助请求和相关材料的通知》(法〔2023〕22 号),授权广西高级人民法院直接向《海牙送达公约》缔约国指定的中央机关提出和转递司法协助送达请求和材料。因此,广西法院提出的涉外司法协助送达请求不用经最高人民法院审查,通过广西高级法院审查即可向国外发出,减少一半国内审查时间。

在送达环节精简基础上,可以从送达形式上着手,进一步缩短用时。根据最高人民法院司法解释规定,请求外国司法协助送达的法院需先在国际司法协助系统上传

电子版送达材料，经过省高级法院、最高人民法院审查后再层层转寄纸质版材料，由本国中央机关将纸质材料寄外国。邮寄过程中还可能因各种错漏被退回重寄。邮寄送达材料费时、费力，当下广西高级法院与澳门法院间已通过电子平台传递送达材料，实现送达材料转递全程“无纸化”。这一区际司法协助送达经验也可以应用于国际领域，广西与东盟国家尤其是越南可以建立类似电子送达平台，节省转递材料时间。

2. 灵活运用多种送达方式

2023 年修订、2024 年 1 月 1 日起生效的《民事诉讼法》增加了关于涉外送达规定。该法第 283 条增加了“能够确认受送达人收悉的电子方式送达”“以受送达人同意的其他方式送达”等条款，并以不违反受送达人所在国法律为限。根据上述条款授权，我们可以因地制宜探索各类送达方式，提高送达效率。其一，积极适用电子送达。电子送达具有即时性，能够突破涉外送达的时空障碍。在各类即时通信软件普及的今天，通过微信、微博、Instagram 等通信平台实施电子送达成为可能。应在查明各国对涉外电子送达态度的基础上尽可能适用电子送达，彻底改变涉外送达现状。其二，引进约定送达。《民事诉讼法》明确规定可以“以受送达人同意的其他方式”进行涉外送达，为约定送达的适用开辟空间。不少涉及美国公司的国际性商业协议要求任命一个在美国境内的送达程序代理人，可以借鉴上述经验，引导国内客商、企业在与外国当事方签订协议时，要求对方指定在国内的送达程序代理人，避免涉外送达。如越南客商可委托在中国的越南商会作为送达代理人。其三，适时运用民间送达。可以利用边境地区边民往来频繁、生活联系紧密特点，委托与国外受送达人有一定关系的人员实施送达。民间送达也可以避免官方送达导致的主权争议。

（二）开展外贸规范化治理

缺少书面合同增加外贸纠纷发生概率，增大外贸纠纷化解难度。改变当事方口头合同习惯，有利于防治外贸纠纷案件。通过多种方式、途径开展外贸规范化治理，增强客商、边民、企业法治意识，可以为外贸纠纷防治创造更好条件。

1. 实施外贸普法

在涉及边贸各个环节的部门现场开展边贸规范化宣传，通过列举典型案例、法律规定、文字说明等方式，提高客商、边民法律水平，强化风险防范意识，让其认识到交易凭证的重要性，自觉在交易进行前签订合同。法院在司法过程中加强释法、普法、以案说法，让客商、边民切实认识到口头合同对维护权益造成的不便，让基于书面证据审理边贸纠纷观念深入人心；通过与企业和客商代表召开座谈会、提供法律咨询机会,加强边贸业务规范化引导,鼓励民营企业、个体工商户通过法律途径解决纠纷。

2. 推广格式合同

为方便外贸当事人签订书面合同,法院可以针对常见的外贸合同类型制作格式合同,供当事人选择使用。格式合同应包括外贸各个环节内容,如买卖、报关、运输等,由当事人自行决定合同规定的内容范围,并通过填入具体信息使其生效。格式合同可以减少当事人签订合同时间,方便书面合同推广。此外,应在格式合同增加国内送达地址确认条款,当事方在签字时即确定日后发生纠纷时送达地址,解决涉外送达问题。

(三)构建外贸纠纷解纷体系

鉴于外贸的重要性,应针对外贸纠纷特点建立专门的多元化解体系。贸易纠纷自古以来崇尚书面证据裁判、快审快结[1],该体系构建应遵循传统,以及时性、一次性解纷为目标。

1. 党委政法委组建外贸纠纷多元化解体系

政法委代表党委,统筹外贸各环节职能部门、社会组织组建边贸纠纷多元化解体系。在边贸纠纷多发口岸、边民互市区(点)设立"一站式解纷点",由相关职能部门进驻,方便客商、边民寻求司法救济。"一站式解纷点"奉行"首接"原则,由首先接收纠纷材料的进驻部门负责化解纠纷,其他机构、组织依职能提供协助。政法委牵头制定边贸纠纷多元化解文件,明确各部门职责义务和工作流程;应将各部门从事边贸纠纷化解情况纳入政法委平安建设绩效考核,保障部门参与纠纷化解积极性;应建立"司法诚信黑名单"制度,对外贸交易中存在不诚信行为的当事人予以制裁,将其信息公布于众,一定期限内限制其交易资格和银行贷款资格,营造诚信氛围。

2. 建立"调解 + 仲裁 + 诉讼"衔接机制

"尽可能一次性解纷"要求法律巩固外贸纠纷化解成果。法院应强化与其他部门、组织调解工作衔接,积极推广调解协议转调解书或司法确认书,赋予调解协议内容以强制执行力。

由于仲裁委员会离边境地区较远、当事人不熟悉仲裁程序等多种原因,凭祥市适用仲裁程序化解的外贸纠纷几乎为零。2010 年最高人民法院《关于进一步做好边境地区涉外民商事案件审判工作的指导意见》第 9 条提出,人民法院应当支持和鼓励当

---

[1] 参见[美]哈罗德·J. 伯尔曼:《法律与革命——西方法律传统的形成》,贺卫方等译,中国大百科全书出版社 2003 年版,第 422 页。

事人通过仲裁等非诉讼途径解决边境地区发生的涉外民商事纠纷。在边贸纠纷当事人间推广仲裁制度,按照上述司法解释精神,应引导当事人对不能达成调解协议的案件及时申请仲裁。建议在中越边境贸易发达地区增设仲裁分会,以适应解决日益增多的边境贸易纠纷的需要。[1] 对不接受仲裁当事人再进行诉讼立案,充分利用地方资源,实现司法资源优化。

〔1〕 参见广西壮族自治区高级人民法院课题组:《为边境贸易的发展营造良好的法制环境——关于广西边境贸易纠纷现状、问题及对策的调研报告》,载《人民法院报》2009 年 10 月 22 日,第 5 版。